창업 마케팅

김진열 · 최정선

박영사

창업은 창의적인 아이디어를 현실화하는 과정입니다.

혁신적인 상품과 서비스를 제공하여 새로운 생태계를 만드는 것이 창업의 핵심입니다.

이 책은 창업의 이론과 실무 학습, 행위에 의한 학습을 실제 계획으로 수립하고 시뮬레이션하여 성공적인 창업 방식의 학습을 목표로 합니다.

창업 마케팅에 관한 개념, 방향, 이론과 실무기법을 익히고, 실전에 꼭 필요한 지식과 경험을 체계적으로 학습하며, 창업에서 마케팅을 차별화하는 스타트업 마케팅(Start-up Marketing) 이론을 제시합니다.

학습된 내용을 토대로 개인별 창업의 기초부터 문답 형식의 워크시트(Work Sheet)로 실습하는 과정을 통해 이를 흥미롭게 학습하고 적응력을 키울 수 있도록 하였습니다.

최정선 박사는 가천대학교와 인천대학교에서 다년간 '창업 마케팅' 과목을 강의하며 글로벌 역량을 구축하였고 이제 그 노하우를 제시합니다. 미래 트렌드를 전망하고 위기 대처 능력, 개인의 탁월한 경험과 전문성을 체계화하여 창업에 대한 사명감과 자신감을 가지는 데 목적을 둡니다.

김진열 박사는 (주)엣나우 마케팅의 대표이사로 메타버스 구축 운영, 영상, VR, 3D 개발, 디지털 콘텐츠 개발, 홍보 마케팅, 영상콘텐츠, 홍보영상, 교육영상, 웹드라마, 카드뉴스, 그래픽, SNS, 소셜미디어, 관광콘텐츠, 학술연구 등의 사례를 소개하고 트렌드와 이슈를 학습에 접목합니다. 실제 사례 중심의 생존 정보와 자료를 안내하고 현장의 마케팅을 이해하도록 제시합니다.

　이 책을 통해 창업 마케팅에 관한 기초내용을 인식하고 중요한 지식과 정보를 습득하길 바랍니다.

　또한 합리적인 사고력과 판단력으로 다양성 시대의 미래지향적 사고를 확장하는 지침서가 되길 기대합니다.

2023. 3. 9

지 은 이

차례

CHAPTER 1

창업 Process

📖 학습목표

1. 창업의 정의와 특성
2. 성공적인 창업으로의 요인 분석
3. 창업 트렌드(start-up trend)
4. 성공한 창업가의 특성
   - 성공적인 창업가의 특성 체크(Work Sheet-01)
   - 창업 기회 발견, 나의 성향을 작성(Work Sheet-02)
   - 창업 실행 가능성 분석(강점, 도전)(Work Sheet-03)

창업 Process

1. 창업의 정의와 특성

새로운 업(業)을 시작하는 것, 제품과 용역을 생산하거나 판매하는 사업을 시작하기 위해 새로운 기업을 설립하는 행위, 중소기업을 설립하는 것을 창업이라고 한다. 창업하는 요인은 직업관의 다양화, 라이프 스타일의 추구이다. 기술적 창업, 아이디어 창업, 정부지원 창업, 부의 추구, 여성 창업, 1인 창업, 가족 창업, 무점포 창업, 인터넷 창업, 시니어 창업, 소자본 창업 등의 다양한 창업이 있다. 그리고 직장관의 변화로 인하여 창업 트렌드가 변화하고 있다.

창업은 창조적이며 모험적인 성격의 소유자가 인적자원과 자본을 투입하는 것이다. 정확한 의사결정 또한 창업의 특징이다.

창업의 요인은 부의 창출, 일자리 창출, 생활공간의 창조, 자원의 활용, 경제 활동, 기술 활용, 새로운 환경의 영향으로 풍요로운 삶의 퀄리티 등이다.

미래사회는 실버시장이 성장하고 인지증 환자의 자녀가 부모를 간병하며, 노인 데이케어 센터의 노치원 이용률이 높아진다고 한다. 고령화가 진행되어 실버관광, 시니어관광의 산업도 증가될 전망이다.

1인 가구 증가, 결혼하지 않는 젊은 층의 확대로 가정간편식이 증가하고 있다. KB금융지주 경영연구소가 발간한 2020년 한국1인 가구 보고서 결과에 의하면, 1인 가구가 증가하는 이유 1위는 혼자 사는 게 편해서 36.6%, 2위는 학교, 직장 문제 23.1%, 3위는 나이가 들어 자연스럽게 17.7%이다. 1인 가구가 증가함에 따라 개인의 라이프 스타일에 따른 레저문화와 스포츠 산업의 지속적인 성장요인과 고객맞춤화 전략으로 더욱 세분화된다. 창업 단계의 워크시트를 작성하면서 성공한 창업가의 특성, 창업 기회 발견, 나의 성향을 작성해 보면서 창업 실행 가능성을 분석한다.

미래사회의 변화로 친환경 산업, 대체단백질 산업, 환경위기와 기후위기에 관한 관심도 높다. 친환경의 사례로 대나무 빨대와 스테인리스 빨대 사용을 들 수 있다. 밀로 만들어 30일 안에 분해되는 환경보호 접시도 증가한다. 생분해성 대나무 칫솔의 손잡이 부분은 대나무이며, 칫솔모는 자연에서 분해되는 친환경 제품이 다양하게 개발되고 있다.

가상현실, 메타버스, 블록체인, 인공지능 등의 기술 발달로 높은 참여도와 자동화 기술로의 일자리가 트렌드라고 소개한다. 사례로 고 박윤배와 '전원일기' 식구들의 만남, 아빠와 딸의 기적 같은 만남, 회장님네 식구들은 유튜브에서도 AI기술로 다시 만났다. 고 박윤배는 '전원일기'에서 노총각 응삼이 역할이었다. '전원일기' 시절을 연상하게 하고 대화할 수 있게 만든 기술이다[유튜브 조회수 417만 회, 2023년 1월 31일 오후 6시40분]. 디지털 휴먼기술로 인공지능 기술을 활용하여 실제사람의 얼굴과 합성한 영상편집물이다. 딥러닝AI기술로 재현한 가상인간과의 실시간 소통까지 가능한 AI 솔루션이었다.

반려동물 시장의 확대로 반려동물 동반 가능 숙박시설, 펫 케어 상품 수요가 급증하고 있다. 개인의 라이프 스타일에 따라서 자전거, 골프, 캠핑 등의 레저문화와 스포츠 산업도 지속적으로 성장하고 있다.

반려동물시장의 확대 사례로 펫 휴머나이제이션, 펫코노미, 펫팸족, 펫밀리 등 신조어가 생기며 새로운 트렌드이다.

반려동물을 위한 프리미엄 식품과 건강을 생각한 헬스케어 분야 위주로 소비도 증가한다. 반려동물 시장의 아마존, 츄이의 나스닥 상장… 코로나 이후 고객이 30% 증가하였다.

또한, 펫 헬스케어 확대로 반려동물 진단키트, 원격진료, 맞춤형 약 배달 서비스가 운영되며, 맞춤형 펫 보험 분야 및 인공지능과 빅데이터와 결합한 펫테크 제품, 메타버스를 접목한 펫타버스까지 등장하였다. 펫스타그램, 펫플루언서의 트렌드로 자리 잡아가고 있다.

사례로 리츠펫(주)바바코리아 운영은 애견카페, 애견유치원, 애견미용 등 창업 시 가맹본점에서 SNS제작, 블로그, 바이럴 마케팅 등을 지원한다.

[출처 : KBS1R FM 97.3 MHz, 성공예감 김방희입니다. 2022년 2월 8일]

창업 전에 꼭 따져봐야 할 메가 트렌드 조건으로는 가맹 본사와 가맹점에 대한 지원과 프랜차이즈 계약 전, 정보공개서와 가맹계약서를 꼼꼼히 살펴봐야 한다.

빠르게 변하는 자영업 트렌드, 가맹점 리스크 등의 내용이 필요하고 우리나라 프랜차이즈 브랜드 1만 2천 개, 미국과 일본에 비해 많은 편이다.

창업 컨설팅 멘토링 시스템이 잘 갖춰져 있는 한국은 무료, 저비용으로 적극 활용할 사항을 파악한다. 협동조합의 형태는 가맹비 및 로열티 없이 어려움을 덜 수 있어 장점이다.

창업 메가 트렌드 3대 조건으로는 큰 시장 규모, 본사의 노하우, 진입 장벽을 파악한다.

창업 전에 5곳 이상의 직영점을 방문하여 시스템을 파악하는 것도 중요하다.

[출처 : KBS1R FM 97.3 MHz, 성공예감 김방희입니다. 2022년 1월 11일]

2. 성공적인 창업으로의 요인 분석

즐거운 아이템을 찾아 창업을 즐겨야 한다.

본인의 기질이나 근성, 성향에 맞는 콘셉트의 창업을 선도한다. 직업적성검사(職業適性檢查)로 개인이 어떠한 직업에 알맞은 자질이나 능력을 지니고 있는가를 조사하는 검사와 신체검사, 일반 지능 검사, 특수 성능 검사, 성격 검사 등을 포함한다. 나에게 맞는 적성 검사 사이트, MBTI검사, 나에게 맞는 직업 찾기 등의 사이트에서 적성과 자질을 평가하여 관심도와 이해심 높은 분야의 아이템을 발견하여 창조적인 창업으로 개발하는 것이 중요한 포인트이다.

모든 지식을 활용하여 자신의 취미와 적성에 맞는 업종을 선택하여 사업으로 연결하는 방법이야말로 성공을 부르는 훌륭한 창업이다. 고도의 친밀성과 감각이 탁월해야 차별화될 수 있다. 본인 스스로가 좋아하는 창업아이템에서는 스트레스가 낮으며 성공률이 높다. 사업을 즐겨라. 개인의 취미와 관심도가 높은 창업이 성공의 지름길로 인도한다.

나의 풍부한 경험과 지식을 활용하라

자신만의 풍부한 경험이 결합되어야 훌륭한 창업 아이디어가 탄생할 수 있다. 풍부한 경험을 통해 업무처리가 능숙할 때에 유통경로, 불편사항, 민원사항 발생에 대처하는 능력이 강점으로 이어진다.

창업자는 본인이 잘 알고, 잘 할 수 있는 분야에서 새로운 것을 제공할 수 있어야 한다. 경력과 전문지식이 풍부한 분야, 직무능력이 풍부한 형태의 업태를 찾아야 한다. 자신의 능력 초과는 부실경영의 요인이 될 수 있다.

직접근무 경험, 간접적 경험이 탁월하며 폭넓은 사고와 체계적인 조사로 꼼꼼히 체크하여야 한다. 다양한 환경에서 고객의 반응에 신속히 대처하며, 제품 또는 서비스에 충족되지 않은 욕구를 채울 수 있다. 나의 역량과 가족이나 친구의 좋은 경험에서도 배우고 익히며 아이디어를 얻고 조언을 구해야 성공할 수 있다.

공급업체, 잠재고객, 유통경로에 대하여 잘 알아야 한다.
생산, 관리, 유통, 판매 경험이 능숙한 창업가야말로 핵심 포인트이다. 중요한 공급업체, 잠재고객은 누구인지, 유통채널을 터득하고 있어야 실수하지 않는다.

시장조사, 관련 세미나 참석, 체계적인 조사, 그 분야의 자료와 정보를 수집하고 충분히 연구하고 학습해야 한다. 폭넓은 사고로 사업에 접근하며 틈새시장을 포착하여 적극적인 기회를 가져야 한다.

창업의 유형
- 기술창업 : 기계, 재료, 전기, 전자, 정보, 통신, 화학, 섬유, 식품, 환경, 에너지, 디자인 등
- 아이디어 창업 : 틈새 유형제품, 틈새 서비스 상품, 틈새 유통 등
- 지식 서비스 창업 : 만화, 게임, 영화, 방송, 전자출판, 정보, 서비스 등
- 일반창업 : 통신 판매업, 인터넷 쇼핑몰, 유통업, 프랜차이즈 등
- 자영창업 : 소규모 형태로 도소매 음식, 서비스업종의 소상공인 창업 등
- 청년창업 : 39세 이하의 지식서비스, 문화 콘텐츠, 제조업 등
- 시니어 창업 : 50대 전후 퇴직자의 창업 등

창업의 6하 원칙
① 창업을 왜 하는가? - 사업목적(조직, 구성, 비전, 정보수집, 적성, 경력)
② 누가 할 것인가? - 창업, 경영주체(아이템 선정)
③ 무엇을 할 것인가? - 제품목록(사업계획서 구체적 작성)
④ 언제 할 것인가? - 때(시기, 시간, 계절, 주말, 주중)
⑤ 어디서 할 것인가? - 장소(위치, 크기, 설비, 인테리어 등)
⑥ 어떻게 할 것인가? - 경영의 방법(회사설립, 법인, 주식회사, 개인, 체인점)

창업 단계

① 창업자 예비 단계 : 아이템에 대한 상권 분석과 사업 전반에 관한 사업
타당성 분석을 정확하게 파악한다.

② 창업 시작 단계 : 음식점의 경우 신 메뉴 개발, 점포운영에 대한 조언도
필요할 것이며, 점포 홍보와 마케팅을 파악한다. 영업이 잘 될 경우
프랜차이즈화, 경영 전반에 걸쳐 컨설팅을 지원한다.

③ 폐업 단계 : 폐업 절차, 관련 법률에 의한 컨설팅을 받을 수 있고, 폐업
시에는 철거 비용지원과 컨설팅은 컨설턴트가 직접 방문하여 점포 영
업 부진의 문제점을 진단하고 솔루션을 제공하는 형태로 컨설팅이나
멘토링 시스템을 찾는다.

소상공인 시장진흥공단, 서울신용보증재단, 지자체 등 다양한 방향으로
컨설팅 지원, 태도, 정서 등의 마음가짐이 중요하다. 배달 앱이나 SNS 마케팅
이 기술집약적으로 활성화되고 있어 재교육도 필요하며, 창업의 트렌드도 파
악해야 한다.

3. 창업 트렌드(start-up trend)

김난도 교수의 '트렌드 코리아 2023'에서 10가지 전략을 살펴보자. 사회 변화
의 속도가 계속 빨라지는 격변의 시기를 맞게 될 것이다.

1) 평균 실종(Redistribution of the Average)

평균, 기준, 통상적인 것들에 관한 개념이 무너지고 있다. 소득 양극화는
정치, 사회 분야로 확산되며 갈등과 분열이 전 세계적인 현상이 되었다. 소비
시장은 중간이 사라지는 시대, 평균을 뛰어넘는 대체 불가한 전략은 무엇인가?

평균이라는 안전지대에서 벗어나려면 양자택일 전략과 초다극화 전략과
승자독식 전략을 구축해야 한다.

2) 오피스 빅뱅(Arrival of a New Office Culture : 'Office Big Bang')

팬데믹 이후 출퇴근과 워라밸, 재택과 하이브리드 근무 등 직장문화가 다양하게 달라지는데 조직과 개인은 무엇을 준비해야 하는가? 새로운 조직 철학을 만들려면 구성원 스스로 성장할 수 있도록 도와야 한다. 구성원들의 신뢰를 얻기 위하여 노력해야 한다. 신뢰를 위해서는 소통이 필수항목이다. 구성원들은 나에게 잘 맞는 일의 가치관을 찾아 기회로 삼아야 할 것이다.

3) 체리슈머(Born Picky, Cherry-sumers)

구매는 하지 않으면서 혜택만 챙겨가는 소비자를 '체리피커'라고 한다. '체리슈머'는 한정된 자원을 극대화하기 위하여 최대한 알뜰하게 소비하려는 전략적 소비자를 일컫는다. 무지출과 조각, 반반, 공동구매 전략을 구사하는 고객은 합리적 소비자이다.

과도한 행동은 자제하며, 실속을 챙기면서도 소비자 윤리에 어긋나지 않는 매너 있는 소비자의 덕목을 갖춰야 한다.

4) 인덱스 관계(Buddies with a Purpose : 'Index Relationships')

관계의 밀도보다 스펙트럼이 더 중요해진다. SNS를 통하여 목적 지향적 만남이 대세가 되는 소통의 스펙트럼이 넓어지면서 관계는 여러 인덱스로 분류되고 정리된다. 나의 친구는 내가 선택해서 맺고 끊을 수 있는 관계로 상대에게 언제 답할지를 스스로 결정해야 한다.

5) 뉴 디맨드 전략(Irresistible! The 'New Demand Strategy')

아이폰을 내놓은 스티브 잡스는 "사람들은 자신이 뭘 원하는지 모른다." 라고 말했다. 소비자가 아예 생각지도 못한 제품을 내놓았을 때 그들은 줄을 서고 지갑을 연다. 사지 않고는 배길 수 없는 대체 불가능한 제품, 지금껏 써왔지만 더 새롭고 매력적인 제품, 결제 방식이 유연한 상품, 다채로운 전략을 만들어야 한다.

효율성만 지나치게 강조한 상품개발과 변화를 주도하지 못하는 기업은 서서히 침몰할 것이다. 결국 기업의 가치로는 기술, 브랜드, 상품은 소비자로부터 즐거움을 제공해야 한다.

6) 디깅 모멘텀(Thorough Enjoyment : 'Digging Momentum')

파고, 파고, 끝까지 집중하는 행복한 '과몰입', '디깅러'의 세상이 오고 있다. 자신의 열정과 돈, 시간을 아낌없이 투자하는 이들이 늘고 있다.

디깅 모멘텀의 3가지 유형이 있다.
① 콘셉트형 디깅 : 몰입의 재미를 위해 콘셉트에 열중한다.
② 관계형 디깅 : 타인과 소통하며 대상에 함께 몰입한다.
③ 수집형 디깅 : 특정 물건이나 경험 수집으로 만족과 적극적인 과시욕이다.
디깅의 긍정적 효과를 얻기 위해서는 자기 성장이라는 큰 지향점이 적절히 어우러질 때 행복한 인생을 위한 것이다.

7) 알파세대가 온다(Jumbly Alpha Generation)

2010~2024년에 태어난 진짜 신세대, 알파세대가 떠오르고 있다.
어려서부터 기술적 진보를 경험하면서 자라나는 세대들을 지칭한다.
이들은 인공지능(AI)과 로봇 등 기술적 진보에 익숙하며, 실제 이들 세대는 어려서부터 AI 스피커와 대화하고 원하는 동요를 듣고 동화를 읽어주는 서비스를 받으면서 성장하였다.
알파세대는 사람과의 소통뿐만이 아니라 기계와의 소통에도 익숙한 세대이다. 이 세대는 기계와의 일방적 소통에 익숙한 알파세대의 미래가 곧 우리의 미래다.
현실과 디지털 사이에서 균형이 필요하다. 가상세계에 친숙하며 줌이나 로블록스 등에 능숙하며 적은 돈으로 다양한 물건을 구매할 수도 있다.

8) 선제적 대응기술(Unveiling Proactive Technology)

고객이 요구하기 전에 미리 구매해주는 기술이 선제적 대응기술이다. 삶의 각종 편의를 넘어 사회적 약자를 돕고 사고를 예방하는 차원에서도 매우 중요한 기술이다. 사용자에게 필요한 기능을 파악하여 미리 제공하는 단계로, 상황에 따라서 필요한 서비스를 제공하는 기술이다.

선제적 대응 기술은 그 한 사람이 겪을 수 있는 다양한 맥락을 구분하는 초개인화이다. 선제적 대응기술의 1단계는 정보의 제공으로 고객의 사전적 대응을 위해 정보를 제공한다. 2단계는 고객맞춤 제공으로 이용자의 라이프 스타일에 따라 자동으로 수준별 맞춤을 조정하는 것이다. 3단계는 이용자의 필요를 예측하여 소비자의 욕구를 먼저 파악한다. 그리고 아직 발생하지 않은 문제에 대한 해결책을 제공하는 상상력을 누가 먼저 더 적합하게 발휘하느냐가 선제적 대응기술력 경쟁의 승부수이다.

9) 공간력(Magic of Real Spaces)

사람을 끌어 모으고 머물게 하는 공간의 힘을 공간력이라고 한다. 멋지다고 소문이 난 공간은 어디에 있든 늘 사람들로 붐빈다. 매력적인 콘셉트와 테마를 갖추어 제공하는 공간력은 리테일 최고의 무기가 될 것이다.
공간의 세 가지 힘으로
첫째, 인력(引力)은 공간 자체의 힘으로 사람을 끌어당긴다.
둘째, 연계력은 가상의 공간과 연계되어 효율성을 강화한다.
셋째, 확장력으로는 메타버스와의 융합으로 가상현실 매장을 통해 현실 오프라인 매장처럼 간접 경험이 가능하다.

자신의 매장 공간을 마케팅에 활용한다. 공간력의 지향점은 고객경험을 선사하는 테마파크가 되어야 한다. 공간력은 테마와 콘셉트를 통해 공간 이미지를 창출함으로써 고객의 환상을 현실공간에 구현하는 데서 나온다.

10) 네버랜드 신드롬(Peter Pan and the Neverland Syndrome)

어린 시절로 돌아가다, 나이 듦을 거부하다, 유아적이고 아이들처럼 재미있게 놀다. 네버랜드 신드롬은 젊어지고 싶어 하는 현상을 가리키는 가치중립적 용어를 말한다. 나이보다 어리게 사는 것이 미덕인 사회이다. 아이 같은 어른 키덜트의 소비가 늘면서 피터팬 신드롬이 확산되는 추세이다.

젊게 산다는 것, 개성을 중시하는 요즘 어른 되기를 늦추는 사람이 늘어나고 있다. 젊음을 미화하고 우상시하는 분위기에 우리는 어떻게 청춘의 열정과 어른의 지혜를 조화시킬 수 있을 것인가?

어른이라는 테두리에 스스로 가두지 않고 자신만의 방식대로 행복을 추구한다. 모두가 어린아이로 영원히 살아가는 네버랜드의 피터팬이 되고자 하는 것이다. 피터팬과 친구들의 나라, 네버랜드의 이름을 따서 나이 들기를 거부하는 어른들이 많아지는 트렌드를 네버랜드 신드롬이라고 한다.

청년의 신선함과 발랄함을 품을 수 있을 때 우리 개개인은 사회 전체의 진정한 성숙이 가능하다.

창업아이템 발굴은 산업의 흐름과 분야를 파악하여 문제를 인식하고 해결책을 보완하며, 경쟁사와의 차별화된 제품과 서비스를 타깃 고객에게 제공하는 전문성을 확보해야 성공 창업이라고 할 수 있다.

2023년 식품 외식산업에 주목할 외식 트렌드를 살펴보자.

공존하는 2023년 소비 트렌드 키워드 신한카드 빅데이터 연구소는 'co-EXIST'를 선정하였다.

고객의 소비 데이터와 소셜미디어 데이터 분석으로 2023년 대표적 소비 트렌드 분석이다.

2023년 소비 키워드 'co-EXIST'는 5개 세부 키워드를 구성하였다.

① Era of Consumption Detox : 소비 디톡스의 시대

소비를 무작정 줄이기만 하는 것이 아니라 가성비 있고 현명하게 소비하려는 노력이다.

다양한 플랫폼을 활용하여 재미, 흥미로 타인과 자원 및 비용의 알뜰 소비 생활의 모습이다.

② Xenogenesis of Tastes : 밀도 있는 취향 탐구

개인의 밀도 있는 취향 탐구로 문화, 예술, 취미를 통하여 즐거움으로 자신과 비슷한 취향을 가진 타인과 같이 연대하려는 움직임이 많아지고 있다. 기업은 시장 변화에서 취향별 맞춤 상품과 서비스를 제공하기 위해 더욱 노력한다.

③ In the Hybrid Life : 하이브리드 라이프

장소, 시간을 유연하게 근무하는 하이브리드 워크를 채택하는 회사가 늘어나고 있다.

휴가, 일과 휴식을 병행하는 '워케이션'의 증가로 고스펙의 슈퍼 프리랜서가 늘고 있다.

디지털 기술이 전통적 삶의 방식과 조화를 이루는 하이브리드 라이프는 자신에게 보다 여유롭고 보다 효율적인 삶을 선사할 것이다.

워케이션(Work+Vacation) 근무 제도를 도입하는 기업들이 많아지고 있다.

프리미엄 오피스 시설과 쇼핑 및 외식을 즐길 수 있는 문화시설을 갖춘 워케이션의 기업은 자사 홍보에서 적극적이다. 관광 활성화를 위하여 지원을

모색하고 있다.

④ Spec for the Healthy Life : 건강 스펙 시대

자신에게 맞는 운동을 찾아 새롭고 다양한 운동에 도전하면서 운동하는 모습을 SNS에 공유하고 뿌듯함을 담아 기록으로 남기면서 건강은 단순히 유지하는 것뿐만이 아니라 꾸준히 관리하고 업그레이드 시켜야 하는 스펙의 영역이라고 한다.

⑤ Think of Colorful Society : 컬러풀 소사이어티

개개인의 특성을 다채로운 컬러로 이해하면서 인정하는 사회적 분위기가 형성된다.

기업에서 다양성 존중을 핵심 가치로 작은 키나 큰 체형의 사람들의 소수 집단을 위한 상품과 서비스도 등장하는 전략이다.

다양성을 인정하고 함께 공존하려는 노력은 다양한 영역에서 다채롭게 이어질 전망이다.

[출처 : 신한카드 빅데이터 연구소]

2023 식품외식산업에 주목할 외식 트렌드이다.

전반적인 환경 변화와 대표적 기관들이 제시한 외식소비 트렌드를 자세히 살펴보자.

① 고물가에 따른 저가 외식상품에 대한 수요가 더욱 높아지고 있다.

2022년 11월 한국소비자원 외식비 가격 정보에서 1년 사이 서울 주요 외식 품목이 많게는 16% 이상 올랐다고 한다. 한국소비자단체협의회의 소비자 인식조사 결과에서 응답자의 83.3%가 점심 값 등 외식비용이 올랐음을 체감한다고 응답하였다.

점심식사 비용에 대한 부담을 더욱 크게 느끼고 있다.

런치 플레이션(Lunch + Inflation)이란 신조어도 생겨났다.

점심 값 1만 원 시대가 다가왔고, 부담을 느낀 직장인들은 구내식당이나

편의점으로 향한다.

② 저가 외식소비와 프리미엄 외식소비로의 양분화 양상을 보이고 있다.
2022년 가계금융복지조사 결과 하위 20% 소득계층(1분위)의 균등화 처분가능소득은 1232만 원으로 4.5% 늘어났으며, 상위 20% 소득계층(5분위)의 균등화 처분가능소득은 7339만 원으로 6.5% 증가하여 분배 지표가 악화되었다.
소득 격차는 외식소비 양극화 현상으로 연결되고 있다.
고물가 속에서도 호텔 레스토랑과 오마카세는 메뉴 가격을 올리고 고든 램지의 프리미엄 버거 레스토랑은 14만 원에 이르는 버거 가격에도 소비자의 발길이 끊이지 않는다.
코로나19 시기 명품 소비가 늘어난 것처럼 경기 불황에도 고가 외식이 늘어날 것이다.

③ 핵심 소비층 MZ세대(밀레니얼＋Z세대)의 성향 신(新)외식 트렌드를 주목해야 한다.
소비 전반에 걸쳐 트렌드를 주도하는 세대이다.
20대 초반부터 30대 후반까지 포함되는 MZ세대는 소비의 성향도 독특하고 다양한 양상을 보여주고 있다.
심리적 만족도에 가치를 두는 가심비, 자신만의 취향 탐구에 절대적 가치를 부여하는 소비 경향 등을 보이고 있다.
모바일, SNS 등 디지털 환경에 더욱 익숙한 MZ세대들이 새롭게 만들어낼 신외식 트렌드를 더욱 주의 깊게 들여다볼 필요성이 있다.

④ 건강 및 환경의 지속가능성에 대해 더욱 높아진 소비자들의 관심을 발견할 수 있다.
주요 관심사인 다이어트와 건강관리는 기본이고, 그에 더해 가치만족도 필요하며, 특히 나와 지구를 위한 외식소비가 필요하다고 말하고 있다.
급성장한 배달 외식 서비스의 일회용기 사용으로 환경오염을 중요시한다. 또한 기후변화에 따른 세계적 자연재해를 경험하면서 환경을 더욱 중요시하게 되었다. 지구 건강을 위한 환경보호와 소비자 자신의 건강에 관한 관심은 외식 소비에서 비건 시장의 급성장과 친환경 외식 등의 증가로 연결되고 있다.

⑤ 소비자 접점에서의 푸드테크 서비스가 도입되고 전 연령층에 걸쳐 친숙해졌다.

패스트 푸드점의 키오스크, 스타벅스의 사이렌 오더의 서비스는 외식 프랜차이즈를 중심으로 최근 한식 음식점에서도 만날 수 있다.

2022년 6월 발표된 2020년 경제총조사에 따르면 키오스크 설치 업소 5곳 중 3곳은 대형 프랜차이즈뿐만 아니라 개인 운영 소규모 외식업체에도 도입이 크게 증가하였다.

서빙 및 퇴식 로봇을 레스토랑에서 자주 접하며 소비자들은 수용한다.

정보통신기술(ICT) 기반 푸드테크의 발달은 외식문화의 패러다임과 식생활의 변화를 신속하게 촉진하고 있다.

⑥ 다양한 형태의 유연 근무제도 도입은 외식소비 형태의 변화를 가져오고 있다.

직장의 회식 감소, 외식 수요 증가 및 홈술과 혼술의 수요 증가로 인한 국내 가정간편식 및 밀키트 시장 성장으로 밀키트 시장점유율 1위 기업 프레시지 밀키트이다.

CJ제일제당, 동원F&B, CU, 롯데마트 등 유통업체들도 밀키트 시장에 진입하고 있다.

2025년 밀키트 시장이 7250억 원 규모에 이를 것으로 기대한다.

[출처 : 뉴스핌]전미옥 기자, 2022.04.20 romeok@newspim.com

2023년 외식산업 전망 및 실무적 시사점

① 간편식을 제공하는 외식업체와 편의점 업계와의 경쟁구도가 선명해진다.

편의점 업계는 런치 플레이션 관련 외식비 부담이 가중되면서 편의점 도시락을 찾는 편도족이 늘어나고 있다. 특히 대학가 및 오피스 상권에서 편도족 확산이 두드러지고 있다.

② 건강식 및 비건 외식시장 성장 및 미식(美食) 시장이 크게 성장할 것이다.

맛있는 음식과 희소하고 취향 추구의 미식은 외식 소비자에게 매력적이다.

미식의 의미를 재정립해 '지속 가능한 미식'을 강조하고 있다.

맛있는 음식뿐만이 아니라 음식 탄생을 위한 모든 과정에 대한 가치 부여이다.

자연친화적인 식재료 생산 및 활용으로 소비자 건강을 중시하는 제조와 가공, 음식 소비 문화의 음식 생태계를 고려하는 것이다.

외식시장에서 희소한 가치를 찾는 미식 상품과 음식 생태계의 지속가능성을 중요시하는 가치가 강조될 것이다.

③ 환경을 중요시하는 외식소비의 시장이 성장하고 있다.

고객들이 환경 문제를 심각하게 여겨 친환경 외식이 부상하는 트렌드로 떠오르는 시점이다.

친환경을 고려한 외식상품과 서비스가 더욱 확대될 것이다.

친환경을 생각하는 외식 서비스 제공은 앞으로는 선택이 아닌 필수가 될 것이다.

④ 더욱 다양한 형태로 1인 외식소비 시장이 성장할 것이다.

행정안전부의 '2022년 행정안전통계연보'에 따르면 2021년 전체 주민등록 세대(2347만 명) 중 1인 가구(946만 명) 비율이 처음으로 40%를 넘어섰다고 한다.

전 세대에 걸쳐 1인 가구 비율이 점차 증가하고 있다.

혼술과 혼밥족, 1인, 2인 단위의 소비층, 핵심 소비자의 시장이 점점 성장할 것이다.

최근 카운터 바가 있는 스시 오마카세 레스토랑이나 혼술을 즐길 수 있는 장소들이 급격히 늘어나고 있다.

⑤ 테이블 주문 시스템과 서빙 로봇의 효율성을 위한 푸드테크 기술이 도입될 것이다.

키오스크는 소규모 점포에서도 종종 찾아볼 수 있을 정도로 일상화되었다.

인건비 절감과 인력 대체를 위한 서빙·퇴식 로봇 및 테이블 주문 시스템 도입이 추진될 것이며, 규모의 경제로 인해 도입 비용도 점차 낮아지고 있는 추세이다.

⑥ 고물가, 고금리, 고환율의 불확실성 심화로 외식산업의 높은 폐업률을 보일 것이다.

한국농수산식품유통공사(aT)에 따르면 2022년 3분기 기준 외식업계 식재료 원가지수는 145.89로 역대 최고치이다. 식재료 원가의 고공 행진으로 음식 가격이 인상되면서 소비자들의 점심값을 포함한 외식소비 전반에 대한 부담이 가중될 것이며, 외식업자의 수익성도 더욱 악화될 것이다.

고금리 지속과 대출상환 부담은 외식사업자의 사업 지속 의지를 더욱 약화시킬 것이다.

[출처 : http://www.kfoodtimes.com/news 한국외식신문 2023.1.29.
(음식과사람 2023.01. pp.30－35 R&D)]

4. 성공한 창업가의 특성

- 높은 사업의 몰입도, 결단력, 인내심을 가지고 있다.
- 강한 성취욕구와 성장욕구가 있다.
- 기회 및 목표지향적인 성향이다.
- 주도적이고 강한 책임감이 있다.
- 끈질긴 문제해결 능력이 있다.
- 긍정적인 현실주의적 마인드이다.
- 지위나 권력에 대한 강한 욕구가 많지 않다.
- 정직과 신뢰도가 높다.
- 신속한 결단력과 실천력이 있다.
- 실패에 대해 두렵지 않다.

창업 process로 창업의 특성과 성공적인 창업의 요인분석과 창업의 트렌드를 분석하여 보았다. 2023년 소비 트렌드 키워드와 2023년 외식산업의 트렌드를 분석하였고, 2023년 외식산업의 전망과 실무적 시사점도 살펴보았다.

창업자의 특성과 창업기회 발견, 나의 성향을 작성하고 실행 가능성을 워크시트에 옮겨보자.

Work Sheet - 01

학번 : _____

이름 : _____

성공적인 창업자의 특성에 대해 체크한다.

1. 나는 기회를 본다(사회문제에 대해 그것을 해결할 방법을 모색한다).

2. 나는 성공을 위해 전진한다(목표달성을 위해 장애물을 극복할 준비가 되어 있다).

3. 나는 자기 주도적이다(자발적으로 움직인다).

4. 나는 끈기가 있다(쉽게 포기하지 않는다, 힘든 상황도 견딜 용기가 있다).

5. 나는 창의적이다(아이디어가 풍부하다, 융통성이 있다).

6. 나는 도전하는 것을 좋아한다(새로운 것을 만들며 긍정적이다).

7. 나 자신의 운명을 개척하고 행동에 책임을 다 한다(남의 탓을 하지 않는다).

8. 나는 사회적 직위, 정기적인 급여에 신경 쓰지 않는다(월급).

9. 나는 변화를 수용하고 인정한다(두려워하기보다 즐긴다).

10. 나는 팀과 협력할 준비가 되어 있다(종업원과 공감대 형성).

11. 나는 미래지향적 사고를 가지고 있다.

12. 나 자신만의 독창적인 경영 관리 기법이 있다.

13. 신제품 개발 능력이 있다.

14. 해외 시장을 추구하고, 파악하는 능력이 있다.

15. 인맥관리, 정보 활용, 능력 배양이 있다.

Work Sheet - 02

학번 : _____

이름 : _____

창업 기회 발견, 나의 성향 작성

1. 자신의 목표와 의지가 확실한가?

2. 전망성과 안정된 아이템인가?

3. 대기업 참여가 쉽지 않은 아이템인가?

4. 더 발전시킬 수 있는 서비스 또는 제품인가?

5. 가족, 친구 중 다수가 필요로 하는 서비스 또는 제품인가?

6. 개선이 필요한 서비스 또는 제품인가?

7. 인구의 추세로 필요성이 증가하는 서비스 또는 제품인가?

8. 내가 좋아하는 서비스 또는 제품인가?

9. 내가 잘 할 것 같은 서비스 또는 제품인가?

10. 주위에서 내가 잘 할 것이라고 추천하는 서비스 또는 제품인가?

11. 신속한 결단력과 실천력이 있는가?

12. 소비자의 욕구변화의 이해도는 어느 수준인가?

13. 잠재적 고객은 누구인가?

14. 정직하며, 신뢰도가 있는가?

15. 창업은 언제(when), 어디에(where), 어떻게(How) 오픈할 것인가?

학번 : _____

이름 : _____

창업 실행 가능성을 분석한다(강점, 도전).

1. 새롭게 확장하고 있으며 빠르게 성장하고 있다.

2. 검증되었고 지나치게 독특하지 않다.

3. 일회성이 아니라 반복적으로, 장기적으로 소비하는 속성이다.

4. 고객에게 접근할 수 있는 판매경로가 있다.

5. 다른 기업들과 명확히 구분할 수 있다.

6. 재미 또는 흥미를 유발할 수 있는 서비스 또는 제품인가?

7. 창업을 해 본 경험이 있다.

8. 창업, 경영분야의 학습한 경험이 있다.

9. 팀을 이끌었던 경험이 있다.

10. 창업비용을 조달하고 이익을 낼 수 있다.

11. 초기 창업비용은 고정비와 변동비 책정의 계획은?

12. 제품 또는 서비스를 통한 수익모델이 명확하게 존재한다.

13. 나의 기질이나 근성, 성향에 맞는 콘셉트의 창업인가?

14. 나의 적성과 자질의 평가는 해 보았는가? (성격 테스트)

15. 공급업체, 잠재고객, 유통채널에 대하여 어느 정도 알고 있는가?

시장 환경 분석 및 사업 환경 분석

 학습목표

1. 시장 환경 분석
2. 사업 환경 분석

CHAPTER

2

시장 환경 분석 및 사업 환경 분석

1. 시장 환경 분석

고객을 알고 이해하는 것은 사업에 필수적이다. 대상, 장소, 욕구, 행동, 구매능력 등을 적극적으로 파악해야 한다. 목표고객이 얼마나 많이 존재하는 가가 핵심이다. 기업이 재화나 용역에 관련되는 자료를 통계적으로 수집·기록·분석하는 것이다.

시장에 대하여 조사하는 내용에 가설을 세우고 설문지, 직접 인터뷰, 전화 조사를 통해 설정한 가설을 검증하는 방법이다. 현지 경영 시장에서 기업의 상품 또는 서비스의 생산, 유통, 수요에 대한 자료를 수집하거나 기록하여 분석하는 일을 시장 상황 분석이라고 한다.

시장조사(市場調査, market research)는 상품이나 서비스가 어떻게 구입되며 사용되는가, 또 어떤 평가를 받는가를 조사하는 것이다. 시장조사의 내용을 자세히 살펴보자.

첫째, 구입사용 실태조사는 시장조사의 기본적인 조사이다.
둘째, 판매계획조사는 구체적으로 어떤 판매계획을 세웠을 때 매출이 최대가 되고, 또 이윤이 최대가 될 수 있는지 소비자의 조사가 중요하다.

셋째, 제품계획조사로는 신제품의 개발이나 기존 제품을 위한 소비자가 적극적으로 구입하여 사용하는 제품의 차이점의 실태가 도시와 시골, 지역이나 계절에 따라, 개인의 사회적 환경, 이슈에 따라 성별, 연령, 학력, 직업 등에 의해 어떻게 변화하는지는 기초조사에 의해서 밝혀지는 것이며, 제품계획을 위한 기본적 자료로 활용된다. 특히 제품테스트를 하는 것이다.

넷째, 수요예측조사로는 섬세하고 정교한 조사가 계획됨으로써 표본수가 많아진다는 점, 조사결과의 분석 처리에 고도의 통계적 방법이 적용된다는 것이 특징이다. 경제적 지표와 상품에 대한 태도, 이미지, 평가는 심리적 요인이나 계급, 계층, 집단규범의 역할이며 정확도, 정밀도를 높이는 여론조사나 시장조사를 수요예측에 도입하여 자료화한다.

시장조사의 방법으로는 특정 상품의 기능, 판매, 유통, 소비자의 수준, 판매될 수량 등을 파악하여 판매 상황의 요인을 분석하고 조사하여 파악한다. 경제적인 요인, 정책적인 요인, 사회적인 요인을 분석하여, 시장의 동향과 추세를 연구하여 핵심을 산출한다.

시장조사를 하는 기본적인 방법은 첫째, 개인적으로 잘 관찰하는 방법이다. 어떤 패턴으로 구매하는지, 유심히 살펴보는 것은 창업에서 아주 중요하다. 목표시장을 정하면 선택한 지역에 통행차량과 보행자의 왕래가 빈번한지, 판매할 제품과 유사한 제품에 대한 고객이 어떤 방법으로 구매하였는지, 경쟁사들이 어떤 방법으로 제품 또는 서비스를 판매하고 있는지를 심도 있게 파악할 수 있어야 한다. 계획 과정에서 중요한 정보를 파악하며 사용 후에 대해서도 경험이나 지식을 통하여 불편함이나 보완사항을 개선 적용할 수 있어야 한다. 개인적 관찰로는 정보가 한정적일 수 있다. 조사자의 주관이 개입될 수 있기 때문에 가능한 한 현장에 가서 설문 대상자에게 직접 물어보는 것이다. 특히 많은 사람을 만나고 많은 의견을 듣고 많은 정보를 수집하는 것이 핵심이다.

둘째, 인터뷰의 방법이다. 만날 사람에게 질문할 리스트를 미리 작성하여야 한다. 현장에서 종업원과 이야기하는 경우에는 즉석에서 준비될 수도 있지만, 사전에 질문사항을 체크해야 한다.

셋째, 설문조사의 방법이다. 전화, 우편, 이메일 등으로 트렌드를 발견하고 고객의 욕구를 파악하는 것이 효과적일 수 있다. 설문 대상자에게 질문할 문구는 짧고 명확하게 작성하여야 한다. 너무 길게 만들면 설문 대상자가 설문을 거절할 수도 있다. 온라인 기업과 앱의 개발로 비용도 저렴하며 신속해지는 추세이다.

넷째, 소수의 그룹 구성(모임 형태)이다. 포커스 그룹은 정직한 의견을 제시한다. 내가 잘 아는 사람보다는 잘 알지 못하는 사람, 핵심 고객이 될 사람으로 구성하는 게 좋다.

다섯째, 베타 테스트(beta testing)는 정식 출시 전에 이용해 본 고객에게 피드백을 구할 수 있는 방법이다. 내부 인원이 검사하는 것은 '알파 테스트'이고, 외부인원이 검사하는 것을 '베타 테스트'라고 한다. 신제품의 샘플이나 서비스를 제공하여, 사람들의 반응을 들어보는 과정에서 제품과 서비스를 경험한 사람들에게 장점과 단점을 파악한 후 제품과 서비스를 개선하거나 변경, 보완하는 소중한 정보를 수집할 수 있다.

무슨 제품을 상용화하기 전에 실시되는 테스트이다. 이를 통하여 제품이 지닌 결함, 불편사항 등을 제품 상용화 시에 종합적인 사항을 평가하는 단계이다. 베타 테스트를 통해 사용자들로부터 제품에 대한 의견을 수용하고 피드백을 받을 수 있다. 베타테스트의 궁극적인 목표는 제품을 직접 사용한 경험을 토대로 사용자의 주관적 의견을 직접 듣는 것이다.

세분 시장별 시장 매력도 평가 사항으로, 첫째, 시장의 규모는 시장 잠재력, 현재 시장의 침투 정도를 파악하며, 시장의 성장성은 시장 성장 추정치, 시장의 포화도를 평가한다. 둘째, 시장의 구조적 요소로의 경쟁은 진입 장벽,

경쟁자들의 지위와 보복전략, 특허, 가능성이다. 환경적 요소로는 경제적, 정치적, 기술적 변화의 평가요소이다. 셋째, 상품과 시장 적합성의 적합성으로는 자사의 강점, 이미지와 일관성 여부이다. 관계로서는 자사의 기존 상품과 시너지, 이미지 충돌 여부, 장식 효과 등이다. 수익성으로서는 진입비용, 이익수준, 투자 수익률 등 시장의 매력도를 중점적으로 평가한다.

시장분석에서 거시 환경 분석은 경제적, 정치 법률적, 기술적, 사회문화적 분석, 시장분석의 인구 통계학적, 경쟁사, 트렌드이다. 표적 시장분석으로는 고객 세분화, 고객 프로필로, 경쟁사 분석 및 경쟁우위(SWOT) 파악이다. 유통 채널로는 대안, 리스크, 혜택 등 초기 시장 진입 전략과 지속 가능성 분석이 시장분석의 핵심이다.

기업의 내외부 환경에서 기업의 강점과 약점을, 시장에서의 기회는 무엇이며 또한 불리한 위협은 어떤 요인이 있는지 SWOT 분석을 통해 파악한다. SWOT 분석이 성공하기 위해서 분석은 기업의 제품에서 고객의 욕구를 충족하는 사업과정으로 집중한다. 경쟁보다는 고객에게 더 좋은 가치를 전달함으로써 강점을 활용한다. 또한 핵심적인 영역에 전략적으로 투자함으로써 약점을 강점으로 전환한다. SWOT 분석은 제7장에서 자세히 안내한다.

시장분석 항목
(1) 시장의 성격은 어떠한가?
　　시장 활동 : 빈번한 시장인가? 전통적 정적 시장인가?
　　시장 수요 : 안정적? 주기적? 계절적?
(2) 주요 경쟁자가 얼마나 있는가?
(3) 시장의 경쟁력 : 다수의 참여자로 분산? 소수에게 집중?
(4) 시장에 중요한 가격 제약조건이 있는가?
(5) 경쟁자들은 공격적인가? 수동적인가?

(6) 유사한 기술의 개발활동을 진행 중인 사람들이 있는가?

　　– 경쟁적인 연구, 개발노력이 존재하는가?

　　– 기술을 복제하기가 얼마나 용이한가?

　　– 다른 경쟁사 팀의 연구는 어느 단계인가?

(7) 해당 기술은 단일 품목을 위한 것인가?

(8) 진입 장벽은 얼마나 큰가?

(9) 사업목적을 달성하려면 시장점유율은 얼마나 되어야 하는가?

(10) 소비자는 신속하게 인지하고 반응을 보일 것인가?

시장수요 영향 요인
– 제품 요인 : 기능, 성능, 가격, 용도, 규격, 상표, 디자인, 이미지 등
– 공급 요인 : 생산량, 공급량, 공급지역, 경로 등
– 정보 요인 : 광고, 홍보, 인적 매체 등
– 경쟁 요인 : 경쟁품, 대체품의 유무, 보급상황
– 소비자 요인 : 수요자의 소득, 구매패턴, 연령, 직업, 라이프 스타일 등
– 기타 요인 : 사회, 문화, 기술, 법, 제도, 경제 등

대상, 장소, 욕구, 행동, 구매능력 등이 얼마나 존재하는가를 사전에 시장조사를 하는 항목을 살펴보자. 목표시장의 총매출과 이익, 기업의 수와 선두기업들 목표시장과 관련된 트렌드, 계절적 특성, 경제적 주기의 시장분석을 밀도 있게 분석하자. 미래 성장률을 중심으로 전망과 예측, 중요한 공급업체, 관련 협회, 출판물 등의 기술적, 사회적, 유통경로상의 영향 요인도 정확하게 추정해본다.

목표고객 시장조사현황(제품이나 서비스)으로는 지난 수년간의 성장률, 기업의 수, 선두 기업들, 총 종사자 수, 기업별 시장 점유율, 잠재고객의 특성을 이해하고 구매하는 항목과 이유, 장소, 목표시장의 트렌드, 고객의 행동, 선호도, 기호, 형태 등을 조사한다.

목표시장의 환경적 요인으로는 인구 통계적 환경, 경제적 환경, 자연적 환경의 변화, 기술적 환경, 정치적, 법률적 환경, 사회 및 문화적 환경, 경쟁 환경, 글로벌 환경 등을 자세히 살펴보자.

1) 인구 통계적 환경

인구 통계적 자료는 시장이 어떻게 구성되어 있는지를 설명해주기 때문에 목표시장 계획 수립에 커다란 영향을 준다. 세계의 인구는 2022년도 79억 7천만 명으로 추정하며, 2070년도에는 103억 명으로 전망하고 있다. 국제연합(UN)은 2022년 11월 중순 전 세계 인구가 80억 명을 돌파할 것이라고 예측했다. 한국의 인구가 세계 인구에서 차지하는 비율은 2022년 0.6%에서 2070년 0.4%로 감소한다고 전망한다.

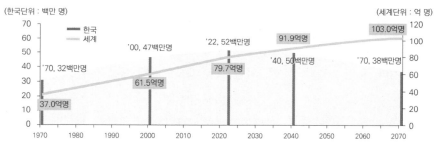

[출처 : 통계청 세계와 한국의 인구추이]

그림 1

2022년, 2070년 세계와 한국의 인구현황과 전망을 통계청 자료로 살펴보자. 한국은 젊은 층의 인구가 감소하며 노년층의 인구는 증가하는 추세이다. 그래서 한국의 인구 구조모형이 피라미드 구조 모양에서 항아리 구조 모양으로, 현재는 버섯 구조 모양으로 전환되었다.

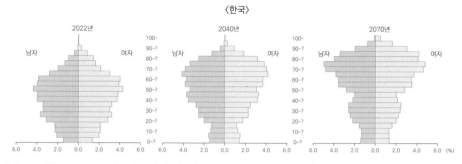

[출처 : 통계청 한국의 인구피라미드]

그림 2

　　2022년 9월 5일 통계청 자료는 1970~2070년까지 100년간의 인구 규모 등 인구지표로 '장래인구추계 : 2020~2070년', 2021년 12월 세계와 한국의 인구변동요인(출생, 사망, 인구이동) 중 한국에 관한 통계는 통계청의 각 연도별 출생통계, 생명표, 국제인구이동통계에 기초하여 작성하였다.

　　한국 인구는 2022년 5천 2백만 명에서 지속적으로 감소하여 2070년에는 3천 8백만 명에 이를 것으로 전망한다. 한국은 2022년도 기준 5천 2백만 명으로 세계 인구 29위이다. 한국의 인구는 1970년부터 지속적으로 증가하다가 2022년부터 감소하기 시작한다. 2070년에는 3천 8백만 명으로 전 세계 인구 순위 59위를 차지할 것으로 전망되고 있다.

　　2022년 세계에서 인구가 가장 많은 국가는 중국(14억 3천만 명)으로 세계 인구의 17.9%에 해당한다. 인구 순위 2위는 인도(14억 2천만 명)로 세계 인구의 17.8%를 차지한다. 하지만, 2070년 세계에서 인구가 가장 많은 나라는 인도(16억 9천만 명), 그 다음은 중국(10억 9천만 명)일 것으로 전망한다. 국제연합은 2021년도에 인구 정점을 찍고 인구가 감소하는 나라가 중국이라고 전망한다. 반면 인도는 가파른 상승세로 인구가 증가하여 전 세계 인구 순위 1위를 차지할 것이라고 예측한다.

세계 인구 중 고령인구 구성비는 2022년 9.8%에서 2070년 20.1%로 증가한다고 전망한다.

한국 인구 중 고령인구 구성비는 2022년 17.5%에서 2070년 46.4%로 증가한다고 전망한다.

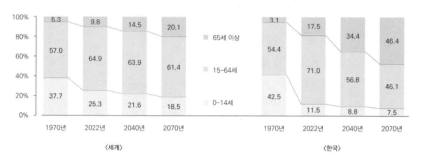

[출처 : 통계청 세계와 한국의 인구구조]

그림 3

한국의 고령인구 구성비는 2022년 17.5%로 1970년(3.1%) 대비 6배 수준으로 증가, 2070년에는 46.4%로 높아질 것으로 전망한다.

고령인구 구성비가 2022~2070년 기간 중 계속 증가하는 국가는 127개(53.8%), 증가 후 감소하는 국가는 30개(12.7%), 감소 후 증가하는 국가는 19개(8.1%)일 것으로 전망한다.

2) 경제적 환경

소비자의 소득수준, 저축수준, 채무 등을 알아야 소비자의 지출패턴을 확인할 수 있다. 경제 활동과 관련된 모든 환경, 경제 체제, 산업 구조, 정부 재정, 금융 정책, 경기의 흐름, 시장 구조, 소비자 성향 등의 환경을 뜻한다.

소득의 변화로 GNP 수준은 증가하였으나 실질소득은 감소되었다. 그로 인한 소비자의 지출패턴의 변화 추이를 살펴보면 점포별 브랜드, 자사브랜드,

노브랜드의 인기가 상승하고 있다.

식료품은 필수품으로서 소득의 높고 낮음에 관계없이 반드시 얼마만큼은 소비하여야 하며, 어느 수준 이상은 소비할 필요가 없는 재화이다. 식료품비가 가계의 총 지출액에서 차지하는 비율, 즉 엥겔계수는 소득수준이 높아짐에 따라 점차 감소한다. 반면 주거비용, 의복, 교통비, 오락, 취미, 건강에 관련된 헬스 케어, 웰빙 제품 들은 증대된다.

경제 현상은 경제 순환주기에 따라서 순환한다. 호황기(번영기)는 높은 수준, 고용과 소득의 증가, 후퇴기(불황기)는 저조한 수요, 고용과 소득의 감소, 회복기는 생산증대, 실업률 감소, 소득증대로 순환한다. 경제성장률, 이자율, 저축률, 물가상승률, 실업률, 환율 등 경제적 환경은 순환되며 변화한다.

3) 자연적 환경의 변화

자원의 부족, 에너지 비용의 증가, 자연과 자원 관리비용의 증가 등에 지속적으로 관심을 가져야 한다. 모든 국가의 정부기관은 자연을 보호하고 자원을 아끼는 데 적극적 역할을 수행하며, 기업은 자사의 에너지 비용 절약에 대한 정당한 해결방안을 모색해야 한다.

대부분의 산업은 자연환경에 위협을 가하며 생태계를 손상하고 있다. 소비자들은 경제적 성장을 이루면서 환경문제에 더욱 민감하게 반응한다. 유한킴벌리 '우리강산 푸르게' 등 친환경 기업 활동에 무게를 두고 있다.

한정된 자원은 점차 고갈되며, 에너지 수급과 사용 비용은 계속 증가하기에 대체에너지(태양열, 원자력, 풍력, 조력에너지) 개발에 주목한다. 원료의 부족과 고갈로 인하여 무한자원(공기, 물)의 장기적 자원과, 유한자원(산림, 식량, 토양의 보호, 목재 수요 공급)과 재생불능 유한자원(석유, 석탄)의 자원개발, 한정된 자원은 점차 고갈되고 에너지 수급과 사용비용은 계속 증가한다.

미세먼지로 인한 공기 청정기, 황사용 마스크, 피부 관리, 황사에 좋은 음식(명태, 마늘, 파, 양파, 돼지고기, 클로렐라, 과일, 녹차, 칡, 도라지, 더덕, 미역, 굴, 전복), 하루에 8잔 물 마시기, 길거리음식NO 등의 흐름으로 변화되고 있다.

업사이클링(Up cycling)이란 업그레이드(upgrade)와 리사이클링(recycling)의 합성어로 폐품을 재활용하여 새로운 가치의 제품으로 만드는 것이다. 필요 없는 물품을 재생하고 재사용하는 리사이클링 개념으로 물품에 디자인의 가치를 둔다.

버려지는 물건, 옷을 활용하여 창의력과 디자인을 통해 새롭고 높은 가치를 지닌 물건으로 재탄생시킨 것이다. 낡은 청바지를 활용한 의류나 가방, 그리고 액세서리 등 생활용품을 일컫는다.

'친환경'으로는 부족하다. 하면 좋은 것에서 반드시 지켜야 하는 것으로 바뀌는 필 환경시대. 앞으로 글로벌 트렌드로 가속화될 전망이다. 더 나은 삶을 위해 환경을 생각하는 소비, 살아남기 위해 반드시 실천해야 할 친환경의 '필(必)환경'의 시대이다.

김난도 교수는 '트렌드 코리아 2019'에서 "그동안 환경을 생각하는 소비가 '하면 좋은 것'에서, 이제는 살아남기 위해 반드시 선택해야 하는 '필(必)환경'의 시대가 왔다"라고 했다. 독일의 '오리지날 운페어파트', 영국의 '벌크 마켓', 미국의 '더 필러리', 포장지 없는 식료품 가게가 그 예이다.

환경을 위한 생존의 문제라는 생각으로 물건을 아끼고, 나눠 쓰고, 바꿔 쓰고, 다시 쓰고, 재활용하는 소비 행태로 인류가 살아남기 위해 반드시 실천해야 한다. 장바구니 사용 필수, 전기자동차, 공유자전거, 버려지는 빈병을 활용한 조명, 나무로 만든 그릇과 대나무 섬유로 만든 수건, 옥수수로 만든 양말 등의 자연 소재를 사용한 생활용품에 집중한다.

[스타트업은 미래다] "맥주박 버릴게 1도 없다" … 화장품으로 변신
반짝이는 아이디어로 창업의 꿈을 이룬 기업 라피끄 이범주 대표.

화장품 회사에 다녔던 경험으로 맥주를 만들고 나오는 맥주박에서 효모를 추출하여 친환경 기술로 화장품을 만들고 있다. 기초 화장품, 핸드크림, 샴푸, 미스트 등의 종류로 3년의 연구과정을 거쳐 맥주 부산물로 추출물을 내서 화장품 원료로 쓰고, 껍질은 스크럽과 캡슐로도 활용이 가능하다.

가치소비를 선호하는 젊은 고객들에게 환경 보호, 원가절감, 효능이 좋아 선호한다.

[출처 : https://www.ytn.co.kr/2023년 02월 18일 YTN뉴스]

4) 기술적 환경의 변화

기술적 환경의 발전은 새로운 기술의 창조나 새로운 제품의 개발, 시장기회의 창출 등을 의미한다. 기술변화의 가속화로 생명공학, 로봇공학 등 급속한 발전으로 제품 수명주기가 급속도로 짧아지고 있다. 항암치료제, 전기자동차, 인공지능 로봇 제품이 주목받고 있다.

기술개발이 기업 경쟁력의 핵심이라는 인식 아래 기술발전을 위한 정책적 노력이 강화되고 있다. 우주, 해양, 에너지, 정보, 생명 공학, 첨단 기술개발의 기술적 욕구를 충족하는 새로운 기술의 발달로 알맞은 기술을 활용한다. 창업 인력, 시설, 장비에 대한 대규모의 초기 투자가 아닌 소수의 인원으로도 창업할 수 있다.

소자본 투자로도 창업의 폭이 넓어졌다. 관리시스템이 자동화되고 소규모 기업을 위한 자문 프로그램을 제공하는 기업들이 있다. 시장조사 전문가, 웹 디자인기업, 정보기술 용역서비스 등 다양한 전문기업이 기회를 제공하고 있다. 기계, 재료, 전기, 전자, 정보, 통신, 화학, 섬유, 생명, 식품, 환경, 에너지, 공예, 디자인과 이동통신, 페이스북, 소셜미디어 등 인터넷기술은 새로운 산업을 만들었다.

사례로 스마트 거울은 옷을 입은 모습을 저장해 다른 옷을 입어 볼 때 비교해 주며, 스마트 약통은 빛을 발산해 복용 시간을 알려주고 반응이 없으면 노래나 문자로 메시지를 전달한다. 스마트 우산은 비 올 것을 예상하면 손잡이에 불빛을 발산하여 준다. 스마트 커피메이커는 손을 얹으면 최적의 카페인 함량을 계산해주며, 스마트 콘택트렌즈는 당뇨환자의 혈당 수치를 접시 위에 음식 칼로리 섭취량과 몸무게 증가량을 알려준다.

아울러 3D제품 등 기술개발이 기업 경쟁력의 핵심이며 기술 연구와 기술개발의 복잡화, 다양화로 소비자는 기업이나, 창업자에게 높은 안정성을 요구하게 된다. 따라서 정부기관은 안정성에 대한 규제를 강화해야 한다. 인공지능(AI, Artificial Intelligence)은 인간과 같은 지능적인 논리적 추론이나 동작 등 시스템을 개발하는 컴퓨터 분야이다. 기계두뇌와 인간의 뇌를 결합하면 정보의 저장을 획기적으로 늘리고 네트워크로 연결할 수 있어 인간의 두뇌기능을 업그레이드 할 수 있다. 신경망 소프트웨어 제품이 기업의 파산 및 비용예측, 수익예측, 사업위험 평가와 응용 프로그램에도 사용되고 있다.

인간의 뇌 구조와 기능 사이의 관계, 정보화 기억 메커니즘, 인간의 감각의식과 인식 저장의 기초가 되는 물리적 과정 등을 이해하기 위한 분야도 활발히 진전되고 있다. 4차 산업혁명의 이해(Mastering the Fourth Industrial Revolution)로 핵심 목표는 디지털, 물리적, 생물학적 영역의 경계가 없어지면서 기술이 융합되는 것으로 인류가 한 번도 경험하지 못한 새로운 시대를 접하게 될 것이다. '디지털, 물리적, 생물학적 영역의 경계가 없어지면서 기술이 융합되는 것', 사물인터넷(IoT), 인공지능(AI) 등 ICT와 결합한 '완전 자동화 공장'이 등장해 '1인 1제품' 생산이 가능할 정도로 완전 자동생산체제를 갖추게 될 것이다. 사물 인터넷을 통한 사례로 휴지, 커피, 쌀을 주기적으로 구매해야 할 상품으로 등록하면 개인의 사용주기를 자동으로 파악해서 구매를 언제 해야 할지를 알림으로 구매해준다. (가족 수, 과거 구매 빈도, 현재 보유 수량 등을 인공지능으로 컴퓨터가 계산)

(1) 산업혁명의 변화

제1산업혁명 = 증기

(석탄 석유), 면방직 공업과 철강 공업 분야, 기계혁명

제2산업혁명 = 전기

기계의 발명과 기술의 혁신, 대량생산 구축

제3산업혁명 = 컴퓨터

정보통신기술(ICT) 디지털 시대, 1969년 반도체 '자동화 시대'
텔레비전, 냉장고, 세탁기 등 인터넷의 등장으로 IT(정보기술)혁명

제4산업혁명 = 인공지능, 사물인터넷

인간과 사물의 모든 데이터가 수집·축적·활용
인공지능, 로봇공학, 사물인터넷(IoT), 자율주행차량, 3D프린팅, 나노기술,
바이오기술, 재료과학, 양자 컴퓨터공학(퀀텀 컴퓨팅)

개인로봇은 상호작용, 여가전용 로봇, 교육용 로봇, 비서로봇, 웹 4.0 시대
로 점점 진화하는 인터넷 환경으로 컴퓨터가 곧 사람인 시대로 전개되고 있다.
- 웹 1.0 : 일상생활에서 사용하는 인터넷 서비스(1990~2000년)
- 웹 2.0 : 네티즌이 서로 참여해 정보를 공유하고 정보가치를 높이는 것
  (2000~2010년)
- 웹 3.0 : 컴퓨터가 우리를 위해서 필요한 정보를 알아서 찾아주는 기술
  (2010~2020년)
- 미래 4.0 : 컴퓨터가 곧 사람인 시대(2020~2030년). 컴퓨터 스스로 학습
  하고 행동하며 판단력과 적응력을 갖게 되는 시대로 흐르고 있다.

미래시대가 요구하는 것은 정보수집이 아니라 정보 분석 능력이며 큰 그
림을 구상하며 이질적인 부분들을 서로 결합하는 융합 능력이다. 인간 정신의
체력 강화, 속도증가, 뇌 기능에서의 분노 억제, 비만 방지 같은 조건을 달성

하기 위해 화학물질을 가지고 유전자 개입을 연구하고 있다.

'모든 사물'이 중심이 된 진정한 스마트 세상, 기술과 지식으로의 시대, 미래사회는 평등과 질서, 협력과 협업이 빛을 발하는 사회로의 전략과 로드맵을 구체적으로 세워야 한다.

기술이 바꾸는 미래는 사물인터넷의 시대로 시공간을 초월하는 시대, 인터넷 시대로 유비쿼터스 시대(언제 어디서나 존재)와 디지털 컨버전스 시대(제품＋기술의 융합)의 스마트시대로 이어지고 있다.

지식과 정보가 빛의 속도로 변하는 가속화 시대로 현실과 가상현실의 경계가 사라지는 시대, 언제 어디서나 정보와 접근할 수 있고 처리할 수 있는 유비쿼터스 시대, 모든 산업과 학문의 영역 경계가 무너지는 융합의 시대, 하이콘셉트 하이터치의 감성화 시대, 소수의 엘리트보다 다수의 군중, 집단지성의 위력이 커지는 평등의 시대, 나눔과 봉사를 최고의 가치로 강조하는 영성의 시대, 기술과 지식으로 무장한 대중이 리더인 시대가 미래의 시대이다. 컴퓨터가 곧 사람인 시대(2020~2030년), 컴퓨터 스스로 학습하고 행동하며 판단력과 적응력을 갖게 되는 시대이다.

(2) 차세대 IT 응용 기술

4차 산업의 핵심 기술

① 센서(Sensor) : 열, 빛, 온도, 압력, 소리의 물리적인 양이나 변화를 감지하여 알려주는 부품이나 기구(저울, 온도계, 심장박동, 손동작인식, 지문인식, 온도, 습도, 가속도)

② 무선인식(Radio Frequency Identification) : 무선 주파수를 이용하여 초소형 칩에 저장된 상품 정보를 읽어 내는 일(입고재료 선별－태그발급－재료입고 등록－가공공정 관리)

③ 위치기반 서비스(Location Based Service) : 휴대전화나 PDA 같은 이동통신망과 IT기술을 종합적으로 활용한 위치정보 기반의 시스템과 서

비스(GPS : 위치추적 서비스, 공공안전 서비스, 위치기반정보 서비스)

POI : 주요 시설물, 역, 공항, 터미널, 호텔 등을 좌표로 전자 수치 지도에 표시하는 데이터, 목적지 검색에 사용되는 것이다.

인공지능(AI)

인간의 학습능력과 추론능력, 지각능력, 자연언어의 이해능력 등을 컴퓨터 프로그램으로 실현한 기술이다.

① 자연어처리(natural language processing) 분야 : 자동번역

② 전문가시스템(expert system) 분야

(의사 진단, 광물의 매장량 평가, 화합물의 구조 추정, 손해 배상 보험료의 판정 등)

③ 컴퓨터가 TV 카메라를 통해 잡은 영상을 분석

(영상 및 음성 인식은 문자 인식, 로봇 공학 등 기술)

④ 이론증명(theorem proving)은 수학적인 정리를 이미 알려진 사실로부터 논리적으로 추론하여 증명하는 과정

⑤ 신경망(neural net) : 인간의 두뇌를 모방하여 수많은 간단한 처리기들의 네트워크로 구성된 신경망 구조

인공지능이 만드는 새로운 시장

① 자율주행

② 차세대제조업 : 운송트럭, 자동제조, 맞춤형 제조

③ 인텔리전트(최첨단) 스마트 홈 : 거주공간의 지능화, 노인네이지도

④ 인텔리전트 메디컬 케어 : 바이탈 데이터, 유전자정보, 건강관리

⑤ 인텔리전트 인프라 : 전력, 수도, 가스자동조절, 다리, 발전소

⑥ AI기반 스마트 농업 : 드론 이용 정밀농업, 기상예측, 농협보험 등장

⑦ 비즈니스 업무환경 변화 : 서류관리, 데이터분석, 자동화, 번역, 법률 등

⑧ 인텔리전트 시큐리티 : 빅데이터 분석으로 범죄예측/예방, 이상행동 사전 감지

⑨ 맞춤형 스마트 교육 : 맞춤형 교육콘텐츠 제공, 대학 커리큘럼 설계

⑩ 자율형 안전보장 로봇 : 재해 구조 활동, 극한 환경 자율적 행동

⑪ AI기반 핀테크 : 주식, 투자상품, 은행대출, 금융상품 지원업무

⑫ 인텔리전트 커머스 : 얼굴인식 자동추천 서비스, 구매데이터 분석으로 맞춤형 광고

⑬ 자율배송, 유통 : 자율화물 배송, 무인화물선, 드론 자율배달, 물류창고 내 AI로봇 이용

로봇, 지능형 로봇

① 로봇(Robot) : 서비스 로봇, 개인용 로봇, 전문 로봇, 산업용 로봇 스스로 보유한 능력에 의해 주어진 일을 자동으로 처리하거나 작동하는 기계(강아지 로봇, 청소, 가사지원, 퓨처로봇)

② 지능형 로봇(Intelligent Robot) : 인간처럼 시각·청각 등을 이용해 외부환경을 스스로 탐지하고, 필요한 작업을 자율적으로 실행. 환경에 따른 능동적 실행으로 장소, 상황에 맞는 서비스를 제공한다.
전자, 정보, 기계, 센서, 소프트웨어, 반도체, 인공지능 등의 첨단기술의 결합체

③ 인공지능 로봇
  - 효순이 : 외로움을 달래주는 인공지능 로봇 : 식사, 운동 약복용시간, 대화, 노래 등
  - 클로버 육아 도움 로봇 : 구구단, 책읽어주기, 날씨, 알람, 집중력음악 등
  - 치킨로봇 : 정확한 시간과 온도
  - 셰이크 봇 : 칵테일 제조, 바텐더
  - 바리스타 봇 : 조리에 서빙까지 놀라운 로봇, 점원이 없는 무인 카페 : 커피숏
  - 서빙 봇 : 식사, 음료서빙

(3) 가상현실, 증강현실, 메타버스

가상현실(Virtual Reality) : 컴퓨터를 통해서 가상현실을 체험하게 해주는 최첨단 기술과 증강현실로 항공기의 조종법 훈련, 가구의 배치 설계, 수술 실

습, 게임 등 다양한 인간 참여자와 실제 및 가상 작업공간이 하드웨어로 상호 연결한다. 가상적인 환경에서 시각으로 느끼도록 하며 청각, 촉각 등을 사용한다.

증강현실(Augmented Reality) : 사람들이 보는 현실세계에 3차원의 가상 물체를 띄워서 보여주는 기술이다. 사용자가 지각하는 것에 컴퓨터가 만든 정보를 추가하는 것으로 '확장현실(擴張現實)'이라고도 한다. 가상현실은 100% 가상이라면 증강현실은 50:50이라고 한다.

메타버스(Metaverse) : 현실세계를 의미하는 단어로 '초월', '가공'을 의미하는 '메타(Meta)'와 '세계', '가상우주'를 뜻하는 '유니버스(Universe)'의 합성어이다. 가상세계와 현실세계가 융합된 3차원 가상세계로의 공간을 의미하는 신조어이다.

가상현실(VR)은 컴퓨터로 만들어 놓은 가상의 세계에서 사람이 실제와 같은 체험을 할 수 있도록 하는 최첨단 기술보다 한 단계 더 진화한 개념이다. 아바타를 활용하여 게임과 가상현실을 즐기고 실제의 현실과 같은 사회 문화적 활동을 할 수 있다는 특징이 있다.

직업, 금융, 의료, 학습, 산업현장에서의 안전교육 등이 연결된 가상 세계의 사례이다.

2022년 1월 30일에 방영된 SBS TV '일요 특선 다큐멘터리' 269회(또 다른 지구의 탄생, 메타버스)는 버추얼 스튜디오로 대형 LED스크린으로 꾸몄다. 시각화 기술, AR, XR 등을 활용한 영상 촬영에 필요한 배경을 실시간으로 구현해 촬영하는 최첨단 시설을 소개하였다.

(4) 지능형 자동차, 자율주행차(self-driving car)

운전자가 운전대, 가속페달, 브레이크 등을 조작하지 않아도 정밀한 지도, 위치 파악시스템(GPS) 등 각종 센서로 상황을 파악해 스스로 목적지까지 찾아가는 자동차이다. 세계 자율주행차 시장은 2020년 전체 자동차 시장의 2%인 2,000억 달러, 2035년까지 1조2,000억 달러에 달할 것으로 추정한다.

미국자동차기술학회(SAE)는 자율주행자동차 발달 수준 레벨 0부터 5까지 6단계 레벨을 소개하였다.
- 0단계 : 자율주행 기능 없는 일반차량
- 1단계 : 자동브레이크, 자동속도조절 등 운전 보조기능
- 2단계 : 부분자율주행, 운전자의 상시 감독 필요
- 3단계 : 조건부 자율주행, 자동차가 안전기능 제어, 탑승자 제어가 필요한 경우 신호
- 4단계 : 고도 자율주행, 주변 환경 관계없이 운전자 제어 불필요
- 5단계 : 완전 자율주행, 사람이 타지 않고도 움직이는 무인주행차라고한다.

(5) 3차원 인쇄(3D 프린팅)

프린터로 물체를 뽑아내는 기술을 의미한다. 3D 프린팅은 프린터로 평면으로 된 문자나 그림을 인쇄하는 것이 아니라 입체도형을 찍어내는 것으로 종이에 글자를 인쇄하는 기존 프린터와 비슷한 방식이다.

입체모형을 만드는 기술로 3D 프린터 안에 잉크 대신 플라스틱, 나일론, 금속, 입체 도형을 만들 수 있는 재료들로 기술이 개발된 이후에는 고무나 종이, 콘크리트, 음식을 넣어 인쇄하는 방법의 산업혁명(의료, 생활 용품, 자동차 부품, 축구화에 쓰일 천을 인쇄하거나 무인항공기, 뼈대·인공 뼈, 총기, 주택, 가구, 피부이식, 제약, 만능열쇠, 휴대형발전기, 농기구, LED, 생체공학적 귀, 우주식품 등) 제품을 제작하는 다양한 분야이다.

(6) 헬스 케어(health care)

기존의 치료 부문 의료서비스에 질병 예방과 관리 개념을 합친 전반적인 건강관리 사업, 원격 검진이나 방문 건강컨설팅 등의 사업이다. 헬스 케어의

넓은 의미로 질병의 예방에서 치료까지의 건강관리의 모든 과정을 포함한 것이다. 좁은 의미는 원격진료와 건강 상담을 뜻한다.

헬스 케어와 IT 기술이 융합하면 폭넓은 의료 서비스를 활용할 수 있다. 사례로 의료 서비스와 유비쿼터스의 IT기술을 이용하면 u－헬스 케어라고 한다. 어디에서든 건강관리를 받을 수 있고, 원격 의료 서비스를 제공 받을 수도 있다. IT기술을 활용하여 진료를 받기 곤란한 지역에서는 영상 통화를 통하여 진료를 받을 수 있는 병원에서 실시간으로 질병과 건강 상담을 받을 수 있다.

미래 헬스 케어는 건강관리에서 시간과 공간의 제약이 필요하지 않을 것이 장점이다. 최근 휴대용 스마트 기기를 활용한 헬스 케어도 늘어나고 있다. 손목에 착용하는 웨어러블 디바이스로는 운동량, 수면 시간, 수면의 질 등을 확인하여 자신에게 맞는 필요한 운동량과 예비건강 상식을 알려주며, 관리해주는 기능이다. 헬스 케어 부분에서 스마트 기기가 발전할수록 더욱더 원활하게 이루어질 것이다.

질병 예방과 치료에서 전체적인 건강관리를 받을 수 있는 헬스 케어는 IT 기술의 발전과 같이 u－헬스 케어 및 스마트 기기를 통하여 건강생활에 편리한 방향으로 발전하고 있다.

(7) 블록체인(Block Chain)

블록에 데이터를 담아서 체인 형태로 연결하여 많은 컴퓨터에 동시에 이것을 복제하여 저장하는 분산형 데이터의 저장 기술이다. 공공 거래 장부라고도 한다. 블록체인은 '블록(Block)'을 잇따라 '연결(Chain)'한 모음을 뜻한다.

수많은 컴퓨터가 기록을 검증하여 해킹을 막으며, 누구든 열람할 수 있는 장부에 거래 내역을 투명하게 기록한다. 다양한 참석자들이 정보를 공유하여 이것을 대조하여 데이터 위조와 변조를 할 수 없도록 한다. 블록체인 기술의 유명한 사례는 가상화폐 '비트코인(Bitcoin)'이다.

화물 추적 시스템, P2P(Peer to Peer, 사람에서 사람에게), 대출, 원산지에서부터 유통까지의 전체적인 과정을 추적하거나 예술작품의 진품 감정, 위조화폐 방지, 전자투표, 전자시민권 발급, 차량 공유, 부동산 등기부, 병원 간 공유되는 의료기록 관리 등 신뢰성이 요구되는 다양한 분야에 활용된다.

다양한 산업과 4차 산업의 융합기술
- 자동차＋IT : 스마트 카, 자동차 원격진단 서비스, 전기자동차, 자율형 자동차
- 조선＋IT : 디지털화 작업, 스마트 안전시스템, 지능형 조선기자재
- 건설＋IT : 지능형 빌딩, 친환경 빌딩, 스마트도시, 3D가상건설
- 섬유＋IT : 스마트섬유, 스마트 의류, 3D피팅, 3D프린팅
- 기계＋IT : 지능형 공작기계, 공정의 지능화, 자동화, 스마트 팩토리, 드론 등
- 항공＋IT : 항공기 실시간 진단시스템, 특수항공기, 항공VR
- 국방＋IT : 네트워크중심 관리, 전투지휘통제체계, 로봇병사, 무인차량, 무인정찰기, 드론
- 에너지＋IT : 에너지 저장과 재생, 신재생에너지, 배출모니터링 시스템
- 로봇＋IT : 산업용 로봇, 가사용 로봇, 교육용 로봇, 초지능 로봇, 퓨처 로봇 등
- 유통＋IT : 미래형 유통매장(생산자정보), 자율주행 교통, O2O(On-line to Off-line)
- 물류＋IT : 녹색물류, 온라인배달의 혁신(드론 배달)
- 금융＋IT : 맞춤형 금융서비스, 핀테크, 블록체인
- 교육＋IT : 개인 맞춤형 학습러닝, 전자책, 교육용 로봇, 화상강의
- 관광＋IT : 가상관광, 학술대회, 국제회의, 관광 상품 연계
- 의료＋IT : 원격진료, 수술용 로봇, 유전자기반의 나노와 바이오신약, 불치병 치료

노년층의 확대, 사회복지 비용의 팽창, 핵가족 편성, 개인주의 중시, 초지능의 연결, 스마트경제 사회 확대, 제품 또는 서비스의 산업화, 유통, 물류채널

의 확대, 사물인터넷, 4차 산업혁명의 확산, 융합의 혁신을 통하여 소비자요구 및 충족방안을 트렌드에 맞추어 빠르게 변화하는 미래사회의 요인을 파악하는 것이다.

미래사회에 현존하는 융합으로는 기술의 재조합 융합, 아이디어, 창의, 창조의 융합, 스마트기기로의 비즈니스형 융합, 4차 산업혁명에 부합하는 융합 또한 미래에 발맞추는 융합기술이다.

미래사회 융합의 유형은 소비자의 요구사항을 충족하는 방안이다. IT제품 간 융합, 네트워크, 서비스 간 융합, 사물 기기 간 융합, 산업 간 융합, 홈 네트워크형 및 가전기기 간 융합, 융합기술형 신사업 등이 융합의 유형이다.

(8) 한국형 제4차 산업혁명의 전략과 로드맵

인공지능은 우리가 살고 일하는 방식을 상당 부분 바꾸어 놓을 것이며, 인공지능을 어떻게 사용할지는 우리에게 달려 있다. 미국은 '산업 인터넷 컨소시엄', 미래 제조업의 핵심인 IoT를 비롯해 CPS(사이버 물리시스템)와 독일의 '인더스트리 4.0 플랫폼', 2025년 IoT와 3D프린팅, 센서기술, 인공지능(AI) 프로젝트 환경을 실시간으로 파악하고, IT를 기반으로 맞춤형으로 생산한다.

기계, 로봇, 인공지능의 발전이 인간에게 유토피아를 제공할 것인가(완벽하고, 평화로운 사회), 디스토피아를 제공할 것인가. 로봇, 기계의 발전이 인간 모두에게 부와 풍요, 권력을 가져다 줄 것인가. 소수의 권력자, 전문 엘리트에게 부와 풍요, 권력을 집중시킬 것인가. 인공지능 기술의 로봇, 자율주행 차, 드론, 가상현실(VR) 등 미래 산업을 이끌 핵심 기술로 다보스포럼의 '미래 일자리보고서(Future of Jobs)'는 전망하였다.

인간의 일자리가 사라지고 똑똑한 로봇이 그 자리를 대신할 가능성이 높으며, 인공지능의 기술로 촉발되는 기술혁명은 인간의 삶과 생계수단을 근본적으로 변화시키면서 노동자에게는 큰 재앙이 될 가능성이 높다.

인공지능 기술로 가속화될 노동시장의 불안과 소득 불평등에 대해서도 고찰하면서 이를 해결하기 위해 경제 체계와 사회 정책에 자유시장을 수정한 혁신적인 정책을 도입해야 한다고 미래전문가들은 강조한다. 어떤 직업이 살아남고 소멸되는가, 그런 미래를 어떻게 대비하고 준비해야 하는가, 생계수단과 재산의 붕괴에 관심을 갖는다. 대안을 찾기 위해 실마리를 얻어야 한다.

2030 UN미래보고서에는 30년 내에 인간의 직업 중 70%가 없어진다. 미래는 인공지능 로봇의 대중화, 2022년 추정 고용률을 예측한 결과 사라질 직업으로 1위. 우편집배원, 2위. 농사, 기술의 발전으로 적은 사람의 수로 경작, 기업형 농사가 가능하여, 3위. 신문기자. 온라인 뉴스, 신문 구독자들이 점차 줄어들고 있다고 한다.

인공지능으로 사라질 직업으로는 비숙련 노동자영화관과 지하철의 무인 매표소 고속도로 톨 게이트 무인화(하이패스)로 은행 창구 직원과 단순 경리 직원 또한 기계로 대체될 것이다.

인공지능에도 살아남는 직업으로는 미용사, 코디네이터, 요리사 같이 인간의 창의성이 필요한 직업이며, 섬세한 손놀림과 창의적인 사고가 필요해 인공지능이 대체할 수 없는 직종인 AS기사, 제빵사, 비행기 승무원은 아직 인공지능이 따라올 수 없는 분야로 본다.

또한 20년 안에 사라질 가능성은 시계수리공(99%), 스포츠 심판(98%), 회계사(94%), 택시기사(89%), 프로그래머(48%), 경제학자(43%), 판사(40%), 금융전문가(23%)이다.

인공지능으로 대체가능성이 낮은 직업으로는 창의성이 필요한 직업으로 협업과 소통능력이 가장 큰 경쟁력인 유치원교사, 미용사, 네일 아티스트, 푸드 코디네이터, 플라워 디자이너, 야외강사, 아트디렉터, 보육사, 마케팅 연구소, 요리 연구가, 시인, 레스토랑 지배인, 아로마 테라피스트, 인테리어디자이너, 큐레이터, 음악교실강사, 언어 치료사, 직업 치료사, 작곡가, AS기사, 제빵사, 의료 사회복지사, 사회학 연구자, 수의사, 소아과 의사, 치과 의사로 인공지능으로 대체가능성이 낮은 직업이라고 본다.

마크 저커버그 페이스북 CEO는 "향후 5~10년 내 세상 많은 일을 처리할 수 있고 시각과 청각 등의 감각에서 사람보다 더 잘 인식할 수 있는 컴퓨터가 나올 것으로 본다". "AI 기술이 의료와 무인 운전 등 분야에서 유용할 수 있지만, 컴퓨터에 사람의 상식이라는 것을 가르치기는 어렵다"며 "인류는 지식을 배워 문제 해결에 적용할 능력을 갖추고 있지만, 컴퓨터는 그럴 수 없다"고 주장한다. "가상현실이 향후 혁신의 초점이 되고 소비를 주도할 것"이라고 하였다.

마윈 알리바바 그룹 회장은 "기계가 인류보다 강해지고 똑똑해질 것으로 생각한다". "그러나 기계가 절대 인류보다 지혜로울 수는 없다"고 말했다. "사람들은 컴퓨터가 등장한 첫날부터 인류와 컴퓨터 중 누가 더 똑똑한지 경쟁했다는 것을 알아야 한다." "지혜와 정신, 마음은 인류가 가진 것이며 기계가 성취감과 우정, 사랑을 결코 느낄 수 없다."고 했다.

일본 로봇집단해고 사례

일본의 세계 최초 로봇 호텔인 헨나 호텔(Hennna Hotel)은 프런트 데스크, 수하물 운반 등을 로봇이 담당하였다. 그러나 투숙객들의 불만이 폭주하면서 243대 로봇 중 절반이 해고되었다. 체크인을 담당하는 공룡 로봇은 여권 복사를 못 해서 직원이 계속 수습해 줘야 하고, 객실까지 짐을 나르는 로봇은 평면으로만 움직일 수 있었고 비를 맞으면 가동이 중단되고, 객실마다 인공지능 로봇 추리가 있는데 고객이 코를 골면 말을 거는 줄 알고 자동으로 전원이 켜져 고객이 잠을 설치는 일도 있다.

'클린 미트(clean meat)'

미국 샌프란시스코의 스타트업 기업 '멤피스 미트'에서 만들어낸 '클린 미트' 인공육은 과학자들이 가축의 생체 조직에서 줄기세포를 수집해 실험실에서 몇 주 간의 배양으로 생성된 것이다.

고기를 먹기 위해 사육하는 돼지는 10억 마리, 닭은 500억 마리, 소는 15억 마리에 이른다고 한다. 인공 고기(artificial meat)라고 부르기보다 '클린 미트(clean meat)'라는 이름을 붙여 인위적으로 만들어낸 고기라는 거부감을 희석시킨다.

최근 식품산업에서 대두하는 지속 가능성과 윤리적 소비(친환경, 동물복지 등)에 대한 이슈를 중심으로 식물성 원료를 기반으로 한 '식물성 대체 식품', 동물성 세포 배양 기술로 혁신적 기술과 트렌드를 알아야 한다.

5) 정치적, 법률적 환경

사회 내부에 존재하며 개인과 조직에 영향력을 행사하고 압력을 가한다. 정부, 소비자, 경쟁자, 지역사회, 지방자치 기관, 등 법률적 테두리 안에 존재한다. 기업 규제 법률로는 기업 간의 공정한 경쟁률 유도와 기업을 보호, 허위광고, 과대광고, 기만광고, 포장(소비자 보호, 사회적 이익을 보호하기 위함)이다. 정부규제(윤리와 사회 책임 증대)로 점차 완화되는 것이 추세이지만 정부규제는 마케팅 의사결정의 중요한 요인이며 정책과 지침을 세워 마케팅 활동을 추진한다. 소비자 지향적, 사회 지향적, 가치 지향적인 행동규범이 중요하다.

정부, 지방 자치단체, 대학 창업보육센터, 창업지원과 기술혁신 지원 사업, 시장 개척을 위한 지원 사업, 경영 지원 사업 등 다양한 정보를 활용하여 창업자 지원 기관을 만들며 규제를 완화하고, 세금 혜택을 제공하는 활동이 풍부하다.

6) 사회적, 문화적 환경

사회 문화적 환경은 사회제도나 사회적 영향력의 기본 가치나 지각, 선호 및 행동 등에 영향을 미치는 환경을 말한다. 문화적 가치란 한 사회의 구성원인 소비자들이 가지고 있는 지속적인 신념과 가치관, 규범 등에 영향을 미친다. 마케팅 관리자는 문화적 가치를 변화시킬 수 있는 새로운 기회의 창출이다.

성공적인 국제기업의 경영자가 되기 위해서는 문화를 넘나드는 다양한 의사소통 능력을 갖추며, 인간의 행동에 영향을 주는 문화적 차이에 따른 충돌을 이해해야 한다. 생활 습관을 비롯한 문화이해와 경영방식, 전략, 경영아이디어, 전환상의 한계를 인정한다. 타 국가의 직원들을 문화적 관점으로 동기를 부여하고, 공정하게 평가한다. 사업지침이나 내부규칙, 인사고과 등 문화적 차이를 인정하고 반영한다. 다양한 문화의 업무분담과 그룹 간의 시너지 창출을 모색한다.

대부분의 국가는 고유한 언어, 가치, 신념, 라이프 스타일을 가지고 있다. LG전자의 유럽지역 냉동고 판매는 육류중심 식생활이므로 제품을 변형하여 성공한 사례이다. 코카콜라 또한 각국의 문화나 생활양식, 전통에 맞게 광고를 제작하여 큰 성공을 이루었다.

글로벌 종합음료회사, 코카콜라 컴퍼니(Coca-Cola Company)는 탄산, 스포츠음료, 생수, 주스, 차, 커피 등 500여 개 이상의 브랜드, 4,100여 종류의 제품을 보유하고 있다. 그 가운데 10억 달러(약 1조 1,400억 원) 이상의 매출을 올리는 브랜드는 21개이다.

소비자들이 취향에 따라 선택할 수 있도록 19개 브랜드에서 저칼로리 또는 제로 칼로리로 옵션을 제공하고 있다. 코카콜라의 빨간색이 성공의 결정적인 역할을 한다. 빨간색은 안전을 의미하는 색으로 소화기, 경보기 등에 쓰이고 심리적으로 부정적인 생각을 극복할 수 있는 활기를 주는 특징이 있다.

크라운제과의 '초코파이' 포장지 색상 또한 나라마다 차별화하여 성공한 사례이다. 한국은 붉은색을 주제로 정(情)이라는 감성을 자극하여 '마음을 전하는' 수단으로 광고 시리즈를 만들어 인간적인 감성에 호소하여 소비를 이끌어 내는 마케팅 전략으로 사랑받으며, 중국은 인(仁)을 주제로 붉은색으로 홍보하고 있으며, 일본은 노란색과 하얀색이 어우러진 디자인으로 주제를 미(美)로, 간결하고 부드러운 색감을 선호하기에 그 나라의 정서에 맞게 디자인하고 현지화에 성공한 사례이다.

한국

중국

일본

동양인과 서양인의 사고와 세상을 보는 기본적인 인식의 차이를 비교하여 보자.

동사로 보는 동양인
동양인 A : 전체적으로 꽃잎이 둥글고 잎사귀가 존재하기 때문
- 세상을 부분이 아닌 전체로서 바라본다.
- 전체적인 관계성을 중심으로 사물을 바라본다.
- 전체의 연결을 통하여 사물이 존재한다는 인식의 사고.

명사로 보는 서양인

서양인 B : 모두 줄기가 곧기 때문

- 세상을 각 개체로 나눠서본다.
- 사물에 대한 분석력이 발달되었다.
- 개개의 사물이 모여 전체를 구성한다는 인식의 사고.

동양인은 배경에, 서양인은 대상에 초점을 둔다. 동양인은 전체적인 관점으로, 세상을 부분이 아닌 전체로서 바라보기 때문에 전체적인 관계성을 중심으로 사물을 바라본다. 전체의 연결을 통하여 사물이 존재한다는 인식의 관점과 사고로 가족, 조직과 같은 집단문화를 선호하며, 충성이나 헌신을 우선시하는 경향이 있다.

유교의 인(仁), 의(義), 예(禮), 지(智), 신(信)을 바탕으로 하는 종합적 사고 (숲 전체를 하나로 인식)로 인간도, 자연도 하나, 자연에 귀속된 인간으로 생각하며 사회와 관계를 중요시한다. 상대적, 포괄적, 구심적, 수동적, 내향적, 외향적, 직관적, 종합적 가치를 존중하는 문화 형태로 발전하며 조화를 추구하고 관계를 중요시하는 체계로 발전되어 왔다.

자기를 소개할 때 소속회사명, 부서명, 직위, 이름순으로 '우리'라는 관계를 중시하여 '우리', '같이', '함께', 공동체적인 단어, '우리가족' 이라는 단어의 형식과 내용으로 표현한다. 너무 복잡하고 거시적으로 생각하는 경향이 있다.

식사할 때 수프도 숟가락을 밖에서 몸 안쪽으로(폐쇄적, 보수적 문화) 시작하며, 공자사상이 기본(유교문화 형식)이며 장유유서, 공경, 예의에 중점을 둔다. 사장(CEO) 중심의 의사결정 문화에, 가부장적인 대화 문화를 가지고 있는 경향이 있다.

수직적인 문화로 인사할 때도 몸을 숙여 상대에게 예를 표하며, 악수를 할 때 아랫사람이 약간 숙여주는 것을 예의라고 여긴다.(왼손을 오른팔에 받침)

음식 문화에서는 농경문화의 중심으로, 탄수화물 중심의 식사로, 서로 나눠먹는 개념을 가지고 생활하고 있다. 성격이 급하고 감정적이어서 잘 참지 못하는 성격이며, 보수적인 경향으로 젓가락 두 개의 작대기로 사용하며, 공동의식(조화사상, 협동사상)에 중점을 두며, 한 상에 차리는 공간전개형(총체적이고 통합적, 관계적인 사고형성) 사고이며, 엄격한 예법, 인간의 기본적인 법도를 지키는 사람, 자기를 낮추고 남을 높이는 겸손함, 진실함에 무게를 둔다.

서양인은 세상을 각 개체로 나눠서 본다. 사물에 대한 분석력이 발달되어 있으며, 각각의 사물이 모여 전체를 구성한다는 인식으로, 자율성, 개인의 성취, 프라이버시 등에 높은 가치를 부여하는 관점으로 차이가 있다.

내 것은 내 것이고, 네 것은 네 것이라는 개념, 개인주의와 합리주의적이며 개방적이다. 자유로운 사고방식에 엄격하며, 체계적인 면이 완벽한 조화를 이룬다. 남을 배려하고 존중하는(폐를 끼치지 않는다) 공중도덕에 엄격하며, 공중질서에 대한 교육이 철저하다. 상대방을 존중하며 배려심도 깊다. 선진적이고 현대적 사고에 충실하다. 자기소개를 할 때에 '나는 유쾌하다', '나는 캠핑하는 것을 좋아한다' 처럼 자신의 이름을 제일 먼저 말하고 소속팀, 소속회사 순으로 소개하며 '나'를 중시한다.

모르는 사람과 눈길이 마주쳐도 미소로 인사하며, 형식논리에 익숙해 모순을 잘 찾아내고 개인주의적 자기표현이 강해 논쟁과 수사학에서 뛰어나다. 단순하게 생각하고 한 가지 요인만을 주시하며 새로운 분야에서 새로운 발견이나 혁신을 일으킨다.

자존감과 독립성이 강조되며 창조적이고 혁신적인 사고를 장려한다. 식사 때 수프는 숟가락을 안에서 밖으로 사용하며(개방적인 문화), 수평적인 문화로 삶의 다양성과 평등, 창의력 발달, 자유로운 의사전달, 민주주의적인 의사결정 방식으로 인사하며, 악수를 할 때는 평등한 자세로 한다.

음식문화로는 유목문화가 발달해 단백질 위주 중심의 식사를 하고, 성격이 원만하고 급하지 않으며 이성적이고 사물을 체계적으로 생각하기를 좋아하고 모험심이 강하다. 포크, 나이프(한 짝씩 존재, 찌르고 자르는 개인주의 형성) 사용으로 공간전개형과 시간계열형 식사문화를 가졌다.

미국의 경우 순서에 따라 하나씩, 시간계열형으로 구성(개성이 강하고 개성을 존중, 독립성)되었으며, 순차적이고 체계적, 논리적이며, 예절로는 기독교 정신, 적극적인 사고로 행동 지향적, 시민의식, 법의식 등이 내면화되었다. 타인을 배려하고 존중한다. 레이디퍼스트 여성을 존중하는 등 관습의 차이가 있다.

국가마다 특유한 문화적 관습과 종교(이슬람교 : 돼지고기, 힌두교 : 쇠고기, 유대교 : 돼지고기, 갑각류, 미국 : 말고기) 금기를 고려한다. 문화 차이에서 오는 휴일 문제, 휴가 기간, 조문기간의 차이로 중동국가는 금요일 휴일, 라마단은 금요일 금식기간이다. 프랑스, 서유럽 국가는 바캉스, 휴가 기간이 한 달 이상이다. 동아시아, 남태평양은 장례행사로 긴 애도의 기간을 갖는다. 일본 기업은 자회사의 고위 경영자를 현지에서 채용하기보다는 본사직원 중에서 파견하는 것을 선호한다.

나라마다 문화에 대한 지식이 다르다. 협상의 시기, 협상 소요시간, 협상의 구성, 협상의 준비, 후속계약, 관계 유지에서도 각각 다름을 인정하고 문화적 습관에도 인사문화, 식사문화, 음주문화, 선물 주기와 연회, 행사, 이벤트, 예의, 고유한 언어, 가치, 신념, 라이프 스타일에 따라 관찰하며 현지 문화 이해도에 관심을 가져야만 실패하지 않는다.

문화적 차이의 다양성을 파악한 LG전자의 유럽지역 냉동고 판매는 육류 중심 식생활을 파악하여 제품을 변형하여 성공하였으며, 코카콜라는 각국의 문화나 생활양식, 전통에 맞게 차별화 현지화 광고를 제작하며 성공했다.

선물 또한 문화와 가치관 이념을 상징한다(대상은 가족, 연인, 친구 등). 선물의 의미를 살펴보자.

스카프 : 당신을 영원히 사랑합니다.

편지 : 당신을 그리워합니다.

꽃 : 당신의 마음속에 담아두고 싶어요.

책 : 당신을 믿습니다.

껌 : 당신과 오래 사귀고 싶어요.

반지 : 영원히 내 사람이 되어 주세요.

우산 : 당신을 보호하겠습니다.

머리핀 : 당신의 성공을 빌어요.

거울 : 나를 잊지 말아요.

목걸이 : 나의 곁에 두고 싶어요.

초콜릿 : 사랑합니다.

열쇠고리 : 당신의 행운을 기원합니다.

앨범 : 당신과의 사랑을 간직합니다.

장갑 : 진심을 담으세요.

빗 : 좀 청결해지세요.

모자 : 나를 감싸주세요.

선글라스 : 당신의 비밀을 알고 있어요.

일기장 : 추억을 담고 싶어요.

인형 : 항상 생각해주세요. 선물의 의미를 부여한다.

일본은 선물의 나라이다. 선물 문화를 중시한다. 선물은 '주고받는' 관습이다. 실용적이고 간단한 물건을 준비하며, 받은 선물의 포장을 뜯을 때도 조심스럽게 한다. 선물의 의미 부여를 하며, 선물기간이 1년 내내의 일상이다.

오미야게 : 신사참배 간 사람이 집에 있는 사람에게 신의 축복을 나누어 주기 위해 신사 주변물건을 사옴(지방토산물, 식품종류)

데미야게 : 남의 집을 방문 때 주인에게 직접 선물

프레젠토 : 생일이나, 학교입학, 졸업, 주고받는 선물

오추겐 : 평소에 신세진 사람에게 감사의 마음을 담아 선물

오봉 : 조상을 기리는 연중행사(7월 초~15일 사이, 친척)

오세보 : 연말에 보내는 선물(상점, 백화점 배달가능 시스템)

오넨가 : 연하장(12월 말에 보내면 1월 1일에 도착)

오스소와케 : 오후쿠와케(받은 선물을 이웃에게 나눠 주는 것)

오카에시 : 받은 선물에 대해 답례, 축하답례는 두 배로, 조문 시는 그 절반 정도

우치이와이 : 출산이나 결혼 축하

노시가미 : 결혼식 등 경사 때 축하선물, 축하금, 답례품에 덧붙이는 장식품

선물을 주고 받을 때에 직접 가지고 가면 '변변치 못한 것입니다만' 이라고 말한다.

선물의 사용 방법도 자세히 알려 준다. 선물을 받으면 가까운 시일에 보답을 꼭 하며 인사를 한다. 관혼상제의 경우 받은 액수의 절반을 다시 돌려준다.

(1) 선물을 할 때 주의사항

흰색은 죽음의 색깔, 흰 종이로 포장 금지, 흰 꽃도 선물하지 않는다.

자살을 상징하는 칼은 삼간다.

짝수가 행운을 가져다준다고 여겨, 세트 선물(쌍)을 좋아하지만, 죽음을 연상하는 4개는 삼간다.

빗은 괴롭게 죽는다는 의미라서 주고받지 않는다.

병문안 갈 때 화분 금지, 뿌리를 내린다, 몸져눕는다.

꽃은 홀수, 백합은 삼간다.(죽음을 상징)

결혼선물 : 유리잔 같이 깨지거나 부서지는 물건은 삼간다.

신분이나 지위에 엄격, 골동품 선물 선호한다.

선호하는 선물로는 상대가 좋아 하는 것, 부담스럽지 않은 것, 여유로움을 즐길 수 있으며, 실용적인 것을 좋아한다. 선물하고 싶은 물건으로는 맥주, 커피, 산지직송 특산품, 햄, 소시지, 조미료, 식용유이며, 특히 받고 싶은 선물로 '상품권'을 선호한다.

한국은 자리에 앉을 때는 윗사람보다 나중에 앉는다.

수저를 들 때 윗사람이 더 먼저 들고 나중에 든다.

식사에 필요치 않은 물건은 올리지 않는다.(핸드폰)

식사 중 입속 이물질이 나오지 않게 조심히 말한다.

음식을 씹는 소리, 쩝쩝대는 소리를 내지 않는다.

식사 속도는 함께 식사하는 상대방에게 맞춘다.

식사를 마치고 물로 소리 내어 가글하지 않는다.

아랫사람은 윗사람이 다 먹기 전에 먼저 자리에서 일어나지 않는다.

중요한 자리는 휴대전화를 끄거나 무음으로 한다.

숟가락과 젓가락을 동시에 사용하지 않는다.(밥, 국 : 숟가락 사용, 반찬 : 젓가락 사용)

서양요리의 식사테이블은 꽃으로 장식한다.(아름다움에 식욕 상승)

식사 순서로는 수프는 안에서 밖을 향해 가볍게, 양이 줄어들면 왼손으로 그릇을 잡고 약간 뒤쪽으로 기울여 먹는다.

빵은 수프와 같이 먹어서는 안 된다.

수프 다음 먹기 시작하고 반드시 손으로 뜯어먹는다.

생선요리는 생선 위에 레몬을 뿌려 먹는다. 머리는 왼쪽부터, 배는 안쪽부터 향하게 한다.

고기요리는 소스에 따라 개인의 기호에 맞게 첨가한다.(올리브기름, 소금, 후추, 겨자, 스테이크 소스) 디저트는 아이스크림, 케이크, 과일 등이 있다.

미국에서 식사는 화합의 시간이다.

포크, 나이프는 바깥쪽부터 사용하며, 입을 접시에 대고 먹지 않는다.

식탁 위에 팔꿈치를 올리지 않는다.

음식을 씹고 있는 상태에서 말하는 것은 실례이다.

립스틱을 바르거나 코를 풀지 않는다.

식후엔 포크와 나이프를 접시 위에 나란히 올려놓고 냅킨으로 입을 닦는다.

턱을 괴거나 팔꿈치를 올리면 안 된다.

가벼운 대화로의 분위기로 이야기한다.

중국에서는 식사에 초대한 주인이 손님의 자리를 정해준다. 예전에는 인원수보다 더 많은 양을 준비하며 풍족함을 중시하던 문화가 있어 음식을 남기는 문화가 보통이었는데, 요즘은 무리 없이 남기지 않고 맛있게 먹는다.

밥그릇은 들고 먹는다. 보통 계산은 제자리에서 하는 편이고, 술을 곁들인다면 건배는 제자리에서 하며 바닥에 잔을 탁! 치는 관습이 있다.

젓가락이 사람을 향하게 하면 예의가 없는 행동으로 여기며, 맛있게 배불리 먹었다는 의사표시를 한다.

과일은 둘로 쪼개서는 안 된다.(헤어진다는 의미)

음식이 짝수로 나온다.

찬 것부터 더운 것으로 순서대로 먹는다.

담소를 얼마만큼 잘 하느냐가 제일 큰 예의다.

프랑스는 삶을 즐기는 문화이다. 사교의 장소, 최고의 여가시간, '문화를 먹고 사는 민족'으로 식탁의 요리는 종합예술로, 문화의 중요한 한 부분이라고 생각한다.

식사 소요시간 2~3시간, 천천히 요리를 음미하며 즐긴다.

미국과는 반대로 손을 테이블 위에 두는 것이 좋다.

한 가족이 대화의 시선 처리로 연이어 나란히 앉지 않는다.

잔에 음료를 받을 때는 그대로 둔 채 받는다.

생선요리는 뒤집지 않고 그대로 둔 채 계속 먹으며 뼈만 제거하고, 생선 가시는 입에서 직접 포크로 받아 테이블 위 안 보이는 곳에 둔다.

남은 음식은 포장하거나, 담을 용기를 달라는 것은 무례한 행동으로 보인다.

식전 빵은 칼로 자르거나 입으로 물지 않고 손으로 뜯어서 먹어야 한다.

포크, 나이프는 요리가 나올 때마다 바깥쪽부터 좌, 우 한 개씩 사용한다.

이탈리아는 길거리 피자를 제외한 피자는 포크와 나이프로 썰어서 먹는다.

치즈를 추가로 요구하는 것은 요리사의 실력을 모욕하는 행위로 인식한다. 와인이나 물을 마시기 전 냅킨으로 입을 한 번 닦은 후 마신다.

독일은 어린아이처럼 여긴다고 생각하여 자신의 잔을 남이 채우는 것을 싫어한다. 트림하는 행동은 금기시하지만 감기 때의 코 푸는 행동은 예외로 생각해준다. 아침식사에 꿀을 즐기는 민족이다.

스위스는 보수적이고 내성적인 경향의 준법정신이 철저하며, 외국인에게 경계심이 많은 편이며, 자신들이 세계 최고라는 자부심이 강하다. 범죄율이 낮지만 소매치기는 주의하자.
매너를 중시하고 양보하는 습관이 있어 이웃끼리도 피해를 주지 않는다.

유럽의 중심부에 위치하여, 독일, 프랑스, 이탈리아의 문화가 혼합된 다양성이 존재한다.
식생활 문화를 자랑하는 독일, 프랑스, 이탈리아의 다양한 요리에 영향을 받아 달콤한 초콜릿, 유제품, 치즈, 샤부샤부 요리를 많이 먹으며 이탈리아와 인접한 남쪽에서는 토마토와 양파를 즐겨먹고, 프랑스 쪽에서는 치즈를 사용한 요리, 독일 문화권에서는 감자와 소시지를 많이 사용하며, 프랑스 요리처럼 화려하지는 않으나 서민적인 소박함과 따뜻함이 풍기는 것이 특징이다.

에멘탈, 아펜젤 치즈 등을 백포도주와 함께 잘게 썬 빵을 찍어 먹는 퐁듀(Fondue)와 라클레트 같은 치즈 요리가 유명하고, 남부에서는 이탈리아의 영향으로 파스타, 피자, 등이 주식이며, 고품질의 수제 초콜릿은 세계적으로 널리 알려져 있다. 퐁듀는 프랑스의 'fondre(=melt)'에서 온 말로, 긴 꼬챙이 끝에 음식을 꿴 다음, 치즈 녹은 것이나 소스에 담갔다가 (소스에 찍어) 먹는 음식이다. 여행을 가면 초콜릿, 아미나이프, 시계를 선물로 많이 사오기도 한다.

터키는 최고의 예의가 집주인이 재킷을 벗겨 주는 행동이다. 왼손은 부정적인 의미하며 식탁 위에 양손을 모두 올려놓고 식사한다. 음식이야기, 시, 노래, 자기나라 이야기에 관심을 기울이며, 슬픈 이야기, 죽은 사람의 대화는 재수가 없다고 생각하기에 조심하여야 한다.

러시아
빈 보드카 병을 바닥에 놓는다.(불운을 가져올 수 있다고 믿는다)

영국
수프 그릇을 기울여 먹을 경우 자신과 먼 방향으로 기울인다. 수프를 저을 때도 안쪽이 아닌 바깥쪽으로 한다.

인도네시아는 물을 마실 때 컵에 입을 물지 않는다. 식사에 초대한 집 주인이 음식을 권할 때까지 기다려야 한다.

탄자니아는 약속시간보다 일찍 오는 것은 예의에 어긋나는 행동으로 20분 정도 늦게 도착한다.

일본은 젓가락만 사용하며, 세로가 아닌 가로로 수저를 둔다. 밥그릇은 한 손으로 들고 먹으며, 밑에 가라앉은 된장을 저어서 마신다. 밥을 국에 말아 먹지 않는다. 밥을 고슬고슬 담는다.(꼭꼭 누르면 밥 자체의 맛을 떨어뜨린다) 젓가락 양쪽 사용(먹던 쪽으로 집어오지 않고, 반대쪽으로 덜어 먹는다)
개인상차림인 가이세키 요리(서민적인 연회 요리)가 있다.

에키벤의 날 행사로 4월 10일 최북단 홋카이도의 와카나이 역에서 최남단 가고시마의 야마카와까지, 열차 역마다 그 고장의 도시락을 이색적으로 판매(역에서 파는 도시락)
일본 음식의 특징으로는 그 지방의 독특한 요리 방법을 중시한다.(전통요리)
주식 : 쌀, 생선요리 발달
5가지 맛 : 단맛, 신맛, 매운맛, 쓴맛, 짠맛

5가지 색 : 흰색, 노랑, 빨강, 파랑, 검정 색을 잘 어울리게 담아낸다.

5가지 조리법 : 날것, 삶기, 굽기, 튀기기, 찌기

5가지 조미료 : 설탕, 소금, 식초, 간장, 된장

(2) 세계 각국의 인사법

① 악수 : 손으로 하는 인사

미국 : 손을 힘 있게 잡고 두세 번 흔든다.

독일 : 언제나 강하고 짧게 흔든다.

프랑스 : 손에 힘을 주지 않는다.

한국 : 손을 잡는 그 자체에 의미를 둔다.

② 목례 : 중국, 아시아의 유교 영향권 나라에서 하급자, 연하자일수록 먼저 더 낮추어 고개를 숙인다.

③ 입맞춤 : 프랑스, 스페인 등 지중해 연안국

러시아 : 키스를 하고 포옹한다.

사우디아라비아 : 악수를 한 후 양쪽 뺨에 키스

④ 와이(태국의 전통인사) : 두 손을 모으고 팔과 팔꿈치를 몸에 붙인 채로 '와이'라고 말하면서 고개를 숙인다.

⑤ 나마스테(인도의 전통인사) : 존경의 표시. '당신 앞에 절합니다'라는 뜻

⑥ 살람(싱가포르의 전통인사) : 손을 잡지 않고 인사

⑦ 아브라소(멕시코, 아르헨티나, 콜롬비아 등 중남미) : 서로 껴안고 키스한 후 친근함의 표시로 어깨를 몇 번 두드리는 행위. 키스보다 신체 접촉이 더 많으며 시간도 길다.

⑧ 침 뱉기(탄자니아의 마사이 부족의 인사) : 존경과 친근함의 표시. 갓 태어난 아이에게도 축복과 행운의 의미, 장사꾼 상호간의 흥정을 위해서도 같이 침을 뱉는다.

⑨ 코 비비기(뉴질랜드 북부 로토루아 마오리족 섬) : '흥기'는 코를 서로 두 번씩 비비는 것.

(3) 매너의 좋은 자기관리 5가지 요소

① 밝은 표정 갖기 : 미소 띤 표정
② 정감 있는 인사하기 : 인사는 매너의 시작이자 끝이다
③ 부드럽고 상황에 맞는 말씨와 매너 지니기
④ 단정한 용모와 복장 유지하기
⑤ 바르고 절도 있는 자세 갖기

(4) 우리나라와 외국의 인사 예절

한국

- 서로에게 안부를 전하고 반가움, 공경의 뜻
- 처음 만나 서로 안부를 주고받으며 자신을 소개하는 경우
- 사람들 사이에 지켜야 할 예의범절, 포괄적 의미
  '선생님', '부인', '여사님' 등 상대방의 이름 뒤에 '오빠 또는 형', '언니
  또는 누나' 등을 붙여 부른다.
- 반어법을 사용하며 기쁨을 감추며 겸손한 감사인사
- 상봉, 이별, 문안, 안부 인사가 다르다
- 가급적 피부를 대지 않는 것
  상체를 굽혀 몸을 낮추거나 절을 하는 수직적 방식
  농경문화 '공간의 문화', '우리' 학연, 지연, 혈연 특화
  유교주의적, 남존여비사상, 남성우위

동양식 인사 문화는 경 기본(敬 : 공경할), 공손 가치
서양식 인사 문화는 친 기본(親 : 친할), 반가움 강조

서양

- 악수와 포옹 등 수평적인 인사 형태
- 유목문화 '시간의 문화'
- 출신보다는 능력을 중시
- 지연보다는 현재의 관계를 중시

- 숙녀 우선주의 관습, 여성 보호의식

브라질 인사예절
- 비즈니스 : 악수
- 평소 : 여성, 양 볼에 키스
- 안면이 있는 남성 : 어깨나 등을 툭툭 치거나 반 포옹
- 첫 만남 : 낯설어 하지 않고 금세 친근감 표시
- 회의석상 : 참석한 사람 일일이 악수
- 회의종료 : 참석한 모두에게 인사
- 저녁식사 초대는 사업상이면 상담이 잘 되고 있다는 신호

일본 인사예절
- 오지기 : 감사, 경의를 표시할 때
- 에사쿠 : (15도) 동료, 간편한 목례
- 경례 : (30도) 거래, 면담, 의뢰시
- 최경례 : (45~60도) 경의, 사죄, 의사전달, 가장 정중한 오지기
- 남성 : 팔을 몸 옆에 붙이고 있다.
- 여성 : 양손을 앞으로 가지런히 포개서(악수, 포옹, 볼을 만지는 인사 삼가)
  인사

중국 인사예절
- 기쁨을 표하며 함박웃음으로 선물을 받는다.(기쁨을 재차 표현)
- 5~6살 차이가 나도 서로 친구라고 부르기도 하며, 나이가 많은 사람을
  만나 모두에게 똑같이 '니하오'라고 인사한다.

경사 시 인사말
- 출산 : 순산을 축하드립니다 → 염려해 주신 덕분입니다
- 결혼 : 행복하시길 바랍니다 → 열심히 잘 살겠습니다
- 생일 : 생신축하, 만수무강 → 모두 염려해 주신 덕분입니다
- 돌 : 아기의 건강, 똘똘함에 축하 → 고맙습니다

- 졸업 : 큰일 하셨네요 → 염려해 주신 덕분입니다

(5) 우리나라와 외국의 초대 복장

- 성공하는 사람은 복장과 용모가 다르다
- '옷을 입는다'는 것은 곧 아름다움과 덕을 바깥으로 내 보이는 것의 예의
- 사람을 새롭게 하고 선하게 만든다.

한국
- 집에 초대 : 편안한 복장
- 돌잔치, 행사 : 깔끔한 복장, 정장
- 결혼식 : 신부를 돋보이게 하기 위해 흰색NO
- 장례식, 조문 : 검정색(무채색 정장)
  맨발 금지 : 무채색, 단색 양말
  남자 : 무채색 정장, 단색
  여자 : 치마 길이(무릎 아래)
- 손의 위치로 남자는 오른손을 위로, 여자는 왼손을 위로 포갠다.
- 미국 레스토랑 초대 복장 : 정장, 드레스
- 친구네 : 캐주얼 복장
- 일본 : 기모노 복장(양반다리NO)

남성 예복
- 모닝코트 : 낮의 정식 예복
- 색 코트 : 낮의 약식
- 연미복 : 밤의 정식 예복
- 턱시도 : 밤의 약식 예복

남성 평상복 : 정장, 양복
- 회사 근무, 업무상 모임, 오찬, 만찬, 결혼식 예복

여성 예복
- 이브닝 드레스 : 밤에 입는 여성예복
- 칵테일 드레스 : 저녁에 입는 여성예복
- 애프터눈 드레스 : 낮에 입는 여성예복

나라마다 선호하는 자동차 색깔도 다르다.
- 이탈리아 : 붉은색, 성실과 철저함으로 대변되는
- 독일 : 은색을 선호한다.
- 프랑스 : 자유를 상징하는 파란색
- 미국, 아시아, 중동 지역 : 흰색과 담갈색(베이지)
- 영국 : 진한 청색(다크 블루)
- 러시아, 브라질, 남미 : 실버 차량이 인기
- 캐나다, 그리스, 터키, 북미, 일본, 인도 : 흰색
- 노르웨이 : 브라운
- 중국 : 실버, 블랙.

이러한 차이는 각국의 공항에 내리는 순간 한눈에 확인할 수 있다.

글로벌 기업에서는 각기 다른 인종, 문화와 종교를 가진 직원이 같은 공간에서 근무하고, 다양한 구성원을 수용할 수 있는 조직 문화형태이기에 현지 문화의 이해에 집중해야 한다.

7) 경쟁 환경

기업은 경쟁기업과의 경쟁형태라는 환경요인에 영향을 받는다. 기존의 제품과 서비스가 어떤 것이 있는지 가격을 파악해 본다. 경쟁기업의 판매액과 이익 추정, 제품별 판매액 추정, 공급자와 잠재적 고객의 정보 수집 등 상호보완적인 기업을 발견한다. 전략적인 제휴도 고려해본다. 시장점유율, 제품비교, 경쟁적 지위, 진입 장벽, 주요경쟁자는 또 누구인지도 파악해본다.

어떤 측면에서 경쟁하는지, 잠재적 경쟁자는 누구인지, 진입장벽은 어떠한지, 경쟁업체도 분석한다. 배후세대, 교통, 주변시설, 유동인구, 접근 편의성에 대해 관찰한다. 남자들이 여자들의 직업에 뛰어드는 현상으로 플로리스터는 꽃집 아가씨를 넘어 남자들이 더 섬세하고 스케일도 크다는 장점이 있다. 간호사는 간호학과에 입학하는 남성도 15배 증가하고, 유치원 교사는 남자 선생님이 읽어주는 동화에 아버지의 역할을 아이들에게 느낄 수 있게 해주는 게 강점이다.

경쟁자 분석의 기준으로는 욕구별 경쟁, 소비자가 추구하는 근본적인 욕구에 대한 경쟁을 말하며, 품종경쟁은 소비자의 욕구를 충족시킬 수 있는 여러 가지 제품별 경쟁을 말한다. 제품형태별 경쟁은 소비자의 특정 욕구를 충족시킬 수 있는 각 제품형태별 경쟁을 말한다. 상표별 경쟁은 동일한 욕구를 충족시킬 수 있는 여러 상표별 경쟁을 한다.

경쟁자보다 우위를 획득하는 방법으로는 시장점유율, 고객 인식요소, 내부적 운영 우위, 재산적 가치가 있는 기술, 능력 또는 관계, 판매채널, 선포기업우위, 브랜딩, 틈새시장 발견 등이 월등할 때 경쟁에서 우위를 획득한다.

경쟁의 유형에는 직접적 경쟁자(동일한 목표시장을 추구하는 기업), 대기업 경쟁자(전국적 규모, 프랜차이즈), 온라인 경쟁자(독특한 제품믹스, 높은 수준의 서비스), 간접적 경쟁자(다른 유형의 제품), 미래경쟁자(미래에 발생할 경쟁자) 등의 유형이 있다.

경쟁자에게 효과적으로 대처하기 위한 전략적 분석으로는 전략적 지위(Strategic position)에 충분한 이해를 한다. 전략적 분석으로는 기업의 가치, 핵심역량, 경영방식, 자원, 자산에 대한 강점과 약점을 파악한다. 경쟁의 대상, 경쟁 환경, 고객의 선택사항, 차별화 요소, 핵심역량 유지, 변화에 유연하게 대응하는 매뉴얼이 있어야 효과적으로 대처할 수 있다.

8) 글로벌 마케팅 환경(Global Marketing Environment)

인터넷 발달과 국제적인 물류망 확보 등 세계를 하나의 경제체제로 통합하는 환경적 변화가 급속하게 형성되고 있다. 국제화 시대에 자사가 어떻게 해당 지역 또는 국가의 환경에 적응할 수 있는 마케팅 활동이 중요한지 알아보자.

네슬레(Nestle)가 다국적 기업으로 성공할 수 있었던 이유는 세계 각국의 사람들 입맛에 맞는 커피를 개발하였기 때문이다. 특히 철저한 현지화 전략으로 해당 지역 환경에 적응한 성공 사례이다. 해외시장 진입 시 기업은 국가마다 외국기업에 대한 정치 · 법률적 태도가 다르기 때문에 그 시장에 대한 이해도를 우선시해야 한다.

정치적인 안정성 경쟁에 관한 규정을 고려하여야 한다. 글로벌 인터넷 마케팅 환경으로는 정보, 제품가격 비교, 제품과 서비스, 탐색, 소요시간 절약, 직접 매장 방문의 번거로움이 사라지는 장점이 있다. 기업은 새로운 시장 창출, 경제적 효용성 증대의 강점이 있고, 소비자는 원하는 제품을 직접 찾을 수 있어 거래비용이 낮고, 시간 절약의 강점이 있다.

이케아(IKEA)는 1940년에 스웨덴의 작은 마을에 최초로 매장을 설립했다. 자신의 성명, 농장 이름, 출생지명을 따서 만들었다. 2015년 기준 세계 47개국 365개 최대 가구체인점 거대 매장으로 성장했다. 1960년 초반 스웨덴 시장이 포화 상태, 1963년 노르웨이 최초 해외 점포 개설, 1969년 덴마크 두 번째 점포 개설, 1973년 스위스, 1977년도 해외매출은 본국의 9배, 50개국에 걸쳐 2000개의 공급자와 협력관계를 맺고 있다.

지침으로는 비용 절감을 위한 기술과 경영지원 등 공급자의 경쟁력 향상에 지원, 독점계약 체결 요구, 독보적인 디자인과 품질을 유지, 표준화 제품을 생산(대량생산) 판매, 저생산비용, 저가격, 광고 캠페인에 스페인을 나타내는 파랑과 황금색 색채 적용하고 매장의 크기를 크게 한다. 1985~1996년 10년 동안 북미지역에 26개를 개설하였다.

미국시장에서 몇 가지 문제점이 발생했다. 스웨덴 침대는 미국 침대보다 5인치 작다. 찬장은 미국에서 사용되는 대형 식기를 수납하기에는 너무 작았다. 유리잔은 주로 음료에 얼음을 넣어 마시는 미국인들에게는 너무 작고, 침실 서랍장은 주로 스웨터를 수납하는 공간으로 좁으며, 커튼은 미국식 창에는 너무 짧아 창문을 다 덮지 못했다. 1990년대 초반부터 미국에 맞춘 전략을 수립하며 1990~1994년 미국시장 판매액은 3배 증가했다.

목표시장의 전략적 특성으로는 대상 지역, 기호, 소비 습관, 소득 수준 등의 구매의사 결정, 목표시장 선정, 트렌드와 규모를 계산하여 특성을 파악한다.

시장 환경 파악의 사례
- 자일리톨 껌 : 치과의사회 공식 인증, 구강 보건상 장점
- 경제적 환경 : 경기 회복(건강에 대한 관심 증가), 2010년 중국시장 점유율 1위
- 강점 : 롯데제과의 명성, 기존 껌 시장에서의 브랜드 파워
        롯데제과의 영업력과 유통망, 선점업체, 자일리톨의 효능
- 약점 : 비싼 가격, 껌을 씹은 후 갈증, 단맛 지속시간 짧다
- 기회 : 경기회복, 식생활의 변화로 충치 예방 필요성 증대, 인지도 상승
- 위협 : 1997년 1차 출시 실패, 껌 시장의 성장률 둔화, 모방제품의 등장
- 기능성 제품 : 충치 예방의 기능 껌, 차별화된 전략. '잠 자기 전에 씹는 껌', '양치 후에 씹는 껌'

2. 사업 환경 분석

3C 분석 : 경쟁사(Competitor), 자사(Company), 고객(Customer) 분석으로 고객 또는 시장의 현재 욕구와 추세는 무엇인지, 경쟁자의 강점과 약점은 무

엇인지를 분석한다.

SWOT 분석 : 강점(Strength), 약점(Weakness), 기회(Opportunities), 위협(Threats)을 분석하여 기업의 내외부 요인을 분석하고 강점과 약점, 기회와 위협을 찾아내어 강점은 강화하고 약점은 제거하거나 축소하며, 기회는 활용하고 위협은 억제하는 전략을 수립한다.

1) 경쟁사 분석(Competitor)

첫째, 같은 서비스 형태로 발생하는 경쟁을 뜻한다. 둘째, 유사한 속성을 보유한 서비스이다. 셋째, 대체 서비스에 초점을 맞춘 경쟁분석이다. 넷째, 고객이 어떤 서비스에 자신의 예산을 쓰는가에 대한 분석이다.

신규고객을 지속적으로 발굴하는 것도 중요하지만 기존 고객을 유지하는 것도 매우 중요하다. 궁극적으로 경쟁기업의 강점, 약점 등을 파악한 후 차별화된 서비스를 제공하기 위함이다. 이를 위해서는 목표고객을 명확히 파악한 후 차별화된 서비스를 제공하는 것이다.

경쟁사 분석이란 경쟁사의 생산능력, 표적고객, 판매 전략을 분석하는 것이다. 경쟁자는 누구인지, 제품과 서비스는 무엇인지, 경쟁자가 제공하는 제품이나 서비스의 범위는 무엇인지, 판매를 확대, 축소, 얼마나 오랫동안 하고 있는지, 경쟁자의 자원은 무엇인지를 경쟁제품을 분석하고 파악하여 경쟁제품을 선정하고, 경쟁제품의 표적고객, 제품범주, 선도제품, 제품수명주기, 핵심속성과 편익, 경쟁우위, 기술적 특성, 이미지나 스타일, 소비자가 평가하는 긍정적인 속성, 부정적인 속성, 규모, 수익, 고객은 경쟁제품과 비교해서 자사제품을 어떻게 보는지, 경쟁제품과 어떻게 다른지, 고객이 경쟁제품을 평가하는 정도는 어떤지, 경쟁제품의 가격은 적당한지를 분석한다.

경쟁분석으로 고객 중심의 관점에서 사용목적과 가치 제공, 생산자 중심의 관점은 원료, 공정, 기술 제공, 경쟁자 분류로는 직접경쟁자가 시장점유의 경쟁자를 뜻하며 잠재적 경쟁자로 미래에 경쟁관계가 될 경쟁자를 뜻하며 대체재로 수요를 대체하는 것을 말한다.

2) 자사 분석(Company)

첫째, 자사 사업의 지속가능성 평가, 시장의 선택 같은 전략적 의사결정으로 매출액, 이익, 시장점유율 등의 지표이다.

둘째, 원가분석이다. 기업이 시장에서 경쟁우위를 확보하는 중요한 원천이다.

셋째, 마케팅 전략의 SWOT분석으로 강점(Strength), 약점(Weakness), 기회(Opportunity), 위협(Threat)의 경영 전략을 수립하기 위한 분석을 파악한다. 강점은 경영자원(장점), 약점은 경영자원의 약점(단점), 기회로서의 경쟁, 고객, 거시적 환경에서 비롯된 기회를 말한다. 위협으로서는 경쟁, 고객, 거시적 환경에서 비롯된 위협의 상황을 의논한다. 외부로부터 온 기회는 최대한 살리고, 위협은 회피하는 방향으로 자신의 강점은 최대한 활용하고, 약점은 보완한다.

SWOT분석에 의한 경영 전략으로, SO전략(강점-기회 전략)으로 강점을 살려 기회를 포착하며, ST전략(강점-위협 전략)으로 강점을 살려 위협을 회피하며, WO전략(약점-기회 전략)으로 약점을 보완하여 기회를 포착하며, WT전략(약점-위협 전략)으로 약점을 보완하여 위협을 회피하는 전략이다.

넷째, 기업 내부 능력의 분석을 통해 경영관리 능력을 평가한다. 자사의 핵심가치와 기업의 사명, 사업목표, 기업이념, 인적자원, 재무적 자원, 인간관계, 정보, 기술자원, 생산능력, 경영관리 능력, 마케팅 능력 등을 자사의 사업 전략이라고 본다.

알리바바 그룹의 마윈은 전자상거래 타오바오를 계획할 때 이미 존재하는 중국 이베이의 전자상거래 기업을 인수하여 시작하였다. 이베이를 철저히 분석하여 고객의 요구사항을 파악하고 시스템 중 결제에 대한 오류를 찾아 고객의 요구사항을 개선, 보완하면서 최대의 서비스를 제공하면서 성공한 프로젝트 사례이다.

스티브 잡스는 리사와 매킨토시의 기계 결함과 고객의 입장을 배려하지 않은 실패로 애플에서 퇴사한다. 시장과 고객의 요구사항과 반응을 분석하여 사전에 계획을 세우고 시장에 충분히 정확하게 접근하고 고객으로부터 피드백을 통한 개선점을 보완하여, 분석하여야 실패하지 않는다.

자사의 경영환경을 고려할 때 지속가능성, 내구성, 핵심경쟁력, 자사가 고객에게 핵심가치를 설정하는 것이 효과적이다. 기업의 내부 분석으로는 시장점유율과 시장성장률을 파악하여 전망성과 수익성, 시장점유율 파악, 적합한 제품과 서비스개발로 사업을 확대하는 요인을 모색한다.

기업 외부 분석으로는 도입기에는 기업목표, 시장규모, 타깃 고객, 매출, 경쟁사 분석을 파악하여 인지도 상승에 개념화한다. 성장기에는 시장 점유율, 성장 속도, 향상, 평균 등을 파악한다. 성숙기에는 최고조, 재구매율, 재구매자를 파악한다. 쇠퇴기에는 신제품을 개발하여 입지를 향상시키고 업그레이드하거나 축소 또는 사업을 변경하기도 한다.

3) 고객 분석(Customer)

판매하려는 제품을 고객에게 잘 안내하여 많이 판매할 수 있는지, 평점이 높은 콘텐츠인지, 고객을 분석해야 한다. 또한 차별화로 장점이 있는지, 고객의 입장에서 이익이 무엇인지, 연령, 성별, 상품구매까지의 브랜드 인지도가 확실한지를 파악해야 한다.

소비자는 구매행동을 함에 다양한 요인에 의해 영향을 받는다. 개인적 요인, 심리적 요인, 사회문화적 요인에 영향을 받는다. 표적고객의 시장 규모, 연령, 소득 수준, 학력, 소비자 성향, 자본금, 비전, 경쟁자, 공급자, 선호도, 소비자 욕구 분석, 제품의 정확한 위치, 고객요구사항, 대체재, 잠재시장, 미래시장 전망, 아이템과 시기 선택 분석 등 STP분석, 즉 Segmentation(시장세분화), Targeting(타깃고객), Positioning(위치선정)을 통해 분석한다.

시장세분화(Segmentation) : 전체 시장을 비슷한 소비자 집단으로 나누어 자사가 제공하는 제품이나 서비스에 가장 적합한 고객 집단을 선정하는 과정이다. 비슷한 성향을 가진 사람들을 다른 성향을 가진 사람들과 구별해 하나의 집단으로 묶는 과정, 고객의 다양한 욕구를 제대로 충족시킬 수 있는 차별적 마케팅 프로그램을 통해 고객만족을 더욱 잘 실현하고, 자사 제품 간의 시장 잠식을 해소하고, 시장세분화를 통해 새로운 마케팅 기회를 얻고자 한다. 첫째, 측정가능성(measurable)이다. 둘째, 규모의 적정성(substantial)이다. 셋째, 접근가능성(accessible)이다. 넷째, 활동가능성(actionable)이다.

타깃팅(Targeting) : 표적시장 선정. 타깃 고객의 서비스 기업은 각 세분시장의 크기와 성장성, 구조적 매력도, 회사의 목표와 자원의 적합성 등의 세 가지 요인을 고려하여 표적시장을 선택해야 한다. 표적시장(Targeting)은 세분시장 중에서 자사의 경쟁우위와 경쟁상황을 고려할 때, 자사에 가장 좋은 시장 기회를 제공할 수 있는 특화된 시장을 뜻한다.

포지셔닝(Positioning) : 소비자들이 경쟁업체와 비교하여 브랜드의 결정이나 제품선택에 영향을 주는 영향력을 파악한다. 경쟁제품이나 경쟁 서비스들과 비교하여 소비자들이 갖고 있는 지각, 인상 등의 조합이다. 고객의 입장에서 기업을 바라보는 평가 항목으로는 독특한 제품이거나 특별한 서비스 제공인지, 차별성이 탁월한지, 성능에서도, 가격에서도, 디자인에서도 월등한지를 평가하고 고객은 선택한다. 지각형성을 위한 제품과 브랜드를 소비자들에게 위치시키는 것을 비교 분석한다.

포지셔닝을 위해서 소비자들의 라이프 스타일, 가격, 위치, 성능, 디자인, 제품속성 경쟁기업의 제품과 비교하여 평가한다. 경쟁자는 존재하는가, 제품

구매나 이용 상황은 무엇인가, 실제 사용자는 누구인가, 품질 수준은 어느 정도인가 등을 고려해야 한다.

제품 포지셔닝 전략의 개발로 경쟁자의 정확한 위치분석이 필요하며 경쟁자와 비교한 자사의 장점 확인으로는 기업과 브랜드 이미지의 유리한 점(image advantage), 제품의 유리한 점(product advantage), 서비스에 대한 유리한 점(service advantage), 인적자원의 장점(people advantage)을 확인한다.

시장세분화 마케팅 전략의 등장 배경은 첫째, 대량마케팅(mass marketing)의 시기로 대량생산, 대량유통, 대량촉진, 대량판매의 비차별적 마케팅 시기로 대량생산 시설 기반의 규모의 경제의 경험효과를 추구하는 기업전략이다. 둘째, 제품다양화(product-variety marketing)의 시기로 서로 다른 속성, 디자인, 품질과 크기 등을 가진 제품을 생산 및 판매하는 전략의 시기이다. 셋째, 표적마케팅(target marketing)의 시기로 고객의 재구매를 위해서 고객 욕구충족을 위한 제품과 서비스를 직접 개발해야 한다는 고객 지향적 사고의 시기이다.

시장세분화로 표적 고객의 집단을 선정하고, 소비 행동패턴의 집단화(비슷한 욕구집단)하고, 표적 시장의 선정(targeting)으로는 세분 시장의 평가와 표적 세분시장의 선정이다. 위치화(positioning)로서는 각 세분시장에 알맞은 제품을 위치화, 개념의 선정, 개발, 전달의 전 과정이다.

시장세분화의 장점은, 첫째, 고객의 욕구를 구체적으로 파악할 수 있다. 둘째, 구매, 소비자행동 패턴의 성향과 소비자 집단을 구분할 수 있다. 셋째, 시장세분화에서 얻은 고객 집단 각각의 하위브랜드를 개발하여 고객에게 쉽게 인지시키고 다가설 수 있다. 넷째, 고객이 현재의 세분화된 시장에서 지속적으로 자사의 고객으로 유지시킬 수 있다.

시장세분화의 단계와 세부과정은, 첫째, 조사단계(Survey stage)로 소비자 면접 또는 설문지의 수행으로 제품의 속성과 중요도 평가, 상표 지명도와 상표의 평가와 제품사용 유형, 제품범위이다. 소비자의 인구 통계적 세분화(demographic segmentation)로 연령, 성별, 가족 구성원, 소득, 인종, 국적, 종교, 직업, 교육수준 등이다. 지리적 세분화(geographic segmentation)로 지역이나 인구밀도, 도시의 규모, 기후 등 시장의 위치에 따른 특징을 기준으로 전체시장을 여러 집단으로 나누는 과정으로 겨울이 긴 지역은 스키용품으로 포지셔닝하고, 여름이 긴 지역은 수영이나 수상스키 제품의 판매이다. 심리적 세분화(phychographics segmentation) 특성으로는 소비자들이 느끼는 심리적인 부분에 의해 시장을 세분화하는 것이다.

제품에 대한 소비자 행동 또는 관련성에 근거한 세분화로 분석한다. 소비자들은 어떤 제품을 구매함으로써 편익을 얻고자 한다. 편익에 대한 중요성의 인식으로 타깃소비자를 구분할 수 있다. 소비자들은 대부분 어떤 제품을 구매하게 되었을 때 언제, 어떠한 이유로 사용할 것인지의 제품 이용 상황, 제품이 얼마나 필요하고 소비될 것인가의 문제로 시장을 세분화한다.

사례로 코카콜라(500mL 700mL 포장, 1.5리터 PET) 등의 사용 비율을 파악하고, 소비자들이 특정상표에 대하여 선호도가 높거나 선호하는 심리상태, 브랜드에 대한 신뢰 정도나 상표 충성도(Brand Loyalty)가 높을수록 반복적인 구매(담배, 맥주, 커피 등의 기호품이나 저관여 제품 등), 상표 충성도를 분석하여 파악한다. 구매 전 단계에서 소비자들은 자신이 구매하고자 하는 제품의 인지 정도, 관심 정도, 구매 욕구, 구매 의도나 실제 사용자인가 유무 등에 영향을 미친다.

가격변화에 대한 민감성에 따라 소비자들은 현재 구매에 영향을 받는다. 둘째, 분석단계(analysis stage)로 소비자와 상관성이 높게 보이는 변수를 추출하기 위해 수집된 자료를 분석(요인분석), 세분화된 시장분석(군집분석)을 파악한다. 셋째, 세부요약 설명단계로 소비자 집단별로 구분되는 태도, 행동특성, 심리적 특성, 광고매체별 선호 유형, 소비자 습관 분석, 세분시장의 규모와 성장률로 기업은 이윤을 남길 수 있다고 평가되는 세분시장이 얼마나 적절한 규모와 성장률을 보이는지 평가해야 한다. 그리고 세분시장의 매력성으로 각각의 세분시장이 충분한 규모를 가지고 있으며, 성장가능성이 있다고 평가된다고 해도 수익성의 관점에서는 매력적이지 못할 수 있다.

기업 목표와 자원의 적절성으로 세분시장이 자사에서 긍정적인 규모로 존재하고, 성장가능성, 매력성이 보이더라도 자사의 목표와 자원의 적절성을 고려해야 한다. 기업목표가 적합하더라도 자사가 가지고 있는 자원이나 기술력 등을 고려해 보았을 때, 시장 내 진입이 불가능하다면 그 시장은 가능성은 있지만 진입이 불가능하다고 평가하여야 한다.

표적시장의 선정 기준으로는 세분시장의 규모를 파악한다. 미래에 예상되는 성장의 정도를 파악한다. 경쟁사 파악, 경쟁상황을 파악하고, 세분시장에 마케팅 노력을 집중시키는 데 소요되는 비용을 파악한다. 자사의 기업목표와 보유한 자원, 기업의 강점, 장점을 파악한다.

제품과 서비스는 공장이 서비스 접점에서 생산되거나 생성되지만, 포지셔닝은 소비자의 마음속에서 만들어진다. 서비스 속성과 수준은 서비스 콘셉트 결정, 서비스 이용 목적, 의사결정자, 사용 시간(일, 주, 월, 계절, 분기 등), 개인, 단체 등이다. 소비자가 속한 그룹을 차별화하는 속성(항공서비스)은 안전과 특정 대안을 결정하도록 만드는 속성(편리성, 기내식, 가격 등)이 가격과 서비스 수준을 결정한다.

포지셔닝의 필수 요건으로는 첫째, 고객에게 제품, 서비스, 목표고객의 마음속에 특정한 위치를 선정한다. 둘째, 그 위치는 차별화되어야 하며, 단순하고 일관된 메시지를 제공하여야 한다. 셋째, 포지션은 경쟁사의 제품, 서비스와 구분될 수 있도록 설정한다. 넷째, 하나의 서비스 기업이 모든 소비자에게 만족하는 서비스를 제공할 수 없기에 선택과 집중이 필요하다. 목표고객의 제품전략 수립은 시장 세분화를 바탕으로 목표고객 및 제품전략을 수립한다. 목표고객 수립은 향후 고객 수, 소득 수준, 경쟁우위, 충성도 등을 감안하여 선정하며 핵심 고객을 선정하되, 개인고객은 연령별, 성별, 직업별, 소득수준별 등을 중심으로 선정한다.

(1) 고객의 심리를 파악한다.

'공간의 과학화', '진열의 과학', '진열의 마법'을 살펴보자.
골든 존의 법칙 : 70~125cm 높이, 좌우 시선 핵심 상품을 진열한다.
- 궁합상품 : 샌드위치와 우유
- 보완상품 : 술과 안주
- 골드라인, 워크인 냉장고 : 오른손으로 문을 열고 왼손으로 물건을 잡는다.(왼쪽 두 번째 칸 : 매출액이 가장 높은 위치)
- 부피가 크거나, 무거운 상품은 하단에 위치한다.
- 부피가 작거나, 가벼운 상품은 상단에 위치한다.
- 페이스 원칙 : 입체 진열이나 전략 상품은 좌우로 나란히 진열한다.
- 선입선출 : 유통기한이 짧은 상품은 앞쪽에, 긴 상품은 뒤쪽에 배치한다.
- 오른쪽 방향 : 왼쪽에서 오른쪽으로 이동(인기상품, 전략상품 배치)

(2) 쇼핑 고객의 심리를 파악한다.

쇼핑이란 무엇인가?
쇼핑하는 사람은 누구이며, 쇼핑은 어떻게 이루어지는가?
어떻게 사람들이 이런 쇼핑 활동에 참가하게 되는가?
전략적 원칙은 남녀의 쇼핑 패턴 변화를 주목하라는 것이다.

① 고객의 손을 자유롭게 하라.
   - 고객은 손이 자유로울 때 더 많은 구매 욕구를 느낀다.
② 고객의 동선에도 법칙이 있다.
   - 동선에 맞게 배열된 상품만이 고객의 시선을 끈다.
③ 광고의 생사는 1m로 결정된다.
   - 고객은 시야 1m 안의 광고에만 눈길을 준다.
④ 고객의 본성에 섣불리 도전하지 말라.

- 고객의 본성에 맞게 매장을 개혁하라.
⑤ 남성은 마음 편한 쇼핑을 원한다.
　　　- 남성의 쇼핑 콤플렉스를 해소해 주는 매장은 반드시 성공한다.
⑥ 여성은 고급스런 쇼핑을 원한다.
　　　- 여성 고객을 붙잡는 핵심 포인트는 삶의 감성, 넓은 공간, 남성성이다.
⑦ 작은 것은 불편하고 큰 것은 아름답다.
　　　- 실버 마케팅의 제1원칙 : 노년층의 신체 조건을 배려하라.
⑧ 아이들의 쇼핑 : 쇼핑은 상품과 노는 것이다.
　　　- 상품과 즐겁게 노는 아이를 보면 부모의 구매 욕구가 높아진다.
⑨ 쇼핑은 체험이다.
　　　- 오감의 퍼포먼스를 제공하는 매장이 인터넷 쇼핑몰을 이긴다.

(3) 성별, 연령에 관련된 쇼퍼들 간의 차이점

① 남성의 쇼핑 콤플렉스를 해소하라(사냥꾼)
　　　- 전형적인 자기 방식대로 물건을 사도록 내버려두어야 한다.
　　　- 쇼핑 경험을 달가워하지 않지만 계산만큼은 흔쾌히 책임지고 있다.
② 여성이 원하는 것들(채집인)
　　　- 쇼핑에 대한 심리적, 감정적 측면이 존재한다.
　　　- 사용할 물건을 바라보고, 비교하고, 마음속에 그리면서 의식에 참
　　　　가하듯 쇼핑을 즐긴다.
　　　- 구매할 물건의 이해득실을 냉정하게 따진 뒤 적절한 가격에 원하는
　　　　쇼핑을 한다.
③ 노년의 쇼핑
　　　- 쇼핑의 세계가 가지고 있는 문제점은 모든 활자의 크기가 노년에게
　　　　는 작다는 것이다.
　　　- 포장과 표지와 광고는 가급적 선명한 대조를 이루도록 색상을 디자
　　　　인해야 한다.
④ 아이의 쇼핑 - 오락거리를 제공한다.

(4) 좋아 보이는 것들의 비밀

창업, 홍보, 광고, 마케팅 등 소비자에게 9가지 법칙을 안내한다.

1장 좋아 보이는 것은 잊히지 않는다 : 사람의 기억 속을 파고드는 이미지의 비밀

2장 마법을 부리는 어울림의 비율 70 : 25 : 5 : 스타벅스의 초록색은 5%

3장 보는 것만으로 감정이 생긴다 : 색의 배열만으로 10배의 매출을 올린다

4장 아름다워지는 빛의 색온도 3500K : 어떤 곳이 사진 찍기의 명소가 되는가

5장 지나가는 사람들을 끌어당기는 힘 : 충분히 어둡게, 충분히 밝게, 차이를 이용

6장 45°와 76cm 높이의 마법 : 더 활기차게, 더 먹음직스럽게 보이게 하라

7장 10리를 걷게 만드는 동선의 비 : 계속 고객들을 안에서 머물게 하는 '섬 진열'

8장 물건을 갖고 싶게 만드는 16cm의 비밀 : 애플 매장에 가면 뭐든 만져보고 싶을까?

9장 라이프 스타일까지 바꾸는 가치의 힘 : 왜 서가를 치우고 5만 년 된 나무 테이블을 놓았나

CHAPTER 3

목표시장 선정과 전략적 특성

 학습목표

1. 고객의 인구 통계적 특성
2. 고객의 지역적 특성
3. 고객의 라이프 스타일의 특성
4. 고객의 심리적 특성
5. 직업관의 다양화 특성 등

3 목표시장 선정과 전략적 특성

목표시장을 선정하고 트렌드와 규모를 계산하고 전략적 특성을 살펴보자. 인구 통계적 특성, 지역적 특성, 라이프 스타일의 특성, 심리적 특성, 구매 패턴의 특성, 구매 민감도의 특성이 무엇인지 자세히 학습하자.

1. 고객의 인구 통계적 특성(demographic)

마케팅 계획에서 광고, 홍보, 우편물 발송 등 마케팅 수단은 인구 통계적 계층을 갖는 데 아주 효과적인 방법이다. 고객의 기호, 니즈, 구매력에 더욱더 연관성이 높다. 인구 밀집도, 연령층, 성별, 등이 인구 통계적 특성이다. 인구 밀집도에 관련된 특성, 쇼핑몰, 상가 지역, 산업단지 등의 특성을 파악한다.

연령에 의한 세분화

사람들의 욕구나 취향은 변화한다. 어린이시장(kid's market)은 인형, 게임기, 패스트푸드를 좋아하며, 베이비 붐(baby boomer's)시장은 주요 소비계층, 천연식품에 열광하며, 실버 시장으로는 활동적 제품의 건강식품, 의료기구, 약품, 보청기 등이 관심대상이 각각 연령에 따라 다르다.

성별에 의한 세분화

세분화의 색상으로는 남성은 청색, 파란색을 좋아한다. 여성은 핑크색, 빨간색을 선호한다. 성별에 의한 세분화는 과거, 현재, 미래에도 색상에서는 일정한 패턴을 보여준다.

가족의 구조에 의한 세분화

수명주기의 변화, 가족 규모, 가족 구성원의 변화로(이혼과 재혼 증가, 핵가족화, 여성 사회진출) 식비의 비중이 줄어들며, 문화생활이 증가하는 추세이다.

소득에 의한 세분화

소득별 가격, 스타일, 품질 등에 따라 구매하고자 하는 경향이 다르다. 고소득층의 경향은 상징성, 자아에 대한 긍지, 고품질 브랜드에 충성도를 보이며, 저소득은 할인판매, 견고성, 경제성, 실용성에 중점을 둔다.

인종, 종족, 국적, 종교에 의한 세분화

인종, 종교적 신념 등에 따라 문화나 소비 유형이 전혀 다르다. 인종, 종족, 국적, 종교의 문제로 세분화된다. 이슬람문화에서는 크루아상이 초승달 모양으로 만들어졌다고 싫어한다. 터키, 말레이시아, 알제리, 파키스탄, 튀니지, 싱가포르 국기에 초승달 모양이 들어 있다. 알라신을 상징하고, 신성한 존재로 인식한다. 인종, 종족이 즐겨먹는 음식, 즐겨 입는 의복, 거주 형태의 변화에도 관심을 가져야 한다.

2016년도 미국은 백인 74%, 흑인 12%, 히스패닉 10%(중남미계/스페인어), 아시안 3%
2050년도에는 백인 53%, 흑인 14%, 히스패닉 25%, 아시안 8%로 추정되었다.

직업에 의한 세분화

전문직, 관리직, 사무직, 판매직, 서비스직, 생산직, 일용직, 주부, 학생,

비정규직 등

정보에 대한 이해와 관심의 정도가 다르게 나타난다. 교육수준이 향상됨에 따라 사무직 인구(white collar)는 증가하고 노무직 인구(blue collar)는 감소한다. 서비스직 인구는 증가 추세이다.

독신가구, 1인가구가 계속 증가하고 있다. 보험, 증권, 상품, 레저, 여행, 가전제품의 증대를 보인다. 독거노인 증가로 인해 제약, 건강 진단기, 임플란트, 보청기 등이 미래의 트렌드이기도 하다. 따라서 고령친화 8대 산업(의약품, 의료기기, 식품, 화장품, 고령친화 용품, 요양, 주거, 여가활동)의 인기가 점점 높아지고 있다.

고령화 인구가 확대됨에 따라 노인 개인간병, 장례 관련, 위생용품, 혈압·혈당측정계, 노인 돌봄 서비스 등의 산업이 확장되고 있다. 미국에서는 캐어앳핸드(Care at Hand : 위급용 앰뷸런스 호출시계), 라이블리(Lively : 걸음, 행동패턴 파악), 독일에서는 은퇴자 슈퍼마켓이 인기 있다. 프랑스에서는 로미오(Romeo) 인공지능 로봇(노인부축, 의사소통 능력)이 인기 있다. 일본에서는 성인용 기저귀, 노인용 자동차 개발, 가정용 로봇 파페로(Papero)와 같이 약의 복용시간, 혈압, 간호 서비스 기능을 지닌 신제품들이 인기를 끌고 있다.

2. 고객의 지역적 특성

창업할 장소, 지역을 구체적으로 결정하여야 한다. 어느 지역, 어느 도시, 어디 근처인지 장소를 선택하여야 한다. 어떤 형태의 건물, 어떤 형태의 상가, 주요 관공서가 주위에 있는지, 학교나 교회 등 대표적인 건물이 주위에 있는지도 살펴본다.

날씨의 특성도 구분한다. 지역적 상황에 따라 온라인 창업인 경우는 제품의 운송, 언어, 라이선싱(licensing), 주류 판매인 경우 법적규제, 한계점, 시장 수요를 집중적으로 파악한다.

미국의 패스트푸드업체 버거킹은 제품 포트폴리오를 글로벌 전략으로 펼쳤다. 인도시장은 양고기버거와 닭고기버거(쇠고기 안 먹음)로 지역과 문화적, 종교적인 차이로 판매한다. 현대자동차는 미국 캘리포니아 주 로스앤젤레스에 디자인 센터를 설립해 '산타페' 차종을 히트시켰다.

지역적 특성의 사례로 잠 못 드는 대한민국

서울대학교병원 신경과 정기영 교수는 "한국인의 수면시간은 전 세계에서 가장 짧은 나라 1,2등을 다투고 있고 세계적으로 수면이 부족한 나라라고 볼 수 있습니다."라고 말했다. 세계보건기구가 권장하는 성인의 적정수면 시간은 7~9시간으로 나이와 개인의 상황에 따라 다르지만 충분히 자야 할 성장기에는 학원으로 직장인은 업무와 취미생활로 수면시간이 부족하다. 서울대학교 국제이주와 포용사회센터 문현아 책임연구원은 "잠은 뭔가 아까운 거, 줄여야 하는 거, 24시간 내에서 가장 희생시킬 수 있는 부분의 철야, 밤샘, 새우잠의 문화로 여겨졌다."라고 말했다. 전문가들은 충분한 수면시간으로 국민적 건강과 사회적 안정이 필요하며, 개인 수면을 확보하는 인식 개선으로 산업화시대에서의 상상력과 창의력이 좋아진다고 한다.

[출처 : https://www.ytn.co.kr/2023년 02월 18일 YTN뉴스]

3. 고객의 라이프 스타일의 특성

고객의 라이프 스타일을 공유, 관리하며 더 나아가 새로운 시장으로서 확장할 수 있다. 인생과 직업관, 어떻게 시간을 소요하는지, 누구와 어울리는지, 친구·친지들의 관계는 형성되는지, 집의 형태, 즐겨 먹는 음식, 수면 시간, 음주 문화, 즐겨 입는 스타일은 어떤지, 자주 구매하는 상품은 어떤지, 보유한 차량, 생활하는 구체적인 라이프 스타일을 관찰하고 정확히 파악한다.

연령, 성별, 결혼 여부, 소득수준, 교육수준 등을 고려하여 고객의 활동시간, 잠재적 고객이 자주 보는 매체에서 어떤 기업이 광고, 홍보를 하는지 TV, 영화 프로그램, 기사, 블로그, 댓글 등 어떤 유형인지를 면밀히 조사하고 파악하여야 한다.

창업에 관련된 목표고객의 생활패턴에 대하여 온라인, 면접, 우편, 전화 등을 설문하여 조사한다. 선호하는 대상, 가정에 머무는 시간, 경쟁 기업의 제품이나 서비스를 사용하는지도 파악한다.

고객의 욕구를 현실적으로 파악하고 잠재적 고객에게 알맞은 마케팅전략 기법을 잘 알아야 한다. 고객의 라이프 스타일을 공유, 관리하며 새로운 시장으로 확산할 수 있는 계기가 될 수 있다. 자신의 라이프 스타일을 꿈꾸며 행동에 옮기고자 창업을 희망한다. 시간의 자유로움, 취미활동, 흥미, 놀이, 재미, 가족과의 시간을 즐기기 등 개인의 삶과 목적에 수입 창출을 모색하고자 한다.

자신의 경력, 경험, 라이프 스타일에 따라 시간적 여유를 찾으며 성공된 창업을 선택하고 싶어 한다. 삶의 질, 삶의 공간 창출, 삶의 목적과 수입 창출 방법을 희망한다. 본인만의 경험과 관심으로 자신만의 라이프 스타일을 추구하며 창업을 할 수 있다. 흥미로운 분야, 좋아하는 분야, 열정을 발휘할 수 있는 분야 들이 개인의 만족도를 높일 수 있는 장점이 크다고 볼 수 있다.

개인의 삶의 목표와 가치관에 따라서 사업계획을 심사숙고해야 성공하는 창업이 될 것이다. 웰빙, 유기농, 로하스족이라는 키워드로 문화는 발전하고 있다. 힐링, 여유의 키워드가 과거에 대한 향수로 번지면서 '응답하라', '삼시세끼', '꽃보다 할배', '꽃보다 누나', '꽃보다 청춘', '내 친구의 집은 어디인가' 등의 프로그램이 인기를 끌었다.

패스트푸드에 반대되는 슬로푸드에 열광하고, 바쁘고 스트레스가 과한 현대인들에게 '힐링'이 주목 받는다. 그러기에 복잡한 상권이나 북적거리는 상업지구를 벗어나 시간의 단면과 고즈넉함이 있는 한적한 '뒷길'도 급부상하고 있다. 경복궁의 서촌마을, 삼청동, 연희동 등 옛 골목과 옛 모습을 고스란히 담고 있는 곳에 있는 소규모 갤러리, 공방과 카페거리는 독특한 분위기로 시민들의 발걸음이 잦다.

요즘 좋은 직장의 조건으로 여겨지는 워라밸(Work and Life balance)은 일과 삶의 균형을 맞추며 살자는 뜻이다. 이 개념은 일하는 여성의 일과 가정의 양립에 한정되어 사용되다가 노동관(勞動觀)의 변화와 라이프 스타일의 다양화를 배경으로 남녀, 기혼·미혼을 불문하고 모든 노동자를 대상으로 하는 워크 라이프 밸런스라는 개념으로 발전하였다.

일과 생활의 조화는 사원의 업무 만족감이나 기업에 대한 충성심, 사기를 향상시키기 때문에 기업은 우수한 인재를 확보하기 위해서라도 사원의 생활을 배려하는 제도나 프로그램에 대처할 필요가 있다. 기업이 하는 워크 라이프 밸런스 지원에는 탄력적 근로시간제도, 보육이나 간호 지원, 건강촉진, 교육지원, 장기휴가 제도 등이 있다.

커스터마이징(Customizing)
주문에 응하여 만들다, 맞춤이라는 뜻이다. 생산업체나 수공업자들이 고객의 요구에 따라 제품을 만들어주는 맞춤제작 서비스를 말한다. IT산업의 발전으로 솔루션이나 서비스를 소비자의 요구에 따라 원하는 형태로 재구성, 재설계로 판매하는 것으로 확장되었다.

커스터마이즈(Customize)란 '주문 제작하다'는 의미로 소비자가 사용 방법과 기호에 맞춰 하드웨어나 소프트웨어를 설정하거나 기능을 변경하는 것, 솔루션을 가져와 자사의 제품에 결합시켜 서비스하는 것을 말한다.

2019년 1월 18일 KBS2 TV 아침뉴스 '내 맛과 멋대로 만들어요'는 강원도에 있는 김치공장과 인터넷으로 연결해 액젓(새우젓, 멸치액젓)을 선택하고 고춧가루, 소금량을 조절 선택하면 1주일 후 배달한다. 얼굴 크기와 피부 톤에 따라 안경을 선택하며, 화장품은 수분과 유분의 균형을 맞추고, 립스틱 182가지 중 나의 피부 톤과 취향에 맞는 색상을 선택하는 나만의 맞춤서비스로 재구매율이 높다고 보도하였다.

4. 고객의 심리적 특성

서비스고객을 대상으로 심리와 구매행동이 잠재고객의 구매 결정에 영향을 미친다. 고객들의 소비행동에 대한 심리적 이해를 바탕으로 고객만족도 관리, 신뢰관리, 충성도 관리, 목표고객의 욕구에 부합하는 편익을 제공함으로써 고객의 만족도를 높이는 '신뢰성'을 기반으로 한 고객과의 관계는 사업의 핵심 자원이다.

고객의 입장에서 바라보는 서비스나 기업의 이미지, 사회적 기여도, 고객에 대한 배려 등 '인간 지향적' 신뢰도가 고객의 자발적 '충성심'을 유발한다. 2010년 미국의 50대 도시에 거주하는 시민 4만7000명의 성격을 조사하였다. 학구열, 친절도, 협동심 등 긍정적 기질 차이를 알아보았다. 지성적(머리)이며 호기심, 창의력이 높은 도시로는 샌프란시스코, 시애틀이고, 정서적(가슴)인 도시는 감사와 용서의 마음이 많은 엘패소로 조사되었다.

규모가 작은 도시의 물가가 더 저렴하며, 기온이 따뜻하고, 가족 수가 많은 가정이 외출이 많고, 이웃과 자주 어울린다고 하였다. 아울러 긍정적인 정서와 인생의 의미를 더 강하게 느끼며, 더 친절하고, 더 상냥하며, 더 친밀한 관계를 유지하며 삶이 더 유쾌하다고 한다.

5. 직업관의 다양화 특성 등

한 직장에서 오래 근무(종신 고용)하지 않고 연봉제, 계약제, 기간제, 파트타임 등 고용형태가 도입되고 정리해고, 명예퇴직 등의 변화로, 창업을 희망하는 사람이 증가하고 있다. 경력, 직업을 바라보는 관점 또한 많이 달라졌다. 대다수의 사람들이 이직을 기대하며 선호한다.

미국의 경우 1946~1964년에 태어난 7200만 명의 베이비붐 세대는 18~44세 사이 평균 11개의 직장을 다녔다고 한다. 직업에 대한 안정성이 낮아 창업할 기회를 필요로 하고 있다. 창업이 실업문제 해결, 새로운 일자리 창출을 주도하고 있다.

아이디어 창업의 특성

유대인들의 창의성과 도전정신이 구글 성공에 결정적 기여를 했다. 고객이 검색하는 정보를 가장 중요한 순서대로 검색 창에 뜨게 하는 알고리즘을 스탠퍼드 대학교 박사과정인 래리 페이지와 세르게이 브린이라는 유대인이 만들었다. 하버드 여학생들의 사진을 올려 등수를 매긴 유대인 악동 마크 저커버그는 자신의 아이디어를 발전시킨 페이스북으로 순식간에 검색시장을 평정하였다.

유대인 부모들은 남과 다르게 아이들을 창조하는 것을 의무라고 생각하며 '오늘 무엇을 질문 하였느냐?'라고 자녀에게 묻는다고 한다. 교육은 질문과 대화를 적극적으로 장려하는 방식이 빛을 발한다. 유대인은 전 세계 인구의 0.25%에 불과한 데다 20세기 초까지 국가조차 갖지 못했다. 유대인은 전 세계 100대 기업 소유주 가운데 30~40%를 차지한다. 동양에 화교 자본이 있다면, 서양에는 유대인 자본이 있다.

모국인 이스라엘을 포함해 전 세계에 살고 있는 유대인 수는 1,500만 명, 인구 700만 명인 이스라엘을 제외하고 유대인이 가장 많이 살고 있는 미국은 530만여 명, 유대인에게 미국은 제2의 고향이다. 유럽 200만 명, 러시아 80만 명이며, 프랑스 60만 명, 영국27만 명, 독일 22만 명, 이탈리아 3만 명, 캐나다에 37만 명, 아르헨티나에 25만 명, 호주에 12만 명 등 전 세계에 흩어져 살고 있다. 윌리엄 셰익스피어의 '베니스의 상인'에 등장하는 유대인 고리대금업자 샤일록처럼 전 세계 경제에 막강한 영향력을 행사한다.

유대인 기업인 페이스북 공동설립자 마크 저커버그, 마이크로소프트의 2대 CEO 스티브 발머(퇴임), 현재 나델라(인도), 구글의 공동창업자 세르게이 브린과 래리 페이지, 스타벅스의 CEO 하워드 슐츠, 골드만삭스 등 세계적 투자은행, 법률회사, 각종 언론과 엔터테인먼트 기업, 대형 병원과 학교 등도 유대인 자본이다.

영화감독 스티븐 스필버그, 영화배우 나탈리 포트만도 유대인이다. 미국은 2%도 안 되는 530만여 명의 '유대인의 제국'이라고 해도 과언이 아니다. 노벨 물리학 수상자 25%, 노벨 경제학 수상자는 40%, 캘빈클라인, 던킨 도너츠, 에스티 로더의 창업자도 유대인이다.

'스타워즈', 'ET', '라이언 일병 구하기' 등을 연출한 감독 스티븐 스필버그처럼 미래사회에 필요한 새로운 아이디어를 받아들여 도전적인 자세로 혁신을 이끌며 창의적 인재들의 능력을 극대화할 수 있는 창조적인 사고 능력이 요구된다.

여성 창업의 특성

인류의 삶을 보장하고 자연을 책임지며 가치, 의견, 편견, 신념, 이해, 관계로부터 영향을 받으며 '여권 주도적' 패러다임의 방향으로 전환한다.

주디 로즈너(Judy B. Rosner)는 여성이 "여성임에도 불구하고 성공하는 것이 아니라 여성적이기 때문에 성공한다."고 주장한다. 나넷 폰다스(Nanette Fondas)는 "감정이입, 도움, 보살핌, 섬세한 대인관계로부터 상대에 대한 관심과 수용, 위계적이기보다는 개방적이고 평등주의적이고 협력적인 관계를 의미한다."고 주장한다.

섬세함과 의사소통이 중시되는 현대의 정보사회에서는 여성적인 섬세한 감성과 부드러운 의사소통 능력이 사회를 이끌어 갈 차세대 여성 리더의 키워드이다.

여성적인 감성능력, 심미적 능력, 관계 지향적 능력, 친밀감, 적절한 의사소통 능력이다. 여성의 돌봄과 배려, 사랑과 포용, 헌신, 개별적 배려와 정보통신의 기술, 생명과학기술, 나노기술, 융합기술, 혁명적 변화, 기술 변화는 위기이자 도전이다. 여성 고급인재를 성공적으로 양성하여 경쟁력을 확보하고, 교육열과 근면성을 발휘하며, 물리적 힘보다 두뇌가 요구된다. 여성적 특성을 활용하여, 글로벌 경영환경과 문화적 다양성의 효과에 기업의 관리직 성별 다양성이 기업의 성공지표이다. 여성의 재택근무와 다양한 근무 여건에 배려와 관심을 기울여야 한다.

알파걸(Alpha Girl)은 학업, 운동, 리더십에서 성취욕과 자신감을 가진 여성을 뜻한다. 사회 각 분야에서 왕성하게 활동하며 넉넉한 수입을 번다. 이 말은 미국 하버드대 아동심리학 교수 댄킨들러의 2006년 저서 '새로운 여자의 탄생 – 알파걸'에서 처음으로 사용되었다.

댄킨들러는 알파걸을 '학업과 운동, 인간관계와 리더십에서 탁월한 능력을 보이며 남성을 능가해 질주하는 여성'이라고 했다. 엘리트집단 여성을 지칭하며 성실하고, 낙천적이고, 실용적이고, 이상주의적이며, 개인주의자이면서 동시에 평등주의자, 인생의 모든 가능성에 열린 마음을 갖고 있는 유능한 소녀집단이라고 할 수 있다.

사회적 분위기, 여성근로자의 임금은 남성근로자의 63% 수준에 불과하며 OECD 국가 평균은 85%, 저임금 근로자 중 여성 비중은 2014년에 38.9%였다. 가정환경(한 자녀)의 패러다임 변화로 20~30대 여성 창업은 증가 추세이다.

여성 소비자를 겨냥한 네일숍, 헤어숍, 피부 관리, 다이어트, 여성 전용 피트니스, 여성 전용 찜질방, 여성 카페형 카센터, 여성 전용물 쇼핑몰, 산소캡슐 전용방, 가구를 새롭게 제작하는 업체 등이 호황을 이루고 있다.

여성리더가 성공하기 위해 필요한 요인은 지적 능력, 분석능력, 독립심, 스타일과 외모, 매너, 부드럽고, 융통성 있는, 대응적(대인관계 능력)이며, 편하고, 우아하고, 느긋하며, 자연스럽고, 진실된 성격이다.

성공한 여성에게 필요한 교훈으로 모리슨은 지혜를 강조한다. 조직문화와 가치를 배워라, 자신감을 가져라. 단호하면서도 인간적인 균형 상태를 유지하라고 말한다. 글로벌사회는 고도의 민주화, 사람들의 개성과 감성을 감각적으로 읽을 줄 알고, 창의성과 다양성, 감수성과 유연성이 요구되는 리더가 필요하다.

1인 창업의 특성

혼놀, 혼영, 혼술, 1인 비디오방, 1인 노래방, 1인 음식점, 1인 가구 아이템, 심부름센터, 애완동물 관련, 1인 창업, 가족창업, 무점포 창업, 인터넷 창업 등 환경의 변화로 소자본 창업, 창업 연령의 변화로 젊은 창업도 느는 추세이다. 1인 가구 증가로 개인화, 다원화 경향으로 1인 창업 또한 트렌드이다.

미래유망 기술 분야는 정보, IT, 생명공학, 보건 의료, 나노 기술, 우주항공, 에너지와 환경, 문화 콘텐츠, 이동물류, 재해재난 예측과 사회 안전 분야, 금융 분야, 인터넷, 금융자동화기기를 통해 수집된 고객의 금융이용 행태 등이 있다. 다양한 관련 정보들 빅데이터를 분석하고 고객의 수요에 새로운 금융서비스를 개발할 때 성공할 수 있다.

시니어 창업의 특성

한국의 경우 1955~1963년에 태어난 베이비붐 세대, 소비의 핵심세대이다. 시니어 창업은 50대 전후의 퇴직자, 도소매업 음식점, 소자본 창업을 말하며 안전창업이라고도 한다. 이들을 액티브 시니어(active senior)라고 부르는데, 시간적·경제적·적극적인 소비의 중심세대로 자리매김하고 있다. 액티브 시니어들은 사회경륜과 전문지식이 풍부하며 행동보다는 지식과 경험이 우선인 세대이다.

평균 수명은 1975년 62.7세, 2015년 81.3세, 2060년 88.6세로 연장되고 있다. 인구노령화 속도는 더욱 가속화될 것이다. 133개 국가 중 한국은 고령인구 비중 순위, 2015년 51위이고 2060년에는 전 세계에서 두 번째로 늙은 국가가 된다.

대학생 창업

한국의 20대 청년들의 창업이 크게 증가하고 있다. 창업 이유는 생활비와 용돈을 벌기 위해 70%, 자기 계발과 자아 발전을 위해 19%, 지식·기술 활용 6%, 자녀교육비가 4%, 연령에 구애 받지 않아서이고 나머지는 취업이 어려워서, 시간을 자유롭게 하고 싶어서 등이다.

취업에 치이거나 자신의 아이디어 실현을 위해 또는 은퇴 후 생활을 위해 진로 고민에 빠진 20대와 60대 이상이 창업으로 눈을 돌린 것이다. 정부는 예산 지원, 공간, 컨설팅, 마케팅, 디자인, 인건비 지원 등 창업 전 준비부터, 창업 단계, 폐업정리, 재창업 등 성장 단계별 지원시스템을 마련하고, 정부의 창업지원 사업은 사업화, R&D, 창업교육, 시설·공간·보육, 멘토링·컨설팅, 행사·네트워크 등 분야별 지원을 확대한다.

40세 이상 창업자를 위한 시니어기술창업센터, ICT 창업 기업을 위한 K-Global 엑셀러레이터 육성, 농업 창업자를 위한 농촌현장 창업보육 등 지원 등 '청년키움식당', '키친인큐베이터', '꿈이룸 점포체험' 공간을 무료로 빌리는 것 등 식당 경영 전반에 관한 컨설팅, 각 부처마다의 직접적인 지원을 한다. 획기적인 아이디어, 마케팅 등 차별점을 필요로 한다.

창업 분야는 과거에 비해 점점 다양해지고 있는 추세이다.

젊은 세대의 라이프 스타일이 개인주의적인 성향을 띠고 있고, 4차 산업이 발달하면서 사람들의 수요가 다양해지고 있다. 싱글족, 1인가구가 늘면서 배달, 가정 간편식 등에 관련된 창업 아이템이 급속 성장하고 있다. 배달 가능 품목인 '국선생', '더반찬' 등 1인 경제시대에 최적화된 다양한 간편식이 있다. 혼자서도 재미있게 놀 수 있는 공간인 코인노래방, 만화 카페 등이 있다. 세탁물, 원룸이사업체 등 다양한 생활편의 서비스를 제공하는 생활물류 스타트업이 빅데이터, 사물인터넷 등 신기술을 접목한 기술형 창업이 확산되고 있다. 국토교통부에 따르면 생활물류 스타트업은 성장하고, 정부에서 지원에 가장 힘쓰고 있는 분야이기도 하다.

공유경제 창업의 특성

공유경제(Sharing Economy)는 사람과 사람의 연결 사업으로 자산, 지식, 서비스 등을 나눠 쓰는 신개념 경제로 공감대를 형성하였다. 공유 플랫폼이 등장함에 따라 저렴한 비용으로 재능을 거래하는 신개념 재능거래, 오픈 마켓으로 고객신뢰, 경제적, 합리적 욕구를 충족한다.

세계 공유경제 시장규모는 앞으로 가파르게 성장할 것으로 전망한다.

공유경제 사례
- 숙박공유 서비스 : 에어비앤비(Airbnb), 여행객 온라인 민박 정보
- 콜택시 : 우버(uber), 승차공유, 전 세계 630개 도시, 한국 퇴출, 쏘카(8천 대)
- 사무실 공유 : 위워크(wework)
- 무인 렌트 차량 공유 : 집카(zipcar), 시티카셰어(Citycarsshare)
- 매장, 회의실, 주차장 : 리퀴드 스페이스(Liquid space), 저스트 파크
- 재능공유 : 청소, 수리, 지식, 경험－태스크래빗(Task Rabbit)
- 공유 주방, 공유 공방, 공유 스튜디오
- 공유미용실 : 95% 예약, SNS마케팅, 실력
- 생활용품 공유 서비스(명품가방, 대여료 2만원)
- 주차(낮, 밤) 공유
- 숙박업체 공유
- 매장 공유 : 교육, 의료 제공
- 공유 부엌 : 원룸족, 1인 가구(12,000원 재료비)
- 대학교재 공유 서비스(책 주인－이용자), 교재구입비, 창업비용, 대여료 10% 받고 30~40% 지불(책 상태)

CHAPTER 4

고객 만족, 고객의 특성 파악

 학습목표

1. 고객의 이해
2. 고객 만족
3. 고객과의 긍정적 서비스 커뮤니케이션
4. 혈액형별 특성과 아이템
5. 심리 묘사적 세분화
   - 표적 고객으로부터 구매패턴의 특성 체크(Work Sheet-01)

4

고객 만족,
고객의 특성 파악

'고객소멸시대 마케팅'의 저자 고사카 유지는 고객을 모르면 상품과 서비스를 만들 수 없다. 타깃고객을 얼마나 분석하고 있는지, 소비자와의 일상적인 소통을 통해 고객의 욕구는 무엇인지, 어떤 것을 원하는지, 또는 어떠한 서비스와 제품을 받고 싶어 하는지, 고객과 실시간 커뮤니케이션 하는 것이 중요하다고 한다. 고객을 팬으로 만들라고 한다.

창업자의 가장 중요한 초점은 고객을 이해하는 것이다. 제품이나 서비스에만 초점을 두는 것은 실패하는 요인이다. 고객 만족도(customer satisfaction)는 고객이 상품이나 서비스를 구매했을 때 받게 되는 만족스러움이다. 상품을 구매하여 사용하거나, 서비스를 이용함으로써 얻게 되는 욕구 충족의 정도에 대한 고객의 주관적인 평가이다.

고객 만족도는 기업에 직접적인 영향을 미치며, 소비자 주권시대에 소비자가 만족하는 중요한 요인이다. 고객 만족도와 신뢰도를 파악하고 신뢰도를 높이기 위하여 고객과의 약속을 준수하며, 고객의 필요와 욕구 항목을 모니터링하고 피드백하여야 한다. 고객 만족도를 추구하는 창업이 핵심 키워드이다.

1. 고객의 이해

고객(customer)이란 기업에서 창출된 상품과 서비스를 구매하는 사람을 말한다. 고객은 친절, 신속한 응대, 칭찬받기, 자신을 알아주기, 존중 받기를 좋아하고 자존심이 강하며 자기이익을 우선시하는 경향이 있다.

나 이외의 모든 사람은 나의 고객이다. 궁극적으로 기업이 존재하는 이유이다. 가장 중요한 나의 애인이다. 일본에서는 고객을 왕(王)이고 신(神)으로 본다. 신보다 위대하다(생존을 위한 수익), 항상 옳은 존재이고, 기업의 생사를 결정하며, 예측하기 어렵고, 고객은 항상 자기중심적이다. '최고 기업은 고객을 만들지 않고 열광적인 팬을 만든다'고 한다. 고객에게 더 적은 비용으로 더 많은 것을 줄 수 있는지를 고민하는 것이 중요하다.

2. 고객 만족

고객의 욕구(Needs)와 기대(Expect)가 충족될 때 상품과 서비스의 재구입이 이루어지고 고객의 신뢰감이 연속적으로 이루어지는 것을 고객만족이라고 한다. 고객의 필요와 욕구(Want), 기대에 부응하여, 고객의 신뢰감이 연속적으로 이어지는 상태이다. 반복 구매 가능성, 충성고객이 될 가능성, 긍정적인 구전 광고 효과, 정보와 아이디어 제공으로 효과를 보며 신규고객 창출, 판매의 이용증대로 매출이 증가된다.

만족한 고객은 7명의 손님을 데리고 온다. 가장 중요한 사람으로 대접받고 있는 것처럼 만들어라. 기업목표가 '고품질, 저가격, 최고의 서비스 제공'에서 '고객 만족 경영'으로 이어진다. 상품의 품질, 제품의 기회, 설계, 디자인, 제작, 사후서비스 등 기업문화 이미지와 함께 기업이념 등 소비자의 만족감이 충족된다.

고객 인식 요소

① 특성 : 제품, 서비스가 가진 고유한 요소

② 가격 : 실제 구매가격, 설치비용, 필수적인 추가 비용

③ 품질 : 구매시점에서 제품이나 서비스가 가진 장점

④ 내구성과 유지관리 : 장시간 이용에 걸친 품질의 수준과 수리의 용이성

⑤ 이미지, 스타일, 인지된 가치 : 디자인이나 포장, 무형적인 요소

⑥ 고객관리 : 고객 로열티나 판매원의 고객관리

⑦ 사회참여 : 환경운동, 시민운동 등 이슈에 대한 기업 반응

⑧ 편의성 : 지역, 운영시간, 반품정책 등 고객편의에 대한 요소가 있다.

고객의 입장

목표고객 설정 및 상품판매에서 핵심고객이 주중고객인지, 주말고객인지를 파악한다. 점포디자인은 매출과 직결된다. 고객과 종업원의 동선, 시설과 상품진열, 인테리어, 간판, 출입구, 의자, 탁자, 조명, 표적고객의 연령층, 여성인지, 남성 고객인지를 중점적으로 파악한다.

표적시장 구체화를 통한 최우선 고객 선정은 제품을 가장 필요로 하는 고객, 제품을 가장 좋아할 고객, 제품판매 확산력이 있는 고객, 창업기업이 접근하기 쉬운 고객, 짧은 시간 내 점유율 1위, 만족도 1위를 할 수 있는 고객 등을 구체화한다.

고객만족은 저가격, 높은 품질, 편의성 높고 서비스 만족도가 크며, 경쟁사의 제품보다 더 좋거나, 더 빠르거나, 더 저렴한가에 초점을 두고 선택하게 된다. 고객의 기호, 선호도에 따라 장기적으로 충성고객이 생성된다. 누가 표적고객인지 인식하며, 과연 시장이 존재하는지를 판단한다.

구매자, 최종 소비자, 유통 업자를 구분하여 고객의 욕구와 충족을 정의한다. 목표시장의 기술을 판단하며 목표시장의 규모를 평가한다. 시장에 미치는 트렌드를 분석하고 수익성이 있는 틈새시장을 인식한다. 잠재고객이 누구

인지를 파악하고 목표시장이 표적화되면 대상 지역, 기호, 소비습관, 소득 수준 등의 구매의사 결정을 살펴보아야 한다.

목표시장을 선정하고 트렌드와 규모를 계산하고 전략적 특성을 살펴본다. 인구 통계적 특성, 지역적 특성, 라이프 스타일의 특성, 심리적 특성, 구매패턴의 특성, 구매 민감도의 특성이 무엇인지 인지한다.

커뮤니케이션이란?

고객과의 접점에서 소비자에게 신뢰감을 줄 바른 자세와 동작, 소비자에게 호감을 줄 커뮤니케이션 능력을 말한다. 효과적인 커뮤니케이션 응대 방법으로 소비자를 이해하는 마음, 마음을 표현하는 공감능력, 소비자와의 상호신뢰도, 소비자에게 전화응대의 기본자세(맑은 목소리로 분명하게), 긍정적이고 호감을 주는 이미지를 연출하며, 청결하고 편안한 사업장의 구조(동선), 소비자의 입장을 충분히 이해하는 역지사지(易地思之)의 자세와 의사소통할 수 있는 눈맞춤, 경청하며 고개 끄덕여주기, 웃어주기 등의 긍정적 감정 커뮤니케이션이 대화의 스킬이다.

고객이 불만이나 항의를 표현하는 것에 대하여 경청하고, 공감하며, 고객의 감정을 파악하고, 그것에 초점을 맞춰 대응하는 것이다. 즉 고객의 입장에서 도울 수 있는 일을 제시하고 즉시 행동에 옮기기 때문에 고객은 자신이 존경 받고 있으며 나를 위하여 노력하는 고마움을 느낌을 받을 때 기업의 충성고객이 될 수 있다.

3. 고객과의 긍정적 서비스 커뮤니케이션

고객과의 긍정적 감정 커뮤니케이션의 4가지
첫째, 호감과 존중 커뮤니케이션 : 관심과 존중을 받는다는 느낌
둘째, 반영적 커뮤니케이션 : 상대방의 말을 그대로 반복하는 대화법
셋째, 공감적 커뮤니케이션 : 상대방의 입장을 이해하고 수용한다는 대화법

넷째, 경청적 커뮤니케이션 : 말을 적극적으로 잘 들어주는 태도나 제스처

호감과 존중의 커뮤니케이션
(관심과 존중을 받는다는 느낌을 갖게 하는 대화법)

반영적 커뮤니케이션(상대방의 말을 그대로 반복하는 대화법)

서비스 접점에서 활용 가능한 커뮤니케이션의 방법으로 상대방의 말을 듣고 그대로 반복하거나 확인하는 대화이다. 고객의 현재 느낌과 과거의 느낌 등을 음성, 언어로 표현해주는 대화법으로 대화를 촉진할 때 도움이 된다. 첫째, 상대방이 한 말을 그대로 듣고 핵심을 반복하는 것이다. 둘째, 상대방이 한 말과 같은 뜻을 가진 다른 말을 사용하는 것이다. 셋째, 상대방이 말한 내용의 초점을 압축해 주제를 명확히 요약하는 방법의 대화법이다.

공감하는 커뮤니케이션(상대방의 입장을 이해하고 수용하는 대화법)

상대방이 하는 말을 잘 듣고 이해했는지 알아보기 위해 확인하고, 상대방이 더 설명할 수 있는 기회를 주는 것이다. '공감적 경청'은 단순히 듣고 응해주는 것이 아닌 상대방이 말할 때 감정이입을 통해 자신의 생각은 배제하고 눈과 귀, 마음을 동원하여 듣는 것이다.

감정이입이란 상대가 필요로 하는 것, 상대방이 느낀 모든 감정을 내 자신의 것처럼 절실하게 느끼는 것으로 공감적 반응을 통하여 고객은 자신의 말을 매우 관심 있게 경청하고 있으며 자신을 이해하며 마음을 충분히 납득하고 있다는 사실을 깨닫게 된다.

듣는 훈련을 하다 보면 이전에는 들리지도 보이지도 않던 상대방의 말하는 느낌과 의미 등의 내용을 정확하게 이해할 수 있기 때문에 고객은 자신의 말을 매우 관심 있게 경청하고 있으며 자신을 이해해주기를 갈망하는 그의 마음을 충분히 납득하고 있다는 사실을 깨닫게 된다. 대화를 촉진할 때와 서비스 접점에서 활용 가능한 커뮤니케이션 방법으로의 대화법이다.

고객 서비스 만족도 차원이다. 물리적 환경과 시설, 절차의 편리성, 인력의 기술 수준과 전문성, 직원의 친절성, 정보 제공으로 고객이 느끼는 만족의 정도는 결국 고객이 지각하는 서비스의 퀼리티에 의해 결정됨을 의미한다.

경청적 대화법

상대방의 말을 적극적으로 잘 들어주는 태도나 제스처로 고객에게 믿음을 주는 차원이다.

- 신뢰성(reliability) : 서비스업체의 눈에 보이는 물질적인 장비, 시설, 직원의 용모
- 유형성(tangibles) : 서비스 제공자가 고객을 돕고 신속한 서비스 제공
- 대응성(responsiveness) : 고객에게 신뢰와 확신을 줄 정도
- 확신성(assurance) : 고객에게 개별적인 서비스 만족은 기대보다는 지각된 성과가 더 큰 영향을 미친다. 소비자의 요구로 첫인상은 매우 민감하고, 많이 구매한 고객일수록 요구사항이 많다. 불평을 들어주면 단골이 된다고 한다.

긍정적 서비스 커뮤니케이션의 유의사항

- 발음이 명확해야 한다.
- 말에 따라 알맞은 억양을 사용한다.
- 문장 가운데 강조할 부분은 세게 발음한다.
- 사투리를 사용하지 않는다.
- 말과 말 사이에 알맞게 숨을 쉬어 사용한다.
- 발음은 같으나 뜻이 다른 용어는 피한다.
- 말꼬리를 달아, 너무 긴 말이 되지 않게 한다.
- 말머리는 부드럽게, 말의 끝은 확실히 발음한다.
- 먼저 숨을 깊이 들이쉰 후 말한다.
- 목소리의 크기는 처음부터 조절하여 말한다.

긍정적 서비스 커뮤니케이션의 기술

- 진실하게 말한다.
- 상대방의 말을 경청한다.
- 진심으로 칭찬한다.
- 다른 사람의 험담이나 비방을 하지 않는다.
- 짧게 웃는 얼굴로 대화한다.
- 분위기 있게 유쾌하고 유머 있게 말한다.
- 신선한 분위기를 만든다.
- 품위 있는 말을 사용한다.

고객의 심리

- 기억되기를 바란다 : 환영받고 싶어 하는 기대심리
- 관심을 끌고 싶어 한다 : 독점하고 싶어 하는 기대심리
- 중요한 사람으로 인식되고 싶어 한다 : 우월감을 느끼고 인정받고 싶어 하는 심리
- 편안해지고 싶어 한다 : 편안하고, 즐겁게 살고 싶어 하는 기대심리
- 기대와 욕구를 수용해 주기를 바란다 : 자기존중의 심리
- 모방하고 싶어 한다 : 모방의 심리
- 손해 보기 싫어 한다 : 손해보고 싶지 않은 심리

고객이 듣고 싶어 하는 8가지 말과 마음

① '어서오십시오'의 환영의 마음
② '안녕하십니까'의 밝은 마음
③ '예'의 상냥한 마음
④ '수고하셨습니다'의 위로하는 마음
⑤ '미안합니다'의 겸손한 마음
⑥ '덕분입니다'의 겸허한 마음
⑦ '하겠습니다'의 봉사하는 마음
⑧ '고맙습니다'의 감사하는 마음

4. 혈액형별 특성과 아이템

A형은 공사의 구분이 확실하며 신중하고, 이론적이며, 상식적이다. 안정적인 생활을 추구하며 노력파이다. 대의명분을 중시하며, 자존심이 강하며, 꼼꼼하고 실수가 없는 편이다. 가끔 던지는 말에 재미가 있으며, 애교, 눈치가 빠른 편이다.

창업 아이템 : PC방, 노래방, 미용실, 치킨전문점, 패스트푸드점, 포토아트, 냉장육전문점, 베이비시스터 파견업 등

B형은 형식과 관습에 얽매이지 않는 자유분방하고 틀에 박히기 싫어한다. 아이디어가 많아 창의적, 창조적이며, 이해심이 많고 집중력이 강하다. 임기응변이 강하며, 지적인 면이 강하고 세련미가 있으며 재치가 있다. 평소에는 착하지만 건드리면 무섭다.

창업 아이템 : 편의점, 아이스크림판매점, 베이커리, 문구점, 팬시점, 피부관리 전문점, 봉사하는 업종, 출판 아이디어 제공업, 애니메이션 관련 업종 등

AB형은 합리적인 사고력에 의무감, 도덕성, 분석능력이 빠르다. 자신의 역할을 찾아 남의 일을 적극적으로 돕는 사회봉사형이며, 예술적 감각이 우수하다.
효율적인 업무능력이 탁월하며, 복잡하고 미묘한 성향에, 응용력이 좋고, 엉뚱 발랄 성격의 소유자이며, 계획은 잘 짜지만 마무리는 조금 허술하다.

창업 아이템 : 어린이 학원, 인력파견 도우미, 세탁업, 여행업, 광고업, 다이어트 전문점, 정보제공(IP), 광고 이벤트업 등

O형은 열정적, 현실적, 적극적, 자기주장이 강하며, 기억력이 탁월하다. 끈기와 오기, 고집이 강하다. 욕심이 있고 승부욕이 강하다. 싫은 것을 할 때 얼굴에 표시가 난다. 대인관계가 원만하며, 긍정적이고 활동적이며 자신감이 넘친다.

창업 아이템 : 지식산업 분야, 경쟁점포 조사 대행업, 향수 전문점, 주류 전문점, 분식점, 선물용품, 유아용품 전문점 등

[출처 : 창업과 경영의 이해, 박한수]

5. 심리 묘사적 세분화

(1) 혁신자(innovator)

자존심 강함, 성공 지향적, 세련되고 활동적, 적소 지향적, 책임감 강함, 제품과 서비스에 정교한 취향, 고급품 구매 성향.

(2) 사교자(thinker)

질서 지식, 책임에 대한 가치 부여.
성숙, 만족적, 제품에서의 내구성, 기능성과 가치 추구 성향.

(3) 성취자(achiever)

경력과 가족에 집중. 성공적, 목표지향적인 사람.
성공을 표출하는 고가 제품을 선호하는 성향.

(4) 경험자(experienced)

다양함과 흥분을 추구. 젊고 열정적, 충동적.
패션, 오락과 사회화에 소득의 상당 부분을 지출한다.

(5) 믿음자, 신봉자(believer)

확고한 신념. 보수적, 관습적, 전통적인 성향의 소유자.
잘 알려진 제품과 기존의 정평이 난 상표를 선호한다.

(6) 노력자(striver)

제한적, 추세적. 재미, 놀이를 좋아하는 사람.

구매를 모방하는 스타일리시한 제품을 선호하는 성향.

(7) 제조자(maker)

직접 일하기를 좋아하는 실용적, 현실적, 자기 충족적,
실용적이며 기능적인 목적을 가진 제품만 선호하는 사람.

(8) 생존자(survivor)

변화에 관심이 적고, 나이가 많고, 수동적인 사람.
자신이 선호하는 상표에 충성 고객이 많다.

페르소나(Persona)는 '인격' '위격(位格)'의 뜻으로 쓰이는 라틴어이다. 이성과
의지를 가지며 자유로이 책임을 지고 행동하는 주체 본성(本性)을 가진 개별적
존재자를 가리킨다.
① 황제 페르소나 : 나폴레옹, 알렉산더 대왕, 벤츠, 코카콜라, 렉서스 등
　　선두기업, 다른 기업들이 모방, 최고의 품질, 도도할 만큼의 배짱이 스
　　타일.
② 영웅 페르소나 : 스티브 잡스, 정주영(현대그룹), 이병철(삼성그룹), 샤넬 등
　　자부심, 실력자, 위상, 최고의 정평을 받는 스타일.
③ 전문가 페르소나 : 이수만 대표(보아, 소녀시대, 동방신기) 등
　　SM프로덕션(K-POP) 열풍으로 신뢰 구축, 전문가 평판, 자신감, 폭넓
　　은 지식, 스포트라이트.
④ 친구 페르소나 : 풀무원, 웅진코웨이 등
　　친절, 공평, 존경, 신념, 사회적 가치 중시, 개방적, 수평적
⑤ 의인 페르소나 : 애플, 매킨토시 등
　　적극적 참여, 마음에 공감대 형성, 사명 의식, 상황에 맞는 말과 행동
　　의 소유자.

Work Sheet - 01

학번 : _____

이름 : _____

표적 고객으로부터 구매패턴의 특성을 체크해보자.

1. 제품명

2. 브랜드명

3. 고객의 재구매 시기

4. 사용기간

5. 고객 확보 비용

6. 고객 유지 비용

7. 충성고객 유지 비용

8. 고객 만족도 항목 모니터링

9. 고객에게서 피드백 파악

10. 표적고객의 인구 통계적 특성

11. 지역적 특성

12. 라이프 스타일의 특성

13. 심리적 특성

14. 표적고객의 구매패턴 특성

결과적으로 충분한 계획과 프로세스에 맞춰 표적고객의 분석이 성공을 예견한다.

CHAPTER 5

창업 아이디어 창출

 학습목표

1. 창조적(creative)
2. 창의성(Creativity)
3. 창의성의 구성 요소
4. 아이디어 발상
5. 디자인 싱킹(design thinking) 등
   – 창업의 목적과 성공하기 위한 아이디어를 작성(Work Sheet-01)

5 창업 아이디어 창출

1. 창조적(creative)

새롭고도 유용한(new and useful)이란 뜻을 지닌 것으로 정의된다. 즉 어떠한 생각, 사람, 사물이 창조적이기 위해서 새로움이나 유용함만으로는 부족하며 두 가지가 동시에 충족되어야 한다는 점이다. 유용함은 문제 의존적인 개념으로서 어떠한 문제를 해결하느냐, 못하느냐에 초점을 맞추고 있는 개념이다.

문맥 의존적 개념인 '새로움'과 마찬가지로 창조성을 크게 세 가지로 나눈다. 첫째, 개인의 지평에서 새롭고 유용한 성취를 의미한다. 둘째, 개인적 창의성과 지역 공동체의 지평에서 새롭고 유용한 성취를 의미한다. 셋째, 공동체적 창의성과 인류의 역사적 지평에서 새롭고 유용한 성취를 의미한다.

'창조적'은 새로운 아이디어와 혁신, 새로운 제품과 서비스 창조, 새로운 일자리 창출, 신생기업, 틈새 유형 제품, 틈새 서비스 상품, 틈새 유통 창업, 생명공학, 유전자 공학, 의료기기 산업 성장으로 기술 진보에서의 기회가 확장된다. 충실한 아이디어로 사업에 전력투구(全力投球)하여 실행 가능하고 충실한 아이디어로써 미래지향적이며, 창조할 수 있는 분야를 창의적이며 생소하지 않은 아이디어로 폭발적인 성공을 이룰 수 있다.

오스본(Osborn)은 넓은 의미의 창의성은 인간 모두가 가지고 있는 보편적 능력과 특성이며, 창조성이란 일상생활에서 당면한 사태나 문제를 개인 나름으로 새롭고 독특한 방법으로 해결해 나아가는 활동이라고 했다.

길포드(Guilford)는 새롭고 신기한 것을 낳는, 새로운 사고를 생산해 내는 것이라고 정의했다.

칙센트미하이(Csikszentmihalyi)는 창조성은 세계를 새롭고 독특한 방식으로 경험하는 사람들, 또는 세계를 새롭게 인식하고, 영감에 찬 판단을 하며, 자신들만이 알 수 있는 중요한 발견을 하는 사람들이라고 했다.

프린스(Prince)는 임시적 조화, 기대하지 않은 놀라움, 특유의 폭로, 익숙한 놀라움, 넉넉한 이기주의, 사소한 것에도 활력이 있는, 훈련된 자유, 끈기 있음, 반복적인 시도, 어려운 기쁨, 예측할 수 있는 모험, 짧은 확실함, 차이를 통합하기, 민족을 구하기, 기적적인 기대, 익숙한 놀라움이라고 정의했다.

프란켄(Franken)은 문제를 풀고 다른 사람들과 의사소통하고, 모두가 즐기는 데 유용할 수 있는 아이디어, 대안, 가능성을 인식하고 생산하는 경향이라고 했다.

에드워즈(Edwards)는 현재를 넘어가고자 하는 결단력 있는 충동, 독창성, 상상력, 환상으로 특징지어진다고 정의하였다.

창조적 성격의 특성으로는 활기찬 에너지를 가지고 있으며 때로는 조용하고 휴식을 취하며, 지혜롭고, 장난스럽고, 절제되어 있으며, 상상이나 환상을, 또는 굳건한 현실감을 가지고 있고, 외향성과 내향성의 대조적 특성을 가지고 있다. 겸손하면서 자부심이 강하다. 고정관념을 피하고, 양성적인 특성을 가지고 있으며, 독립적이며 열정이 있다, 또한 매우 객관적이며, 개방성과 감수성으로 즐거운 성격의 소유자이다.

창조성과 자기실현으로는 자신의 삶에 자기 인식을 가지고 삶의 아름다움을 감상하고, 자상하며, 다른 사람들을 도울 의지를 가지고 있다. 유머감각을 지닌 사람으로 남에게 상처를 주지 않으며, 사람들과의 관계를 잘 형성하며, 은유적 사고로 기회를 잘 준비한다.

창조적 과정으로는 아이디어를 시작으로 사업 아이디어로 전환하고, 시장에서 아이디어를 탐색 창출하며, 구체적인 고객의 문제를 해결하는 방법을 도출한다. 아이디어를 구체화하고, 고객과 시장을 파악하며, 타당성을 분석하여, 창조성이 창업가 정신의 근원이라면 혁신은 창업가 정신의 과정이라고 볼 수 있다.

창조적인 마인드를 가지기 위해서는 도전정신, 호기심, 모험심, 사물을 다른 시각으로 보는 관점, 신기함, 재미, 즐거움, 흥미, 끈기, 제품의 개선, 개발, 신제품의 아이디어 정신 등이 창조적인 마인드를 가지는 것이다.

창조성과 혁신
- 혁신(innovation) : 새롭고 다른 것(new and different)을 창조하는 것
  (제품 또는 서비스가 사용되는 새로운 방법)
- 창조성 : 고객가치를 구성하는 혁신적인 수단을 창출하는 능력

2. 창의성(creativity)

창의성이란 새로운 것을 발견하고, 새로운 것을 만들고 산출하는 것이다. 길포드(Guilford, 1977)는 새롭고 신기한 것을 낳는 힘(인지능력)이라고 했다. 루버트(Lubart, 1994)는 새롭고 유용한 산출물을 생성하는 능력(인지능력)이라고 했다. 셀리그만(Seligman, 2000)은 독창적이고 가치 있으며 실행될 수 있는 사고과정 또는 산출물이라고 했다.

사물을 새롭게 탄생시키거나, 새로운 사물에 이르게 하는 개인의 지적 특성, 새롭고, 독창적이고, 유용한 것을 만들어 내는 능력의 확산적 사고(divergent thinking)와 수렴적 사고(convergent thinking)를 포함하는 다양한 지적 능력, 인성, 지식, 환경의 총체적인 관점이라고 정의한다.

창의성(creativity)
- 무(無)에서 새로운 것을 발견
- 새로운 것을 만들고 산출하는 것
- 새롭고 신기한 것을 낳는 힘(인지능력)
- 산출물을 생성하는 능력(인지능력)
- 독창적이고 가치 있으며 실행될 수 있는 사고과정 또는 산출물
- 사물을 새롭게 탄생시키거나, 새로운 사물에 이르게 하는 개인의 지적 특성
- 새롭고, 독창적이고, 유용한 것을 만들어 내는 능력
- 확산적 사고(divergent thinking), 수렴적 사고(convergent thinking)를 포함하는 다양한 지적 능력, 인성, 지식, 환경의 총체적인 관점

3. 창의성의 구성 요소

아이디어를 개발하기 위해 필요한 창의성(creativity)의 구성 요소는 새로움을 도출하는 능력인 유창성(fluency), 융통성(flexibility), 독창성(originality), 정교성(elaboration), 혁신성(innovation)이 구성 요소이다.

- 유창성(fluency) : 관점, 해결안을 빠르게 많이 떠올리는 능력, 많은 아이디어를 내는 능력
- 융통성(flexibility), 유연성 : 시스템을 여러 가지 목적으로 사용하는 능력 변경과 확장, 유창적인 사고의 연장으로 사물을 다른 각도에서 볼 수 있는 능력

여러 관점에서 상황을 볼 수 있는 능력
- 독창성(originality) : 자기 고유의 능력과 개성에 의한 새로운 독특한 능력
- 정교성(elaboration) : 세련되고 치밀한 것으로 다듬어 발전시키는 능력
  아이디어를 정교하게, 세밀하게 하거나 재미있고, 아름답게 꾸미는 능력
  기존의 지식이나 원래의 생각에 추가하고 확장시키는 능력
- 혁신성(innovation) : 혁신을 일으키는 성질로서 아이디어를 혁신적으로
  유용한 방법으로 변환하는 능력

창의성 사고기법
- 수직적 사고(vertical thinking)
- 수평적 사고(lateral thinking)
- 창의적 사고(creative thinking)
- 확산적 사고기법(divergent thinking)
- 수렴적 사고(convergent thinking)

4. 아이디어의 발상

새로운 아이디어 도출로 아이디어의 방향을 제시하는 습관.
제품의 개선, 보완, 추가, 신제품 아이디어 개선 형태의 구조 분석.
발상의 전환, 개선 방향, 형태의 모든 것에 대해 결과 분석.
타인의 의견을 존중하여 자유로운 발상으로 구체적인 계획 수립.

매력적인 아이디어를 발견하는 방법
- 시장에 있는 공백을 찾는다.
- 경쟁이 서투른 것을 찾는다.
- 고객을 위해 문제를 해결한다.
- 아이디어를 새로운 방법으로 결합한다.
- 완전히 새로운 아이디어를 찾는다.

- 창조적인, 모방적인 새로운 방식으로 생각한다.
- 다른 사람의 성공적인 아이디어를 모방한다.
- 아이디어를 추가, 보완, 개선한다.
- 제품 또는 서비스의 공정을 개선한다.
- 자신의 취미나 적성, 경험, 기량을 개발한다.
- 다른 사람의 '~라면 좋을 텐데'가 공백의 표현이다.

아이디어(idea)
- 발상, 디자인의 초기 단계
- 구상 '고안', '생각', '착상으로 순화, 획기적인 아이디어 개발'
- 정신적 이해, 인식 활동의 존재하는 구상
- 기회를 이용할 수 있는 해결책의 초기 관점
- 시장에 나타난 기회 개발
- 실행 가능한 콘셉트를 최종적으로 개발하는 것
- 생각, 의사, 착안, 창의, 창의력, 꾀, 영감, 구안, 고안 등
- 문제 : 현재 상태와 이상적인 상태 간의 차이
- 기회 : 기업에 신제품이나 사업을 위한 욕구 창출에 호의적인 환경
- 사업기회 : 제품 수요를 증가하거나 변화추세를 이용할 수 있는 유리한 조건
- 아이디어 : 욕구나 문제를 발견하고, 문제 해결에 관한 생각
- 제품 아이디어 : 욕구를 충족, 수익성이 기대되는 아이디어 정리
- 제품 콘셉트 : 제품 아이디어를 언어, 상징, 디자인 등으로 표현

아이디어는 정신적 활동이다. 실제로 존재하는 생각을 구상으로 시장에 나타난 기회를 개발하고, 실행 가능한 콘셉트를 최종적으로 개발하는 것이 신제품이 된다.

아이디어 창출 기술로는 환경시장 파악, 사용자의 요구 사항, 생산, 서비

스, 경쟁사, 유사기업, 공급자 유통채널, 최고 경영층, 핵심직원 등의 창업 환경변화 등이다.

아이디어 생성 방법으로는 직접적 탐색, 기술적 혁신, 실험적 사용자의 연구, 표적 고객, 기술과 마케팅 활동이 있다. 아이디어 스케치(idea sketch)는 기획, 조직 구성, 목표 등의 초기 단계를 구성한다.

사회와 소비자 추세
- 사회와 소비자 추세를 확인하여 신제품 개발
- 추세는 일시적 유행보다 미래의 경향

고객의 이해와 발견
- 고객의 편익과 비용에 대한 지각을 완전하게 이해하는 것
- 요구사항을 확인하는 방법(고객의 소리에 귀를 기울이기 위해 모든 기회를 열어놓는 것)

창업 아이디어의 선정, 업종 선택의 형태
- 제조업, 도소매업, 서비스업, 업태 결정
- 어떤 제품, 어떤 상품, 취급의 결정
- 대리점, 자영업, 운영방식 선택에 관한 결정

업종선택의 판단 기준
- 자금 조달 능력
- 동업계의 경험
- 금융 수혜 정도
- 개인의 목표나 취향

5. 디자인 싱킹(design thinking) 등

사람들의 생각을 디자인한다. 자신만의 감각과 방법을 적용하여 문제에 관한 실용적이며, 창의적인 전략이다. 산업과 사회적 이슈에 활용하여 소비자의 기술적인 욕구충족으로 고객의 가치와 시장 기회로 바꾸는 확장된 사고력이 미래에 대한 해결법이라고 생각한다.

디자인적 사고 : 디자인을 하는 사람의 마음으로 생각하는 방법
- 문제를 풀어가는 해결 방법
- 디자인(design)과 생각하기(thinking)를 합친 것
- 디자인 과정에서 디자이너가 활용하는 창의적인 전략
- 문제를 숙지하고, 문제를 더 폭넓게 해결할 수 있기 위하여 이용할 수 있는 접근법
- 산업과 사회적 문제에 적용
- 기술적, 욕구충족, 실행 가능한 사업 전략이 고객의 가치와 시장 기회로 바꾸는 것
- 디자이너의 감각과 방법을 사용
- 문제에 대한 실용적이고 창의적인 해결법(해결법의 창조)
- 미래의 결과를 생산하려는 의도를 가진 문제 기반 또는 문제 중심 사고
- 현재와 미래의 상황과 문제의 특성을 숙고하여 대안적 해결법의 탐구

디자인 싱킹
- 핵심은 '사용자가 무엇을 원하는가?'
- 혁신을 만들어 내는 새로운 방법
- 모델이나 이론을 만들어 가설을 제기하고 피드백을 통하여 지속하는 과학적 방법
- 아이폰의 창조자 스티브 잡스는 "디자인은 제품이나 서비스의 연속적인 외층에 표현되는 인간 창조물의 영혼"이라고 했다.
  인간은 단순한 신체적, 물질적인 만족만을 요구하는 게 아니라 영혼의

만족까지도 요구한다는 것이며, 디자인이 그러한 욕구를 충족시킬 수 있다는 것이다.

통합적인 사고에서 나오는 디자인 싱킹
- 디자인하며 문제를 풀어가던 사고방식대로 사고하는 방법
  사용자와의 공감을 이끌어내는 디자인 싱킹
- 미래의 사용자와 공감(empathy)하는 것
  분산과 수렴 단계를 거친 디자인 싱킹
- 수렴(집중적 사고)과 분산(확산적 사고)의 두 단계로 나눈다.
  • 수렴(convergence)은 문제에 대해 최선의 이해를 구하는 것
  • 분산(divergence)은 하나의 주제에 대해서 다양한 아이디어를 제공하는 것

구글, 애플, 인텔, 도요타, 삼성, 현대, 마이크로소프트 등 국내외 기업들의 혁신 창출의 방법론으로, 과학 기술 분야, 정치인, 교육자들의 혁신 등 여러 분야에 적용한다.
- 에어비앤비의 공동 창업자 세 명 중 두 명은 디자이너 출신이다.
  에어비앤비는 디자이너의 사고, 창의력, 감수성에 비즈니스를 접목한다.
- 관계, 사랑, 업무, 공부 등에 적용한다.
- 디자인 싱킹 프로세스
'공감' 단계에서 관련된 사람의 욕구를 파악한다.

대상자의 대답에 '왜'라는 이유를 물어보며 어떤 생각을 가지고 있는지 확인한다.

그러면서 면담하는 사람은 여러 가지 영감을 얻게 된다.

문제를 바라보던 시각(frame)에서 벗어나 새로운 시각(re-frame)을 얻게 된다.

창업 아이템 선정 사례

하늘빛 창문 형태의 조명기구, 파란 하늘과 붉은 노을의 자연광을 재현 파란 하늘과 시간대에 따라 저녁노을 지는 하늘빛을 표현하는 방식이다. 발광 다이오드(LED) 기술, 일본 2018년 12월 27일 IT미디어뉴스(ITmedia news) 자연 빛의 효과로 창문 없는 방이나 지하의 폐쇄적인 실내공간에 어울리는 하늘빛 조명을 개발하였다.

곤충쿠키
- 초기에는 분말로 만든 제품을 출시, 식용 곤충을 이용한 쿠키이다.
- 단백질의 영양분으로 샐러드, 건강기능식품 활용, 단백질 덩어리(달팽이 굼벵이)

온라인 장례식
- 인터넷의 확산과 정보기술의 발달에 의해 장지에 참석하지 않고 인터넷을 통해 컴퓨터 모니터 앞에서 리얼 플레이어로 장례식 화면을 볼 수 있는 것. 미국에서 온라인 장례업체가 등장. 온라인 장례식이 확실한 수익구조를 지닌 비즈니스 모델로 주목받고 있다.

산소방
- 산소캡슐, 산소가 호흡을 통해 세포로 직접 흡수되어 편두통, 피로회복. 일본에서 출시하여 한국에도 창업 중이며 고양이, 강아지 산소방도 운영하고 있다.

훈제 귀뚜라미
- 칠리소스가 가미된 매운맛 애벌레. 스페인 과자 출시로 차세대 식품으로 친환경의 등장

굼벵이 환
- 혈전 치유 물질, 뇌졸중, 단백질 공급이 곤란한 노인, 환자, 성장기 어린이 성숙 도모

(1) 창업 아이디어 사례

영국의 디자이너 안나 불루스는 "디자인 학교에 다닐 때 쓰레기들이 어떻게 재활용되는지 찾아봤는데, 아무도 껌은 재활하지 않았더라고요"라고 하여 (껌테크) 껌 쓰레기통을 만들었다.

분홍색으로 된 컵, 신발, 도시락, 자, 빗, 장화, … 씹다 버린 껌을 재활용한 아이디어로 시작한 제품으로 장화에서는 풍선껌 냄새가 나도록 하였다. 재활용할 수 있어 장화가 닳았을 때 다시 보내주면 할인행사도 병행한다. 런던 히스로 공항, 전철역, 학교, 길거리처럼 사람이 많이 다니는 곳에 놓아 껌 쓰레기통이 가득 차면 수거한다.

사람들이 뱉은 껌과 쓰레기통을 함께 재활용하여 껌 공장에서 폐기되는 껌, 바닥에서 버려진 껌을 깨끗이 제거하는 데 드는 비용을 절약한다면 어떻게 될까? "사람들이 껌을 바닥에 버리지 말아야겠다고 생각하면 좋겠어요. 작은 습관을 바꿀 수 있다면 쓰레기 문제도 해결할 수 있다고 생각합니다."라고 회사 창립 이념을 밝혔다.

(2) 창업 성공기 사례

성공한 기업가 조건은 빛나는 아이디어로 창업 도전 2030 청년 세대가 들려준다. 코로나19 이후 기업은 재택근무나 원격근무를 허용했다. 강남구에 위치한 아동복, 자율 출퇴근제와 재택근무 일상화이다. 이윤 추구가 아니라 사람과 행복을 우선시하며 직원을 가족처럼 여겨 매출 400억 원, 박용주 대표, 한국 경제창업 1세대이자 위기에 강한 CEO.

대학생 시절 봉사활동 중 아이가 클레이를 가지고 놀다 발진이 일어나는 것을 보고 세상에서 가장 안전한 장난감을 만들겠다고 결심한 크리에이터스랩의 류정하 대표. 그는 창업 초기 사람을 어떻게 고용해야 하는지, 제품은 어떻게 팔아야 하는지, 포기하지 않고 설탕을 소재로 아이들이 먹을 수 있는 장난감을 출시했다. 그의 가치는 '안전'이다.

(3) 성공한 기업가 조건 사례

고등학교 때부터 창업을 결심하고 열악한 수제 맥주 시장에 뛰어든 열혈 청년 전동근 대표. 그는 수제 맥주 사업을 결심하고 미국 미시간의 양조장에서 하루 20시간씩 무급으로 일하며 양조기술을 배웠다. 창업 자금 500만 원으로 시작한 사업은 3년 만에 500억 원 규모의 투자를 받기에 이르렀다. 2025년 기업가치 1조 원의 유니콘 기업으로 성장하겠다고 한다. 자신이 인정하기 전까지의 실패는 실패가 아니다.

기업계의 4전 5기 신화로 유명한 다산네트웍스의 남민우 대표는 청년들에게 '닥창(닥치고 창업)'을 강조한다. 요즘처럼 변화무쌍한 시기에 변화를 빨리 알아채고 기회를 포착하라는 것이다.

창업이 인생 최고의 대학이라고 말한다. 한국청년기업가정신재단은 청년들에게 정보와 지원금을 제공하고, 기업가로 생존하기 위해 가장 중요한 기업가 정신을 일깨워준다. 기업가 정신이란 무엇일까? 청년들이 미래의 변화를 직시하고 도전과 혁신에 나서라고 강조한다.

(4) 아이디어 제품 사례

- 에이스 침대 : '침대는 과학이다'는 발상의 전환
- 소주 : 여성 타깃(처음처럼 – 유자 맛, 진로 – 자몽 에이드)
- 하이트 맥주 : '100%천연 암반수'
- 풀무원 직화 짜장 : 생 채소를 따로따로 볶아 생생한 건더기와 직화 맛
- 게토레이 : 갈증해소, 물보다 흡수가 빨라야 한다, 운동 전후 편익 제공
- 하이브리드 자동차 : 차세대 환경 자동차, 유해가스 배출량, 연비 획기적
- 2% : 몸의 수분이 2% 부족할 때 갈증 해소, 체내 총 수분의 2%가 손실되면 갈증느낌을 받는 것에서 착안, 물처럼 투명한 색에 복숭아 과일 향 첨가
- 콘택600 : 지속형 캡슐, 성분이 다른 600종류, 흡수 시간에 따라 코팅, 약물 효용 지속화(1일 2회 복용, 8시간 약물 농도 시간)
- 없던 시장을 만들어라 '햇반', 디저트 '쁘띠첼', 숙취 해소 '컨디션', 냉동

식품 출시(즉석 식품) : 전자레인지 보편화, 주5일제(2003년), 간편 식품
- 종갓집 김치 : 소비자의 니즈(신선함, 신뢰, 맛 등)
  즉석에서 버무려 유도하는 체험마케팅(이마트, 백화점 등)
  홈쇼핑, 김치상품권(선물시장 개척, 택배시스템)
- 3M : 아이디어가 발전하고 다른 아이디어가 결합해 세계의 문제를 해결하는 세 가지 방식.
  • 아이디어를 죽이지 말라
  • 창조와 혁신의 세계를 넓혀가는 15% 규칙
  • 벤처를 육성하는 풍토(6만 개 이상 신제품 출시, 4년 신제품 매출 39%)

- 농심 '신라면' : 매콤하고, 얼큰한 맛, 1986년 출시, '사나이 울리는 신라면'

- 요구르트 이오 : 'E-5', '이오', 읽기 쉽게 한글 표기, 인체에 필요한 5가지 영양소
  • 칼슘 : 성장발육, 골격 형성
  • DHA : 두뇌 성장, 뇌세포 성분
  • 비피더스균 : 장 건강, 프로바이오틱 유산균
  • 비타민 C : 피부활력
  • 치아 건강에 좋은 우롱차 추출물

(5) 창업 아이템 선정사례

쇠고기가 들어간 '미역국라면(2018년 9월 출시)'은 출시 40일 만인 2018년 9월 23일에 500만 개 판매를 돌파하였다. 산모는 물론 남녀노소 가릴 것 없이 모두에게 좋은 건강식이자 친근한 국 요리로 임신 4개월의 개발자 아이디어로 개발이 시작된 것이다.

다 끓인 후에 참기름을 몇 방울 넣어야 제 맛이 난다. 미역무침을 넣은 버전도 뒤이어 출시되고 자연드림, 초록마을도 미역국 라면을 출시하였다.

(6) 창업 아이템 선정사례

- 단 맛의 위험한 유혹과 각종 성인병의 원인이 되는 과잉 당 섭취의 실태조사
- 현재 대한민국은 설탕과 전쟁 중이다.
- 유아와 청소년은 가공식품을 통한 당류 섭취량이 WHO의 권고치를 넘는 수준이다.
- 탄산음료나 과당주스 등 가공식품을 통해서 당을 섭취하기 때문에 소아 비만율이 높아지고 당뇨 환자가 급증하고 있다.
- 저당 제품이 트렌드이다. 설탕을 줄이고 있다. 무설탕 과자를 만든다.
- 무설탕 과자를 만든 오세정 대표는 당뇨병에 걸려 단 음식을 먹지 못하는 어머니를 위해 '설탕 없는 과자'를 만들게 되었다.
- 설탕 대신 대체감미료, 밀가루 대신에 코코넛가루나 아몬드 가루를 이용했다.
- 당을 섭취할 수 없는 식품약자들을 위해 더 많은 제품들을 개발하고 싶다.
- 기업들도 당에 대한 인식이 바뀌고 있다.

Work Sheet - 01

학번 : _____

이름 : _____

창업의 목적과 성공하기 위한 필요한 아이디어 작성

1. 내가 생각하는 업종? 사업 아이템 선정?

2. 내가 원하는 기업의 규모와 형태?

3. 내가 바라는 창업의 형태?
   (편의품 : 식료품, 일용잡화/ 선매품 : 가구, 의료/ 전문품 : 고급의류, 귀금속)

4. 창업의 멤버와 조직 구성?(혼자/동업)

5. 사업의 타당성은 검토하였는가?(구체적, 합리적 분석)

6. 사업계획서는 작성하였는가? (목표, 방향, 기술능력)

7. 내가 추구하는 기업 문화? 가치관?

8. 경영자로서의 나의 특성? 나의 강점?

9. 창업 아이템의 지식과 정보는 충분히 파악하였는가?(차별성)

10. 규모에 맞는 현실적인 사업자금은 확보하였는가?(개업 준비자금, 시설자금)

11. 장점/단점을 평가해 보았는가?

12. 내가 경험이 있는가? 전문직인가? 능력이 있는가?

13. 취미나 적성에 맞는가?

14. 성장성이 높은가?

15. 경기의 흐름, 시장의 흐름을 파악하였는가?

CHAPTER 6

신제품개발 Process

 학습목표

1. 신제품 개발의 중요성
2. 신제품 개발의 Process
3. 제품 개발 포트폴리오

6

신제품개발 Process

1. 신제품 개발의 중요성

신제품은 무(無)에서 유(有)를 창조하는 것, 시장에 존재하고 있지 않은 새로운 제품을 출시하는 것, 핵심제품뿐만 아니라 제품의 개선, 제품의 보완, 추가하여 편리하도록 재포지셔닝의 포괄적인 개념이다. 소비자 입장에서 기업의 새롭고 산뜻한 모든 제품을 말한다.

수익창출의 원동력인 동시에 소비자에게는 보다 편리하고 용이한 제품, 수익성장, 수익창출, 지속적인 발전을 도모하여, 지속적인 연구개발로 개선된 제품을 제공하는 새로운 기능의 용도에 제품을 포함한다는 의미이다.

소비자와 관련된 요인으로는 소비자의 요구에 적합한 신제품을 개발하고 혁신적인 제품 아이디어에 대한 소비자의 심리적 반응, 소비자가 수긍하는 가격대 설정, 표적고객의 자료수집과 선호도 측정, 효용(만족)을 충족시키며 편익(편리, 유익)을 제공하는 요인이 있다. 기술과 관련된 요인(시장 지향적 기술우월성)으로서는 소비자가 원하는 편익제공 능력, 시너지 창출, 시너지 극대화도 있다.

신제품 개발의 유형으로는, 첫째, 새로운 제품개발, 둘째, 혁신적 제품개발, 셋째, 신규브랜드를 통한 제품개발, 넷째, 소비자 욕구에 다양화를 충족시키기 위한 제품개발로 모델의 기능을 추가하거나 변형하기 위한 제품 개발의 유형이다.

소비자의 욕구와 필요, 라이프 스타일의 끊임없는 변화와 빠른 제품수명주기의 변화, 제품의 기능 추가, 다양한 제품, 유사제품 등이 신제품 개발의 유형이다. 많은 경쟁자의 출현으로 소비자들은 개선 제품을 선호하며 다양성을 추구하는 소비자의 수요 증가로 새롭게 개선된 제품을 도입한다. 급격한 혁신을 요구하는 기술, 사회, 문화, 자연환경의 변화로 소비자들의 변화하는 반응에 따라 외부환경의 요구조건도 다양하게 변화하고 있다.

제품의 새로움을 충족하여 제품기술의 혁신, 제조비용 축소(원가절감), 품질의 일관성 증대, 제품특징의 혁신, 제품사용의 혁신, 제품설계의 혁신, 제품품목의 확대, 향상된 성능, 가치 제공, 새로운 용도로의 제품이다. 소비자의 욕구와 경쟁 환경 변화에 따라 기존제품이 가지고 있던 포지션을 분석하여 새롭게 조정하는 활동으로 리포지셔닝(repositioning)이 신제품 발전의 중요성이다.

신제품 개발을 성공적으로 하려면 시장에서 추구하는 소비자의 욕구를 파악하고, 잠재적인 소비자와 커뮤니케이션하며, 기업의 내, 외부 자원으로 표적시장을 파악한다. 소비자의 심리 등 효율적인 관리를 위한 제품의 속성과 마케팅 전략과 핵심역량 활용 등에 철저하여야 한다.

차별화 전략(성능, 기능, 디자인, 색상, 슬로건, 가격, A/S, 물류, 기타 정보 제공)과 제품의 집중화 전략(선호도, 만족도, 인지도, 특징)으로 제품을 적절한 시기에 출시한다(시장상황, 소비자의 욕구, 경쟁사). 충분한 고객조사를 통하여 아이디어 평가, 콘셉트 평가, 운영과 기술평가, 가치평가, 재무분석, 시간과 비용, 투자분석 등이 신제품 개발관리의 성공적 능력이라고 할 수 있다.

신제품 개발은, 첫째, 제품의 아이디어를 통해 시장중심, 고객 중심의 전반적인 흐름을 파악하여 설계 과정을 형상화하는 과정이라고 볼 수 있다. 둘째, 제품 설계는 제품 모양과 기능을 구현하는 유형적인 단계이다. 셋째, 제품 설계를 완성한 후 제품을 프로토타입 하는 것이다. 넷째, 프로토타입으로 제작 후 시험 테스트, 제품의 구조, 성능, 품질을 개선하여 제작하는 단계이다. 다섯째, 제품을 평가하는 단계이다. 평가 항목으로는 고객요구 사항 충족, 문제 해결 진행, 제품의 일치성, 용이성, 고객의 민원, 불편사항을 고려하여 제품의 차별성을 부각하고 특이성을 반영한다. 마지막 단계는 시장진입의 마케팅 전략을 실시하는 과정이 제품개발의 성공적인 핵심단계이다.

2. 신제품 개발의 Process

신제품 개발 프로젝트

표적고객(target)이 초기 사용자인지, 유사제품의 충성고객인지, 잠재고객이 있는지를 파악하고 핵심구성원 조직, 핵심직원, 전략적 팀의 예산, 제조, 서비스의 기능, 마케팅 활동 등을 계획한다. 핵심기술 전문가로 구성하여 뚜렷한 목표와 비전을 가지고 중점적으로 구성한다.

핵심부서에서 업무지침서, 전략적 지원, 솔루션을 위한 플랫폼의 기능, 시장점유율을 시뮬레이션한다. 신기술, 생산, 구매, 제조, 서비스, 판매, 주변 환경 등의 목표와 서비스목적의 기술 등을 세부적으로 계획하여야 한다. 성공적인 신제품 개발에 실시되는 프로그램 설계 및 연구, 개발 등을 수행하여야 한다.

1) 아이디어 창출

아이디어의 발상에서 아이디어의 방향을 제시하는 습관이 중요하다. 제품의 개선, 보완, 추가하는 신제품 아이디어의 현상과 개선 형태의 구조를 분석한다. 발상의 전환, 개선방향, 형태의 모든 것에 대해서 결과를 만들어 분석하며, 타인의 의견을 존중하여 자유로운 발상으로 구체적인 계획을 수립한다.

창조적 마인드인 도전정신, 호기심, 모험심, 사물을 다른 시각으로 보는 관점, 신기함, 재미, 즐거움, 흥미, 끈기, 제품의 개선, 개발 등이 신제품 아이디어의 정신이기도 하다.

회사 또는 사업, 창업에 초점이 맞는지, 경쟁사와 비교하여 차별화의 정도는 어떤지를 파악한다. 소비자인 표적고객은 정하였는지, 연구자, 기술자, 자본, 조직 등의 제공방법, 생산, 유통, 서비스를 잘 알고 있는지도 파악한다. 특히 문제, 금전적인 문제, 상품의 라이프 사이클의 위치는 정하였는지를 파악한다.

시장규모는 어느 정도인지, 특성, 판매 성장률, 수명주기, 재구매 시기, 초기 진입 시 진입순서가 빠를수록 타깃 고객 관점에서 분석한다. 예상 진입시점, 규모의 경제, 판매량의 규모, 경쟁적 매력도, 위협, 기회, 제품에 대한 투자, 원재료, 기술력, 순이익 규모, 투자 규모 등을 파악하고 스크린하여야 한다.

신제품 아이디어의 사례이다.
- 아침햇살 : 쌀로 음료수를 만든다는 제품기술과 간편한 아침식사 대용 출시
  신제품 아이디어 창출 : 쌀이 주원료인 음료수
  신제품 콘셉트1 : 아침 식사(간편한 쌀 음료수)
  신제품 콘셉트2 : 성장기 어린이(영양가로 풍부한 간식용)
  신제품 콘셉트3 : 다이어트 여성(저 칼로리)

2) 신제품의 개념(concept), 목적(misson), 비전(vision)을 세운다.

신제품 콘셉트란 창출된 아이디어를 의미 있는 소비자의 언어로 변화시키는 구체적인 작업이다. 소비자의 욕구 충족에 편익제품을 제공하는 것이다. 신제품 개발전략의 목적으로는 소비자의 욕구충족, 가치, 기업의 이윤획득, 미래기업의 핵심도구로 소비자의 욕구와 필요는 끊임없이 변화시켜, 개발하고 보완하는 것이다.

개선제품과 다양성을 추구하려는 소비자들의 수요가 급격히 증가하고 빠른 속도로 트렌드가 변한다. 제품 수명주기의 성숙기에 진입(성장기–성숙기–쇠퇴기)하면 많은 경쟁자들이 출현하고, 다양한 제품, 유사제품이 등장한다. 새롭고 개선된 품목을 도입하여 급격한 혁신을 요구하는 소비자들의 욕구에 맞게 쇠퇴기가 도래하기 전에 개선한다.

기술, 사회, 문화, 법규, 자연환경 등의 변화로 경쟁자들은 모방제품이나 유사제품을 개발하고 소비자를 유혹한다.

기업이념, 기업전략, 제품전략 수립제품구조(product architecture)의 개념으로는 제품의 기능 개선, 기능 추가, 적합성, 디자인, 소비패턴, 사용량, 재구매, 유사 제품 모델 등이다. 표준화, 제품성능의 속도, 수명, 정확성, 설계 단계, 구성 단계, 설계 과정, 개발 단계에서의 회사 내의 개발팀, 담당 직원, 외부 부품 개발 제품에 요구되는 품질특성에 목적을 둔다.

외관의 특성으로 크기, 길이, 두께, 무게, 속도, 강도, 효율, 안전성, 기능의 다양성, 편리성, 휴대성, 내구성, 저가, 유지비, 원재료, 적시성, 트렌드, 계절, 신용, 제품수명주기 등을 개념화한다.

3) 신제품 콘셉트의 구성

소비자가 제품을 통해 얻고자 하는 것을 소비자의 편익을 만족시켜 구성한다. 개념 생성으로는 문제를 정확히 이해한다. 문제를 명확히 분석하고, 가장 중요한 문제에 초점을 맞추고, 내부 조사와 외부 조사를 파악한다. 체계적 검토를 조합하여, 결과와 과정의 구조적인 완벽한 피드백으로 구성하여야 한다.

4) 콘셉트 설계, 목표 설정

조직도 구성, 규모, 재무, 시간, 품질, 주요 기능, 기술적 특징, 안정성, 발전성 등을 파악한다. 시장점유율, 표적시장, 목표시장, 관련시장 환경, 제품상황, 한계점, 기술의 적합성, 시장의 매력도 등의 개발과정에서 마케팅 전략을 분석하여 거시적 환경을 파악한다. 관련 시장의 환경 파악과 타당성 분석, 시장 매력도 분석, 마케팅 전략을 분석한다.

STP 전략, 시장 세분화 분석

시장세분화(Segmentation), 표적고객(Targeting), 위치선정(Positioning)으로 시장규모와 연령, 소득수준, 학력수준, 소비자의 성향, 자본금, 비전, 경쟁자, 공급자, 선호도, 소비자의 욕구 분석, 제품의 정확한 위치, 고객 요구사항, 대체재, 잠재시장, 미래 시장의 전망, 아이템 시기 선택의 세분화로 분석한다.

경영자원의 강점(Strength), 약점(Weakness), 기회(Opportunity), 위협(Threat) 등 거시적 환경을 파악한다.

5) 구체적, 합리적 신제품 선정

고객의 요구 사항, 제품의 개념을 조사하여 개념을 확인하는 행동의 방법으로서 개발 가능성과 목표고객의 선정, 신제품 개념 생성의 단계이다. 첫째, 정확히 정의한다(분석, 평가, 매트릭스 준비). 둘째, 내부 조사(개인, 팀별)를 분석한다. 셋째, 외부 조사(핵심고객, 전문가, 대학교수)를 파악한다. 넷째, 체계적인 구조(구성) 결합 및 개선방안을 찾는다. 마지막으로, 과정과 결과물의 프로세스화, 조직화와 구조적인 피드백으로 개념을 정립한다.

제품이나 서비스의 세분시장을 파악하고 표적시장을 선정하는 방법으로 인구통계변수(인구, 연령, 소득), 사회계층과 위치, 심리적 변수(라이프 스타일, 개성, 가치관) 행동변수(구매, 소비, 사용, 기술, 충성도)를 파악한다.

경쟁 제품과 비교하여 구체적인 표적고객의 특성을 제품이 제공하는 소비자의 욕구와 편익으로 기존 고객과, 잠재적 소비자의 예상 사용량이나 사용 빈도, 사회적 포지션이나 소득 등의 변수를 고려하여 선호하는 표적고객을 파악한다.

6) 정보, 개발계획의 문서화

추가적인 정보를 보완하며, 구조적인 피드백으로 재투입되는 과정이 필수적이다.

7) 내부전략과 외부전략

내부전략으로는 마케팅 직원, R&D부서, 내부직원의 아이디어, 제안, 생산부서, 기술자, 최고경영층, 부서 간 의사소통, 신제품 출시 시기, 개발기간 단축 등의 전략으로 충분하고 철저한 품질우선의 제품을 신속하고 안전한 출시가 성공에 영향을 미친다. 분기별 또는 계절별, 해외시장의 조건과 상황에 맞추어 적합한 시기 적용, 개발기간 단축 및 타이밍이 전략의 기본요건이다.

외부전략으로는 전문가 자문, 전문 컨설팅, 대학교수, 소비자(주 사용자), 특허, 문헌, 사양조사, 경쟁제품, 해외제품, 연구소, 협력업체, 유통업체 등의 전략으로 외부 환경과 기술, 사회, 문화, 법규, 자연환경 등의 변화로의 산출된 결과를 평가하여 반영하는 형식이다.

3. 제품 개발 포트폴리오

포트폴리오 분석(portfolio analysis)은 기업의 전략사업 단위별로 성과를 평가하는 것이다. 여러 평가 기준을 통해 사업성과를 평가, 분석하고 이를 기준으로 자원의 배분을 재배치하는 것이다.

자사의 핵심 사업부분이 무엇인지를 확인하고, 핵심 사업부문에서는 특정목표와 사명을 부여하고, 경쟁 환경 분석을 수행하며, 전문경영자를 사업 내에 존재시키고 모든 자원을 통제 가능하도록 권한을 부여해 주어야만 한다.

핵심 사업부문은 독자적인 전략수립과 계획을 추진한다. 기술적인 위험이나 재정문제, 표적시장의 매력도 분석, 프로젝트 포트폴리오의 균형성, 경쟁전략, 성공기회의 제품전략, 새로운 프로젝트에 경쟁전략이 기회의 창으로 적용된다.

경쟁전략으로는 첫째, 원가우위(low－cost)전략이다. 원가절감, 규모의 경제 실현으로 대량 서비스로 철저한 원가와 간접비용의 관리로 저가격을 원하는 고객에게 더 적은 비용으로 서비스를 제공할 수 있는 고객에 집중하는 전략이다. 최대한 응대나 접촉을 줄이거나, 표준화, 대형 포장, 대량 구매의 사례이다.(코스트코(셀프서비스), 이케아, 다이렉트보험).

둘째, 차별화(differentiation)전략이다. 브랜드 이미지, 독특한 특성, 높은 서비스 품질 실행으로 맥도널드와 같은 사례를 볼 수 있다.

셋째, 집중화 전략(focus)이다. 표적시장에서 고객의 특별한 요구에 대응하는 전략이다. 특별한 구매 그룹, 제한된 서비스, 지리적인 영역의 제한된 표적시장, 병원 중에서 성형외과나 항문외과 등 특정 전문의 병원을 예로 들 수 있다.

신제품 개발 프로세스 향상 단계로 기업의 경쟁전략 지원과 기회, 제품 플랫폼, 협력관계, 도전, 제약, 제품계획 프로세스가 향상될 수 있는지 다양한 가능성을 수집하고 추진, 평가하여야 한다. 특히, 계획의 적합성과 일관성, 명료성, 목표성이 중요하다.

1) 고객 요구사항(requirements), 고객속성(attribute)

정보수집 확보, 고객의 환경으로는, 첫째, 인구통계적(성별, 연령, 소득, 사회계층과 지리), 경제적, 정치적, 규제, 국제환경, 사회적 이슈와 트렌드를 읽는다. 둘째, 심리적 변수(라이프 스타일, 개성, 지각, 태도와 편익추구)이다. 셋째, 행동변수(구매, 거래, 소비, 사용)로 고객의 인터뷰를 통해 고객 요구사항을 데이터 분석한다. 고객의 요구사항에 초점을 맞추고 제품사양을 설정하는 개발단계를 기록한다.

제품을 사용하는 이유, 제품의 사용기간, 제품의 장점과 단점, 제품구입에 가장 중요한 점은(가격, 성능, 편리성), 개선 사항(효과적인 편익사항), 트렌드 추세에 적합한가이다. 디자인, 스타일의 만족도는, 제품의 기술이나 사용 편의성에는 불만이 없는가, 잠재고객의 요구사항도 명확히 파악하였는가, 경쟁사, 유사제품의 평가 등의 고객요구 사항을 분석한다.

고객요구 사항으로는 성능, 시간, 비용, 품질에 근거한다. 성능(performance)으로는 제품의 구체적 기능(function)이다. 시간은 설계에 관여되는 모든 시간과 시장에 출시하는 주기를 단축한다. 비용(cost)으로는 설계의 금전적인 측면이며, 품질(quality)로는 표현된 욕구를 만족하기 위한 능력과 관련이 있는 제품의 특징의 근거로 고객의 요구사항을 분석한다.

고객관계관리(CRM, Customer Relationship Management)
기업이 고객과의 관계를 우호적으로 유지할 수 있도록 관리하며, 고객의 정보를 효과적으로 활용하여, 고객과의 관계를 유지, 개선, 확대, 발전시키기 위한 모든 활동을 의미한다.

신규고객과 기존고객을 유지하며, 고객의 가치를 창출하고, 지속하기 위한 목적으로 다양한 정보통신기술을 활용하여 고객과의 커뮤니케이션 활동을 지속함으로써, 고객행동을 이해하고, 고객을 획득하고, 유지하며 발전시킬 수 있도록 고객행동에 영향력을 행사하는 기업의 총체적인 활동을 의미한다.

2) 목표사양 설정

제품의 기능 설명, 제품의 제조 원가, 부품정보와 목록작성, 제품이 수행할 것을 정확하게 측정할 수 있도록 상세하게 설명한 것, 최종제품의 필요사항을 명확하게 정의하는 것이다. 제품 설명서, 사용재료의 종류, 등급, 공정 등 설명서로 기술규격의 유형, 재료, 설계, 제품이나 서비스 등에 의해 만족되는 문서로 된 요구사항 등 제품의 명확하게 표현한 것이다. 제품에 의해서 충족해야 할 자세한 요구조건을 공식적으로 문서화한 것으로 제품의 규격과 제품의 내용을 포함한다.

제품 요구사항(product requirements)이나 기술 사양(technical specifications)과 동의어이며 전체 사양은 많은 개별기술로 이루어지고 각 개별사양은 측정기준(metric)과 측정값(value)으로 구성한다.

3) 제품사양(product specifications)

목표사양 수립 과정으로는, 첫째, 요구 사항의 측정 기준 목록을 준비한다. 둘째, 경쟁 제품, 유사제품의 정보를 수집 조사한다. 셋째, 측정기준의 목표 값과 허용 한계 값을 설정한다. 넷째, 제품 사양을 구체적으로 보완하여야 한다.

보완·수정하는 단계로는, 제품의 기술적 모델을 개발하고, 제품의 원가와 모델을 개발하며, 수정과 제품보완을 찾아 재정의하고, 제품사양을 추가 개발하여 개선하며, 결과의 과정을 측정기준, 측정값과 타당성 등을 잘 기록한다.

제품사양의 계획으로는 아이디어를 도출하여 사양을 작성하는 방법과 작업을 기록하고, 핵심개념을 정의한다. 제품 사양, 목표 사양, 최종 사양을 설정하고 구체적, 측정가능, 달성가능, 결과와 시간 등의 목표를 정의한다. 그리고 측정기준의 목록을 준비한다.

정보를 수집하여 목표를 선택하기 위한 측정기준과 측정값을 조사하고 수집하고, 수용 가능한 목표 측정값을 설정한다. 고객욕구와 제품사양을 일치된 욕구와 측정기준을 완성하고 목표 사양 문서를 완성한 다음, 목표 사양을 고객에게 제공하고 개선점의 과정을 파악한다.

필요조건을 확인하는 내용으로는 고객욕구(customer need)를 충분히 충족한다. 구체적(specific)인 상품이 무엇인지를 명확하고 간결하게 정의한다. 측정 가능한(measurable) 성능을 갖고 있는지, 제품사양은 달성 가능(attainable)한지,

제품사양은 결과중심(results oriented)이다. 제품사양은 제한된 제한시간(time bound) 안에서 실현 가능한지를 검토한다.

또한 신제품의 성능을 개선할 수 있는지를 확인한다. 성능을 향상할 수 있는 구체적인 방법을 제시하며, 강점이 성능에 영향을 주는지를 구체적으로 설명한다. 그 다음으로는 제품 개념 분석으로 가장 유망한 개념을 확인하는 행동이다. 제품사양을 자세히 살펴보자.

첫째, 문제점을 분명히 이해하고 분석하며 중요한 문제점에 포인트를 맞춘다.

둘째, 외부조사로 표적고객과의 인터뷰, 전문가와의 상담을 통하여 자문을 의뢰한다. 제품관련 생산회사, 대학교수, 전문컨설턴트 집단이나 기술 대표 등 기술의 특허문제, 문헌조사, 사양조사를 도면과 설명으로, 기술정보, 저작권 보호, 특허권, 특허정보 등을 데이터베이스화한다.

셋째, 내무조사를 통하여 개인이나 개발팀의 새로운 콘셉트의 방법을 찾고 해법을 찾는다. 개방적이고 창조적이며, 창의력과 도덕의식의 폭넓은 아이디어를 수집하여, 특히 아이디어는 통합되었는지 향후, 프로젝트를 학습하고 개발하는 것이 중요한 성공에 영향을 미친다. 체계적인 검토와 체계적 탐구과정의 결과물을 구조적인 피드백을 통하여 직접 방법론을 찾아 적용한다.

넷째, 기능의 문제점을 파악하여 제거할 부분은 제거하고 추가사항의 문제점은 추가하여 재구성한다.

4) 제품 개념(product concept) 선정

경쟁제품 조사과정(경쟁사 분석), 유용성, 생산조직, 마케팅, 기술핵심, 설계, 사양의 개념을 정의한다. 제품개발팀은 고객요구사항을 검토하고 최종 사용자의 요구사항의 기준들을 근거하여 개념을 요점 정리한다. 사용상의 간편성, 편의성, 정확성, 내구성, 용의성 등 최상의 매력적인 속성들을 찾아내어 활용할 수 있도록 검토하고, 시험하며 발전시키는 프로세스를 문서화하여 효율적으로 활용될 수 있도록 방법을 찾아낸다.

개념의 장점과 단점을 비교 정리하여 토론하며 공유하여 최종적인 의견을 토대로 개념을 평가하고 균형점을 찾아 중요도를 정량화한다. 고객요구사항 수용, 기존제품이나 경쟁제품 수행, 제품 재조정에 대하여 평가한다. 제품 생산성을 향상시키고 제품의 제조능력, 제품 설계자, 공정설계자, 산업엔지니어, 시장관계자, 프로젝트 매니저 등 의사소통을 통해 신속하고 정확한 의사결정을 하여 원활한 업무수행 활동이 개선의 이점을 얻을 수 있다.

5) 제품 테스트(제품 사용 검사, 시험 마케팅), 개선점 파악

제품시험, 개념시험, 문제점을 파악하여 제품사양을 정의하는 데 필수적인 목록 사항이다. 고객의 요구 충족, 제품 시장의 평가, 단점, 문제점을 보완하여 집중적인 고객의 요구사항 목록, 개선사항, 변경사항, 추가사항, 추가기능 등을 수집하여 최종적인 기능을 문서화한다.

시험의 목적으로는 표적고객을 선정하여 표적고객을 시험(목표시장의 반응을 파악)한다. 시험방법(인터뷰, 설문지, 전화, 우편, 메일, 인터넷, 트위터, 페이스북, 유튜브, 카카오톡, SNS 등)을 선정하고, 표적고객의 반응을 분석(직접 대면조사, 구입 여부, 제품주기, 제품에 대한 생각 등) 조사한 후, 결과를 분석(제품개발 결정, 제조원가, 원가정보, 제품의 수요예측, 반복적 구매, 개방적인 토론 등)한다. 비율을 보고 선호도 측정, 결과 프로세스를 해석하고 진행사항을 반영한다.

6) 최종원형(prototype) 제작

제품의 개념에 맞는 제약조건과 기술적인 모델링을 통해 가격, 성능 사이의 균형점을 반영한다. 제품 구조는 제품의 다양성, 제품의 변화, 제품의 성능, 제조 능력, 제품의 표준화, 제품 관리이다. 제품구조의 결정은 제조, 디자인, 정보수집, 마케팅 제품개발의 콘셉트 개발 과정과 밀접한 관계가 있다.

제품의 기능적인 측면, 기능개선, 기능추가, 제품의 특성, 기능의 연관성, 상호작용, 상호연계성, 기술사항, 물리적인 원리, 외형적인 측면이 기능적 요소이다. 제품의 다양한 공급망 관리, 제품 표준화, 제품성능(product performance), 제조성(manufacturability), 제품개발관리(product development management), 제품 구조 확정을 정의한다.

제품의 사양으로는 성능, 소형화, 경량화, 인체 공학적인 디자인, 가격, 편의성, 내구성, 용이성, 색상 등이 있다. 우수한 현대적인 산업디자인으로 설계 개발되어야 한다. 성과평가와 최종사양 확정으로 성능을 평가한다. 성과에서 강점을 확인한다. 목표사양을 작성할 때 성능을 다시 생각한다. 다음은 강점을 기술할 때 고려해야 할 사항이다.
- What : 우수한 성능의 사양을 안내한다.
- Why : 사양의 성능을 왜 강화하는지를 설명한다.
- How : 우수하고 차별화된 성능이라고 사양을 설명한다.

목표사양이 고객욕구를 충족하여 평가와 최종사양으로 확정되면, 최종 제품사양을 문서로 완성한다.

7) 방향성과 개발계획 추진

제품개발의 경제성, 제품 라이프 사이클을 고려하여 비용보다 수익을 창출하는 것이 중요하다. 경제성 분석을 통해 시장에서의 기회 판단, 제품개발의 제품을 생산하여야 할지, 제품개발의 프로세스 분석결과의 자료로 의사결정을 판단하여야 한다.

제품개발팀, 선임연구원, 핵심연구원, 재무팀, 기획팀, 전문가 등이 경제성을 분석한다. 프로세스를 통하여 재무모델을 구성하고 재무적인 성공과 균형적인 분석, 영향적인 요소를 고려하여 성공된 프로젝트로 실행하여야 한다. 특히 현금흐름, 프로젝트 예산, 판매량 측정, 생산원가 등 정확한 분석결과를 추진하여야 한다. 초기 개발비용에서부터 개선비용까지, 생산초기 기간(ramp-up)

비용, 마케팅 비용(판촉비용, 서비스비용), 생산 비용(생산원가에 직접비와 간접비 분리), 판매 수입 등의 비용 항목을 확인한다.

경제성 분석 프로세스로 개발 프로젝트 과정의 방법론을 단계별로 살펴보자.

첫째, 기초적인 재무 모델의(미래 현금수입과 지출의 시점), 개발비용(모든 계획, 검사, 생산비용)이다. 램프업 증가 개선비, 마케팅과 지원 비용, 생산 비용, 판매 수입(현금흐름의 개선 방안)이다. 생산원가를 직접비와 간접비로 분리한다. 마케팅과 지원비용, 착수비용, 판촉비용, 직접 판매비와 서비스비용으로 분리한다. 감가상각과 투자 세금, 운전자금, 현존하는 신상품의 효과, 구조비용, 기회비용, 수입과 비용의 기본적인 비용의 분석이다.

둘째, 재무적인 성공과 핵심 가설, 다양한 모델 사이의 민감도 실행내부 요소로 개발 프로그램 비용, 개발 속도, 생산 비용, 생산 활동이다. 개발비용(조사비, 개발비), 개발속도(조사기간, 개발기간)와 생산비용은 제품 성능 등 외부요소이다. 경쟁 환경(시장 반응, 경쟁자의 행동), 판매량, 생산 비용을 포함한다. 또 제품 가격, 판매량, 경쟁 환경의 외적 영향으로는 비용(부정적인 외적 영향), 이윤(긍정적인 외적 영향) 등의 단계이다.

셋째, 균형점을 찾기 위하여 민감도를 분석한다. 개발기간, 생산 비용, 개발 비용, 상품 성능 상호작용(상대적 규모 이해)의 단계로 프로젝트 성공에 질적인 요소의 영향을 고려한다. 회사, 시장, 거시환경에 관한 상호 협력 프로젝트의 과정으로 단계를 수립한다. 그 외 전체적인 회사와 프로젝트 사이의 상호작용으로는 외적 영향(비용 : 부정적인 외적 영향, 이윤 : 긍정적인 외적 영향)이며, 전략으로는 상품계획과 기술적인 전략과 기술적인 우월성(차별성)의 프로젝트와 시장 사이의 상호관계가 중요한 프로젝트이다.

경쟁자로서는 직접 경쟁상품을 제공하며, 대체품으로 간접적으로 제공한다. 타깃 고객은 고객의 기대나 취향, 변화에 욕구를 충족시키며, 공급자 입장에서는 빠른 상품개발 주기를 가지고 단기 수익보다 시장 점유율에 가치를 두는 새로운 경쟁자 프로젝트이다. 거시 환경 사이의 상호관계를 예의주시하며 거시적 경제 변화의 외환, 재료 가격, 임금의 변화로 새로운 산업을 창출하는 것이다.

경제성 분석으로는 양적인 분석과 질적인 분석이 있다. 첫째, 양적인 분석(수치적으로 표현 가능한 요소)의 현금 수익에서 제품 판매 발생, 비용 측면에서는 제품 원가, 생산 공정상 발생하는 지출(장비 구입, 가공의 생산 비용, 원자재 구매 비용, 생산 인건비)이다. 둘째, 질적인 분석으로는 프로젝트와 회사, 시장, 거시환경 사이의 정량화 분석이다.

8) 제품 출시 전략 수립

고객의 특성과 라이프 사이클을 통하여 계획하며, 상품구성으로는 전체매출을 차지하는 전략상품과, 구색 맞추기, 미끼상품, 개방상품, 이벤트 상품 등으로 구성한다.

가격에서는 재료비, 고객수준, 경쟁가격 등을 분석하여 결정하며, 고가 제품의 전략인지, 저가 제품의 전략인지 조건 등을 파악하여 수립한다. 또한 제품의 기능성, 상징성, 서비스 요소 등을 결정하여 제시한다. 구입처는 구입금액의 비중이 높은 구입처 순서로 입력한다. 판매처로서는 판매금액이 높은 비중의 판매처로 입력한다.

표적시장 마케팅(target marketing) 전략으로는 기업이 소비자의 욕구와 필요에 따라 시장을 몇 개로 세분하여 각기 다른 마케팅 믹스를 제공하는 것을 말한다. 경쟁 마케팅 3가지 전략으로 차별화 마케팅 전략, 원가우위 마케팅 전략, 집중화 마케팅의 전략을 살펴보자.

(1) 차별화 마케팅(differentiated marketing) 전략

경쟁사들이 제공하지 못하는 독특한 가치의 제공을 통해 경쟁우위로 획득하는 전체시장을 여러 개의 세분시장으로 나눈다. 각 세분시장의 상이한 욕구에 적합한 마케팅 믹스를 활용하는 전략으로 제품 차별화를 살펴보자.

시장은 대부분 동질적이 아니라 이질적이고, 항상 변하는 가변적 성질을 가지고 있으며, 표적고객이 각각의 고객마다 독특한 욕구를 가지고 있다. 표적고객에게 경쟁사보다 유리한 차별화 우위를 실행하는 것이 무엇보다 우선이다. 소비자에게 독특한 가치를 제공하고, 그 대가로 차별화에 소요되는 비용 이상으로 높은 가격 프리미엄을 얻는 것도 유익하다.

제품의 표적고객에게 편익, 가격, 품질, 스타일이나 서비스 등에서 경쟁제품과 확연히 다르게 하는 전략이다. 지각하는 속성의 개발이나 결합이 없는 제품을 소비자가 원하고, 동일한 제품범주에 있는 다른 경쟁제품이 제공하지 않는 것을 제공하는 것과 제품 자체의 외관, 품질, 성능 등 물리적 특성을 변경하는 것도 차별화이다. 물리적 특성으로 제품의 가격, 이미지, 가치(제품이나 서비스를 구매하여 사용한 후에 얻게 되는 효용과 그 제품과 서비스를 구매하기 위해 지급해야 하는 비용의 차이), 최근에는 겸손, 창의성, 브랜드 아이덴티티, 스타일, 장인정신 등을 통해서 형성되는 감정 교감(communion)을 통해 가치를 느끼는 교감 가치(communion value)를 차별적인 고객 가치로 제시하고 있다.

가치란 서비스에서 소비자가 얻고자 하는 모든 것이다. 가치는 소비자가 지불한 가격에 대해 얻은 품질가치제안은 브랜드 아이덴티티(brand identity)이다. 제품의 가치제안은 제품 콘셉트(product concept)이다. 고객을 설득하기 위한 호텔신라의 고객가치 제안으로는 모든 사업에 최고를 지향하고, 모든 고객에게 정성을 다하고, 모든 업무에서 혁신을 추구하며, 모든 신라인은 서로를 존중한다는 핵심가치이다.

서비스 등 사회, 심리적 특성의 변화로 경쟁제품과 다른 의미를 부여한다. 제품차별의 유형으로 제품, 장소, 가격, 촉진, 인적, 서비스, 이미지 등이 차별화라고 볼 수 있다. 브랜드 이미지, 독특한 특성, 높은 서비스 품질의 무형적인 요소를 유형화하는 호텔의 이름을 새긴 무료 화장품, 올레길의 완주카드, 디즈니의 기념품 상점 등이 고객화된 서비스를 제공한다. 버거킹은 'Have it your way'(주문 후에 만드는 과정의 실행)로 차별화하고, 표준제품을 고객화한다. 서비스 품질의 일관성을 유지하는 맥도날드는 종업원 훈련, 다양한 매뉴얼 개발, 엄격한 현장 감독, 빠른 서비스, 일관성 있는 품질, 깨끗하고 친절한 서비스가 차별화 전략이다. 편의성을 추구하는 대중고객은 차별화 마케팅전략을 선호한다.

(2) 원가우위(cost leadership strategy) 마케팅 전략

경쟁사보다 낮은 원가로 재화나 용역, 서비스를 생산하여 제공함으로써 경쟁자에 대한 재화나 서비스를 더 적은 기회비용(여러 가능성 중 하나를 선택했을 때 그 선택으로 포기해야 하는 가치를 의미)으로 생산할 수 있는 능력을 확보하려는 전략이다.

제품의 저원가나 저비용을 통해 경쟁우위를 확보한다는 저원가(low cost)로 원가 선도기업의 시장을 주도해 나아간다. 산업이 성숙기일 때 가격경쟁이 시작되면 원가 선도기업은 유리한 위치에 있다.

기술혁신, 원가절감, 규모의 경제 실현으로 산업에서 원가우위를 달성하려는 전략으로 경쟁자의 원가에서 가장 유리한 위치로 생산시설, 규모, 기술 면에서 유리해야 하며 경험을 통한 원가인하 노력이 계속되어야 하고, 관리비 등 원가절감의 노력이 필요하다.

철저한 원가와 간접비용의 관리, 저가격을 선호하는 고객에게 집중하고, 저가의 비용으로 서비스를 제공하는 고객에 집중하는 전략이다. 고객 응대와 접촉을 줄이고, 표준화, 대형 포장, 대량 구매하는 코스트코의 셀프서비스가

원가 절감의 대표 사례이다. 고객서비스를 표준화하고 개인적인 요소를 최소화하며 기술혁신, 서비스의 전달비용을 최소화한 전략적 마케팅이다. 가격 결정에서 인터넷의 영향으로 셀프서비스와 공급 체인의 효율화와 간접비의 절감과 고객 접촉 비용의 절감, 유통단계의 감소로 디지털 제품 유통의 원가우위 전략의 장점이다.

(3) 집중화(focus) 마케팅 전략

기업의 목표 또는 자원의 제약으로 전체시장을 대상으로 하지 않고 특정 세분시장에 자원과 노력을 집중하는 전략으로 좁게 정의된 표적시장에서 고객의 특별한 요구에 대응하는 전략이다.

집중적 성장전략으로 특정 시장을 표적화하여 기업의 모든 자원과 역량을 집중하는 것이다. 시장침투전략(market penetration strategies)으로 소비자의 구매량을 증대하고, 경쟁업체의 이용 고객을 흡수하며, 잠재고객을 유치, 호객하는 것이다. 시장개발전략(market development strategies)으로는 새로운 고객에게 기존제품을 판매하여 성장하는 것이다.

집중적 성장은 어떤 제품으로 소비자에게 다가갈 것인가를 결정하는 전략이다. 기존 고객에게 기존 제품을 더 많이 판매하거나 기존 제품으로 새로운 시장을 공략하여 새로운 소비자를 창출하고 유인하는 것이다.

제품개발전략(market development strategies)으로는 기존 시장에서 판매 증대를 통해 성장을 도모한다. 집중적 다양화로 기존제품을 생산과 판매함에 있어서, 동일한 기술과 마케팅 노하우로 동일 유통경로를 활용하여 신제품을 추가하는 전략이다.

특별한 구매나 제한된 서비스의 지리적 영역이 제한된 표적시장으로 아파트 단지안의 세탁소, 전문병원의 불임치료 전문, 성형수술 전문, 척추 치료 전문, 다이어트전문 등의 병원들이 집중화 마케팅의 사례이다.

제품 수명 주기(Product Life Cycle)는 제품의 신생부터 쇠퇴까지 제품이 태어나 소비시장에서 사라지는 과정까지의 도입기, 성장기, 성숙기, 쇠퇴기의 4단계를 설명한 이론이다.

(1) 도입기(introduction stage) 마케팅 전략

신제품이 개발되어 시장에 진입하는 단계이다. 시장을 세분화하여 홍보를 강화한다. 제품에 대한 인지도나 신뢰도가 낮기에 광고와 홍보 활동으로 미래 소비자를 설득한다. 자신의 제품이 지금 어느 위치에 존재하는지 파악한 후 광고 마케팅 전략을 도입기에 진행한다면 성장기, 성숙기, 쇠퇴기까지 성공된 단계일 것이다. 경쟁자 진입이 어렵다면 고가전략과 서비스로 품질을 높인다. 저가격 전략이라면 시장점유율을 높인다.

가격전략으로 고가격과 낮은 수준의 촉진으로 신제품을 출시한다면 시장의 규모가 한정적이며, 대부분의 시장이 해당 제품을 이미 알고 있고, 잠재적 경쟁이 절박하지 않을 때 수행한다. 고가격과 높은 수준의 촉진으로 신제품을 출시한다면 가격전략 촉진에 많은 투자를 함으로 시장 침투율을 높일 수 있다. 저가격과 저수준의 촉진으로 신제품을 출시한다면 급속한 제품수용력으로 기업의 순이익을 실현할 수 있다. 시장규모가 크고, 제품에 대해 대중적이며, 고객은 가격에 민감하므로 어느 정도 잠재적 경쟁이 있을 때 진행한다. 가격은 낮고 촉진에 투자를 한다면 빠른 시장침투와 가장 큰 시장점유율을 부르며, 구매자들이 가격에 민감할 때 진행한다.

(2) 성장기(growth stage) 마케팅 전략

소비자들이 신제품에 대해 어느 정도 인식하고 정보 공유가 활발하며 판매가 급속히 증가, 성장하는 단계이다. 기업은 제품의 품질을 개선하고, 새로운 제품특성과 개선된 스타일을 추가한다. 기업은 새로운 모델이나 색상, 기능의 제품을 추가한다. 새로운 세분시장에 진출하며, 새로운 유통경로로 확장한다. 광고의 중점을 제품인식에서 제품 확신과 구매를 유발하기 위한 광고로 변경한다. 가격에 민감한 구매자들을 유인하기 위하여 적정시기에 가격을 인하하여 구성한다.

(3) 성숙기(maturity stage) 마케팅 전략

성숙기는 이미 많은 개발이 이루어져 판매가 일정 수준에 머물게 되는 성공 단계이다. 경쟁사와 자사 모두 같은 제품으로 경쟁하기 때문에 가격 경쟁력이 중요한 시점이다. 아래 세 가지의 전략별로 성숙기를 유지해야 한다.

첫째, 시장수정전략(market modification)은 새로운 고객집단을 발굴하는 방법이다. 사용고객 대상으로 새로운 시장을 개척하고, 기존 고객의 제품 사용률을 증가시키고, 더 큰 고객집단을 유치하기 위한 현재의 상표로 특성을 바꾸는 방법 등이다.

둘째, 제품수정전략(product modification)은 제품의 특성을 수정하는 방법으로 제품품질개선전략, 특성 증대전략, 스타일 개선 전략(사이즈, 색상) 등이다.

셋째, 마케팅 믹스 수정 전략(mix modification)은 마케팅 믹스 요소를 변경하는 방법으로 가격인하, 효과적인 광고방법 개발, 적극적 촉진활동 전개, 유통부문 개선, 새로운 서비스 제공이나 개선 등이다.

성숙기의 마케팅전략으로 집중화 마케팅(concentrated marketing)의 세분시장 중에 한 시장을 선택하고 단일 마케팅 믹스로 단일 표적시장에 노력을 집중하는 전략이다. 맞춤 마케팅(customized targeting)은 마케팅 전략이 각 시장세분화와 관계없이 개별고객을 위해 개별적인 전략을 개발 하는 미시마케팅의 방법론이다. 포지션(position)은 제품이 점유하는 시장에서의 위치, 제품이 표적시장 내에 있는 고객의 마음 혹은 인식 속에서 차지하는 상대적 위치를 말한다. 포지셔닝(positioning)은 자사제품이 경쟁제품에 비하여 소비자의 마음속에 가장 유리한 위치에 있도록 하는 과정을 표현한다. 제품의 물리적 특성(physical nature)이 아니라 성공적인 포지셔닝에 도달하는 커뮤니케이션이다.

소비자의 마음, 인식에서 경쟁 브랜드에 비해 특정 브랜드가 차지하고 있는 위치를 강화하거나 변화시키는 전략이다. 고객의 욕구와 필요를 파악하여 시장세분화와 경쟁제품과의 차이점을 인식시키는 제품차별화를 결합하는 것이며, 세분화된 시장에서 제품차별화를 통해 경쟁우위를 확보하는 방법이다. 포지셔닝은 경쟁제품과의 차이를 명확하게 하여 고객인식을 증진하는 데 목적이 있다.

제품 포지셔닝 전략의 필수적인 특성
- 의미성(meaningful) : 메시지가 표적고객과 소통하는 것에 의미를 부여한다.
- 차별화(differentiating) : 자사제품이 경쟁제품과 차별된다.
- 중요성(important) : 메시지가 표적고객에게 밀접한 관련이 있고 매우 중요하다.
- 지속성(sustainable) : 메시지가 표적고객을 장기적으로 유지된다.
- 단일 메시지(single-minded) : 한 번에 한 메시지만을 전달하고, 기억된다.
- 진실성(believable) : 메시지가 표적고객에게 진실하게 한다.
- 신뢰성(credible) : 신뢰도를 분명하게 입증한다.

포지셔닝 전략의 수립은, 첫째, 표적시장을 이해한다. 정보를 수집하고 해석하여 표적고객의 특성을 사용한다. 표적고객이 사용하는 구매 기준을 파악해야 한다. 각각의 구매 기준에 대하여 속성의 중요도를 사용하여 우선순위를 작성한다. 둘째, 진출하고자 하는 표적시장에 경쟁자들의 제품을 어떻게 포지션하고 있는지를 판단한다. 경쟁제품이 위치하는 영역이 각각 경쟁영역을 파악하며, 경쟁영역과 공백에서 자사의 제품이 경쟁할 위치를 찾는 것은 매우 중요한 프로젝트이다.

(4) 쇠퇴기 마케팅 전략
쇠퇴기는 트렌드에 따라 소비자의 기호가 변화되고, 신기술의 개발로 소비시장에 대체 상품이나 유사제품의 경쟁사로 인하여 폐업하거나 다른 제품으로 변경하는 상황이다.

철수해야 할 상황의 항목으로는 자사 제품의 약점을 파악하여 취약 제품의 시스템을 파악한다. 마케터는 제품에 대한 시장규모, 시장점유율, 가격, 원가와 이익의 흐름을 조사하여 대안을 제시한다. 마케팅 전략의 조정으로는 경쟁업계의 상대적 강점과 자사 기업의 경쟁적 장점으로 적절한 쇠퇴기 전략을 확정하고, 수확전략(harvesting), 철수전략(divesting)을 파악하여 판매종료를 한다.

판매중단의 결정을 선택하는 방법으로, 첫째, 제품을 타인에 이전할 것인가, 전매할 것인가, 폐기할 것인가를 선택한다. 둘째, 신속히 판매를 중단할 것인가, 서서히 중단할 것인가를 결정한다. 셋째, 제품의 기술과 부품, 서비스의 수준을 결정해야 한다.

9) 제품 관리와 전략적 론칭(launching)

제품 출시 후 경쟁자들은 누구인지, 경쟁사에 위협이 되는지, 경쟁자는 강한지, 경쟁자의 판매량은 어느 정도인지, 신제품이 고객의 욕구를 충족하는지, 제품의 구매자는 누구인지를 조사하여 분석한다.

제품관리 항목으로는

첫째, 브랜드 관리이다. 언론, 고객과 협력사와 함께 외부적으로 제품을 촉진하는 것이다. 판매 팀을 지원하고, 산업회의, 포럼과 이벤트에 참석하여 기사, 홍보 및 광고의 마케팅 활동을 꾸준히 진행한다.

둘째, 재무관리이다. 마케팅 믹스의 최적화를 추적하고, 손익, 재무 상태와 현금의 흐름, 재무적 관리를 중시한다.

셋째, 제품 포트폴리오 관리이다. 필요한 만큼의 제품 검토, 유지 확장, 시장과 경쟁자를 추적하고 감시한다.

넷째, 고객 서비스와 지원이다. 고객의 반응을 추적하고, 고객을 방문하며, 제기된 문제에 대해 지원하며 행동으로 수행한다.

학번 : _____

이름 : _____

신제품 개발 포트폴리오(portfolio)

1. 아이디어(idea) 창출

2. 신제품의 개념(concept), 목적(misson), 비전(vision)

3. 신제품 콘셉트의 구성

4. 콘셉트 설계, 목표 설정

5. 구체적, 합리적 신제품선정

6. 제품사양(product specifications)

7. 제품 테스트(제품 사용 검사, 시험 마케팅), 개선점 파악

8. 최종원형(prototype) 제작

9. 제품 출시, 수명 주기(Product Life Cycle) 전략

   - 도입기 전략:

   - 성장기 전략:

   - 성숙기 전략:

   - 쇠퇴기 전략:

10. 제품 관리 및 전략적 론칭(launching)

CHAPTER 7

서비스 Process

학습목표

1. 서비스의 구성
2. 서비스의 특성
3. 서비스의 유형
4. 서비스의 구성 요소
5. 서비스 상품의 속성별 분류 등

1. 서비스의 구성

서비스(service)란 물질적 재화 외의 생산이나 소비에 관련한 모든 경제활동으로, 고객과의 상호작용 관계에서 발생하는 인적 행위와 고객의 문제를 해결하는 물리적 환경과 증거를 포함한 과정을 의미한다. 고객 욕구충족의 목적으로 설비와 사람 또는 시설에 제공되는 행위나 성과로 소비자의 욕구충족을 위한 무형의 제품을 서비스라고 한다.

서비스라는 용어는 라틴어 Servus(노예)에서 비롯되었으며, Servant(시종, 집사)로 변화되면서 Service(봉사)로 바뀌었다고 한다. 즉, 서비스의 의미는 노예의 맹목적인 봉사로부터, 집사가 주인에게 성실히 봉사하는 자세로 변화하는 수동적인 의미이다. 최근 서비스 의미는 고객에 대한 능동적인 개념으로 바뀌었다. 고객이 기대하는 것을 사전에 파악하여 고객이 만족하고, 궁극적으로 고객이 행복하게 느끼는 것이 서비스의 포괄적인 개념이다.

학자들의 정의를 보면 라스웰(Rathmell)은 '시장에서 판매하는 무형의 상품', 레빗(Levitt)은 '인간의 인간에 대한 봉사'라고 했으며, 레티텐(Lehtinen)은 '고객과 상호 관계, 문제해결'이라고 정의하였다.

판매목적으로 제공되거나 판매와 연계해 제공되는 모든 활동으로 편익, 만족, 조직체가 고객에게 무형적인 형태의 부가가치를 제공하기 위해 수행하는 모든 경제적 활동을 포함하는 것이다. 고객과 기업과의 상호작용을 통해 고객의 문제를 해결해 주는 일련의 활동이라고도 정의하였다.

서비스는 무형적이며, 서비스 제공과 관련된 소유권도 발생시키지 않는 타인에게 판매를 위해 제공하는 활동이나 혜택이라고도 학자들은 정의한다. 서비스를 한쪽에 의해 다른 한쪽에게 제공되는 경제적 활동으로 제공되거나 또는 제품판매와 연계하여 제공되는 모든 활동을 의미한다. 아울러 하나의 실체나 개인이 다른 실체나 개인에게 제공하는 공동 생산하는 행위의 과정과 그 결과를 성과라고 정의하였다.

서비스는 산출물이 물적인 제품이나 구조물이 아니며, 일반적으로 생산되는 시점에서 소멸되고, 구매자에게 무형적인 형태(편리함, 즐거움, 적시성, 편안함, 건강)의 부가가치를 제공하는 모든 경제적인 활동, 행위, 과정, 성과가 결합된 것이라고 학자들이 설명하였다.

서비스의 정신으로 웃어른을 받드는 섬김, 남을 위하여 봉사하는 인격적 정신, 국가와 사회를 위해 봉사하는 헌신적 정신, 기업이 고객에게 물건을 판매하는 이익 추구 봉사 정신이 깃들어 있다.

서비스의 시대적 흐름의 변화를 보면 중세 이전에서는 노예, 남에게 시중을 드는 것으로 인식되었다. 농경사회에서는 비생산적 활동, 비경제적 활동으로 의미를 부여했다. 산업 사회에 와서는 제품을 팔기 위한 부수적 수단으로 자리매김 되었다. 후기 산업 사회에서는 서비스 산업, 서비스 경제와 고객에 초점을 두는 경영, 소비자가 우선이 되는 경영으로, 고객만족 경영으로 초점을 극대화한다.

제품 개발에서부터 조달, 생산, 마케팅, 물류, 영업 그리고 A/S까지 기업

내에서 이루어지는 모든 가치창출 활동을 고객 중심으로 하기 위한 전략으로, 제품, 서비스, 기업의 이미지이다. 우수한 품질의 제품과 서비스가 고객만족경영의 실천이다. 고객만족경영이 결과적으로는 기업의 수익 창출로 지속가능한 성장으로 이어진다. 고객 만족도 조사로부터, 고객 지향적 경영으로 전환되었다고 볼 수 있다. 고객 지향적 경영, 시장 지향적 경영이란 기업의 생산 및 관리의 내부효율성과 고객이 지각하는 기업운영의 외부효율성의 조화에 초점을 두는 경영이다.

요약하면 바람직한 서비스 경영이란 서비스를 충족하는 것 또는 고객의 재구매를 유도하는, 그리고 고객 가치 전달로 물리적 제품, 서비스 상품, 서비스 환경, 서비스전달 관계 시스템 관리의 경영이 바람직하다고 본다. 서비스 경영이란 고객에 의해 지각된 서비스 품질을 관리하는 것이 이익창출의 기본이다. 서비스 접점에 있는 종업원들에게는 신속한 의사결정을 내릴 수 있도록 권한을 부여한다. 운영과 관련된 정책의 의사결정은 분업화하며 전략적으로 중요한 의사결정만을 중앙 집권화한다. 관리자는 종업원이 우수한 서비스를 전달할 수 있도록 지원하고 격려한다. 서비스 프로세스가 하나의 상품으로 서비스 전달과정에 역량을 집중하며, 보상체계는 고객에 의해 개발을 지원하며, 서비스 품질에 대한 고객만족으로 지속적인 혁신 과정이 적극적으로 필요하다.

2. 서비스의 특성(Characteristics of Services)

첫째, 무형성(intangibility), 둘째, 이질성(heterogeneity), 셋째, 비분리성(in-separability), 넷째, 소멸성(perishability)이라는 특성이 있다.

1) 무형성

서비스는 눈에 보이지 않는 무형성이다. 서비스는 진열하거나 커뮤니케이션하기가 곤란하다. 서비스의 품질을 느끼기 위해 다른 유형적 특성을 활용하여 품질을 유추한다. 무형적 특성에 저장이 불가능하며, 특허 등 지적재산권으로 보호받기 곤란하다. 서비스 제공자와 고객 사이의 커뮤니케이션의 활동이 어렵고, 상품처럼 진열하기가 곤란하며 가격의 기준이 모호하다는 문제점이 있다. 무형성의 서비스로는 강의, 상담, 진료, 연극이나 공연, 영화 등이 있다.

서비스 마케팅 전략으로는 실체적인 단서로 장점을 강조하고, 구전 커뮤니케이션을 자극하며, 강력한 이미지를 창출해야 한다.

2) 이질성, 가변성, 변화성

서비스의 일관성을 확보하기 어려우며, 품질의 표준화, 통제의 어려움이 서비스의 이질성이다. 서비스를 제공하는 제공자에 따라서 서비스 품질이 달라진다. 똑같은 서비스라 하더라도 상황이나 환경의 차이로 사람에 따라 제공하는 서비스의 품질이 다르다. 품질의 균일화가 어려우므로 서비스를 어떻게 일정 수준 이상으로 유지하는가, 또는 표준화하는가가 큰 문제점이다. 의료 서비스에서 환자(의료소비자)와 의사의 상태에 따라 치료 결과가 수시로 다르게 나타난다. 서비스의 품질은 누가, 언제, 어디서, 어떻게 등의 상황에 따라 의료나 강의가 다르다.

서비스 마케팅 전략으로는 서비스 고객에 따른 개별화(customization)의 기회, 즉 개별 고객, 표적 고객으로부터 주문을 받아 서비스를 제공할 수 있는 기회를 제공하여야 한다.

3) 비분리성

서비스가 생산, 소비되는 과정에 따라 특성이 다르다. 그러므로 생산과 동시에 소비된다. 생산과 소비가 분리되지 않고 동시에 일어나는 특성을 비분리성이라 한다. 집중화된 대량생산 체제를 구축하기 어렵고 구입 전 시험이 불가능하며, 사전 품질 통제가 곤란하다.

유형적인 제품은 제품이 공장에서 생산되어 소비자에 이르기까지 소비되는 과정의 서비스는 한 장소에서 또는 서비스가 생산됨과 동시에 소비가 된다. 생산과 소비의 동시성, 소비자가 서비스 생산과 제공 시점에 참여하며, 집중화된 대규모 생산이 곤란하다. 서비스 접점에서 제공자와 소비자 간의 접촉이 중요하다. 비분리성의 서비스로는 이발, 통신, 병원진료 등이다.

서비스 마케팅 전략으로는 고객과 접촉하는 서비스 직원을 신중히 선발하고 철저히 교육해야 하며, 고객 편의를 위하여 다양한 서비스 시설을 제공하여야 한다.

4) 소멸성, 저장 불가능

서비스는 저장이 곤란하기에 한번 생산된 서비스는 소비되지 않으며, 바로 소멸되는 특성이 있다. 구매되었다 하더라도 일시적으로 소멸하여 서비스 편익(service benefit)이 사라지므로 재고 조절이 불가능하여 서비스는 저장할 수 없다. 재판매나 재이용을 위한 공급능력 활용이 어렵고, 또 소유권 이전이 어려워 소멸된다. 당일, 해당 시간에 판매하지 못한 비행기의 좌석이나, 영화관의 좌석, 연주회 등의 좌석들은 가치가 바로 소멸된다. 소멸성 서비스로는 항공, 호텔, 영화관 등이 있다.

서비스 마케팅 전략으로는 수요나 공급 간의 조화를 이루는 전략이 필요하다. 즉, 은행의 대기 번호나 병원예약진료 등과 같이 대기나 예약 등의 형태로 수요를 충족시켜야만 한다.

서비스의 분류

첫째, 유통서비스의 서비스 종류로 물건이나 사람의 이동을 도와주는 수송수단으로 서비스와 정보통신, 정보처리 산업이다. 제공하는 서비스로는 항공서비스, 통신서비스, 택배서비스 등이 있다.

둘째, 도. 소매업의 서비스 종류로는 생산자와 소비자를 연결시켜 편리성을 제공하는 서비스로 전자상거래, 슈퍼, 백화점 등이 있다.

셋째, 비영리 서비스 종류로는 공공이익을 위한 비영리기관 또는 공익단체의 서비스로서 자원봉사, 또는 공익근무 요원이 있다.

넷째, 생산자 서비스의 종류로는 제조업이나 서비스업에 제공되는 서비스로 재무, 보험, 부동산, 법률서비스의 전문서비스가 있다.

다섯째, 소비자 서비스로 제공되는 서비스로는 의료, 교육, 자동차 정비 등의 서비스가 있다.

제품과 서비스의 구성
- 제품 또는 서비스의 목적 : 제품이나 서비스가 어떻게 고객에게 혜택을 주는지, 기회나 문제를 해결한다는 점은 고객에게 사치품인지 필수품인지를 파악한다.
- 제품의 특성과 혜택 : 제품이나 서비스의 독특한 특성은 무엇인지 비용, 디자인, 품질, 역량 등을 고려하고 표적 고객, 고객 입장에서 문제점을 해결하는 추가사항을 파악한다.
- 개발 단계 : 제품이나 서비스 개발의 과정이 어떻게 되는지, 기업의 제품이나 서비스는 개발의 어떤 단계에 있는지, 설계 단계, 작업 중, 소규모 제품, 제조, 생산 등 수명주기의 단계로 도입기, 성장기, 성숙기, 쇠퇴기 어느 단계인지 설명한다.
- 제품이나 서비스의 한계점 : 제품의 한계점은 무엇인지, 성장 가능성, 유통기한의 제약, 설치 필요성, 제도적 규제, 인력문제 등 기타 관련 사항을 중심으로 파악한다.
- 생산 : 제조과정은 내부적으로 제조되는 비율과 외부적으로 아웃소싱해야 되는 부분은, 외부 아웃소싱(하청)에 관련된 비용이나 서비스는 무엇인지, 누가 아웃소싱을 받게 될 것인지, 비용(선적 비용, 주문비용, 제

고 비용, 지불 조건) 등을 검토한다.

- 설비 : 제조, 사무실, 소매 등 설비에 대한 계획으로 제조 설비, 생산 용량, 추후에 설비를 구축할 때 들어갈 자본 등을 고려한다.
- 공급자 : 원자재, 서비스 공급처와 주요한 계약, 대체할 공급자는 있는지 조사한다.
- 관련 제품이나 서비스와 파생제품 : 다른 관련된 제품이나 서비스가 제공될 수 있는지, 사업의 수익성을 어떻게 증가 또는 감소시키는지를 파악하고 조사한다. 새로운 제품의 서비스가 산업 내에서 소비자들의 변화하는 니즈를 충족시키기 위해 개발될 수 있는지를 파악하는 것이 핵심이다.
- 상표, 특허 복제권, 라이선스, 로열티 : 지적재산권으로부터 보호, 안전 장치, 특허, 상표권, 복제권 등을 획득한다. 향후 추진목표는 라이선스나 계약서 등의 해당 제품과 서비스와 관련된 것, 향후 관련 계획의 수립은 어떻게 계획되는지를 살핀다.
- 정부 인허가 : 정부의 기관이 사업에 규제를 하는지, 정부의 승인이 필요하며, 승인의 형태는 무엇인지, 식품약품안전처 허가, 각종 인허가, 세무서, 직원, 보상 관계 등을 살핀다.

서비스 품질 5개 차원

첫째, 신뢰성(reliability)으로 고객에게 믿음을 주고 정확하게 서비스를 제공한다.

둘째, 유형성(tangibles)으로 서비스업체의 눈에 보이는 물질적인 장비, 종사원의 용모 등이다.

셋째, 대응성(responsiveness)은 고객을 돕고 신속한 서비스를 제공한다.

넷째, 확신성(assurance)으로 신뢰와 확신을 주는 서비스이다.

다섯째, 공감성(consensual)으로 고객에게 개별적으로 기울이는 관심이나 배려이다.

현대인의 서비스 심리로는 커뮤니케이션의 참여 심리, 정보의 실현, 경험의 지식욕 심리, 비교와 선택 심리, 향유와 과시의 환대 추구 심리, 안녕과 편익의 보장 심리, 정신적인 쾌락의 만족 지향 심리, 이익 추구인 물질의 경제 심리를 알 수 있다.

3. 서비스의 유형

① 정신적, 도덕적 서비스의 유형 : 존경과 숭배, 애정과 예절, 대인관계 (부모, 형제, 스승과 제자, 직장 등)
② 사회적인 공공적인 서비스 : 협력과 협동, 질서, 편익, 보장, 제도, 봉사조직, 사회관계 조직(행정, 도시, 기관단체, 행사 등)
③ 기업적인 유통적인 서비스 : 재화의 품질향상, 경쟁대응, 고객 만족, 소비 관계적(거래, 쇼핑, 관광, 스포츠, 게임, 취미적 소비행위)
④ 활동상호서비스 : 유통, 판매, 임대서비스, 비즈니스 서비스, 사교서비스, 공중적 서비스이다.
⑤ 순수 봉사적 서비스 : 자발적 헌신, 기부활동, 마음의 위안, 자기희생, 무료봉사 또는 비 봉사적 서비스의 맹종, 복종, 순종의 계급적, 세습적 활동 등의 다양한 유형이 시사점을 주고 있다.

서비스의 활동
① 인적 서비스의 인간 활동에 의한 유용한 활동(가정부, 안마사, 회계사, 호텔 안내)
② 물적 서비스의 제품과 기계, 재화가 가져오는 사용가치(식품, 전자제품, 학용품 등)이며
③ 시스템적 서비스로는 정보(음악, 소리, 영상 이미지 등)는 디지털이나 아날로그 형태로 저장될 수 있는 프로그램, 매뉴얼, 통신, 방송, 교통, 병원, 대학 등의 활동이 존재한다.

4. 서비스의 구성 요소

첫째, 인적 서비스 기준의 육체노동인 경비, 공장, 수선, 파출부, 현장인부, 심부름 등이다. 정신노동으로서는 변호사, 회계사, 교육자, 상담, 의사 등이며, 육체 또는 정신노동으로서는 사무원, 운전기사, 주부, 경찰, 정비, 행사, 기술요원 등이 있다.

둘째, 물리적 서비스 기준의 설비와 설치로는 백화점, 식당, 호텔, 병원, 자동차, 은행 등이 있다. 공공시설로서는 공원, 화장실, 경기장, 학교, 수도, 전기, 가스, 전철, 주차장, 휴게소, 사우나 등이 있다. 물품이나 기계로서의 비품, 도구, 소모품, 자판기, 가전제품, 학용품, 의류, 가구, 건축물, 의료, 스포츠, 교통, 운송, 하역 등 기계류의 요소가 있다.

셋째, 시스템적 서비스 기준으로는 환경적인 냉난방, 정보처리, A/S, 교통신호, 실내디자인, 환경, 위생, 공공시설 등이 있다. 전달로서는 탁송, 전송, 이사, 정보전달, 꽃, 음식, 신문, 우유 등의 다양한 배달이 있다. 과정으로는 안내, 주문처리, 행정처리, 결재, 컨설팅, 교육, 자동화의 기계프로세스, 방송, 공연, 연회, 여행, 행사, 예약, 업무처리, 유통, 연극, 재판, 회의진행 등의 서비스 구성 요소가 있다.

서비스 생산 시스템으로서의 병원은 의사, 간호사, 약품, 환자정보, 진료과정, 상담, 시간이 환자마다 다르다. 은행은 거래정보, 사무기기, 시설 및 설비로 예금, 대출, 신탁 등의 친절이다. 호텔은 종업원, 고객정보, 객실, 공공장소로서 안전, 편안함, 친절이다. 여행사는 고객정보, 안내, 연계(안전, 친절, 신뢰, 가격), 학교는 교사, 교육, 연구, 도서, 교재로 강의, 분위기, 위생, 봉사 등 시스템별로 각각의 서비스의 항목이 다양하다.

5. 서비스 상품의 속성별 분류 등

첫째, 탐색재(search product)로 품질을 소비자가 구매 전에 평가할 수 있는 상품으로 대부분이 유형재인 의류, 주얼리 등의 패션제품과 가구, 가전, 자동차 등 유형재로 비교적 평가가 가능하다.

둘째, 경험재(experience product)로서는 품질이나 서비스를 소비자가 구매후, 경험을 통해 평가가 가능하다. 소비과정 중에 평가할 수 있는 상품이나 서비스로 음식점, 미용실, PC방 등 직접 경험을 통해 즐거운 경험과 체험을 토대로 만족도를 비교 평가할 수 있다.

셋째, 신뢰재(credence product)로는 대부분이 무형재로 품질이나 서비스를 소비자가 구매 후에도 만족하여 병원진료, 변호사, 카센터, 가전수리 등과 같이 전문적인 지식이 필요한 서비스이다. 고객과의 신뢰(trust) 관계 형성이 우선시되는 상품이나 서비스의 속성이다.

사회활동상의 서비스 유형에서의 조건부적 서비스로서의 셀프서비스는 자기취향, 선호 중심적인 활동이다. 상호서비스로는 유통, 판매, 임대서비스, 비즈니스서비스, 사교서비스 등의 유형이 있다. 무조건적 서비스에서의 순수 봉사적 서비스로는 자발적 헌신, 기부활동, 마음의 위안, 자기희생, 무료봉사 등이며, 비봉사적 서비스로는 맹종, 복종, 순종의 계급적, 세습적 활동의 유형이 있다.

서비스의 형태

첫째, 독립된 서비스 중 인적 서비스로 인간 활동에 의한 유용한 활동의 가정부, 안마사, 회계사, 호텔, 식당 종업원, 룸메이트, 독립적 제공이라고 한다. 물적 서비스로는 제품과 기계, 재화가 가져오는 사용가치의 식품, 전자제품, 학용품 등이다. 전화기, 전등, TV, 침대, 기타 소품 등이 있다. 시스템적 서비스에는 정보패키지, 컴퓨터 프로그램, 매뉴얼, 방송, 교통, 병원, 대학 등의 형태가 있다.

둘째, 복합적 서비스에서는 두 개의 요소가 동시에 제공된다. 인적과 물적 서비스는 사람(人)과 물건(物)이 동시에 제공(택시와 운전기사, 웨이터와 음식제공)된다. 인적과 시스템적 서비스로서는 종업원의 객실안내, 좌석 안내 등이 있다. 물적시스템적 서비스로는 物과 物, 시스템의 연결, 객실소품의 배치, 자동판매시스템 등의 형태이다.

셋째, 완전 합치된 서비스의 일시적, 지속적으로 연결되어 프로세스로 연출, 배달로 제공된다.

서비스는 소유권이 없이 편익을 제공하는 것으로 유형 제품의 서비스인 자동차 리스, 건설 중장비 임대 서비스 등이다. 공간과 장소를 임대하는 것으로는 비행기 좌석, 창고의 보관 컨테이너, 사무실 임대 등이다. 노동력과 전문성의 임대로서는 고객 자신이 할 수 없거나 원치 않을 때 특정의 직무를 수행하기 위하여 다른 사람을 고용할 때 등이다. 여러 사람이 공유할 수 있는 물리적 환경으로는 고객이 물리적인 환경을 공유할 권리를 임대하고자 할 때, 무역박람회, 유료도로 등이다. 시스템과 네트워크에 대한 접근에서는 고객이 특정 네트워크에 참여할 수 있는 권리를 임대하는 것이다. 고객의 욕구에 따라 접근과 사용에 대한 다양한 조건을 제시하는 통신서비스, 네트워크 이용료, 금융서비스 등의 편익 제공이다.

서비스 과정

서비스 과정은 서비스가 전달되는 절차나 메커니즘, 활동의 단계와 서비스 프로세스의 활동과 서비스 제공자의 처리 능력은 곧바로 소비자에게 전달되며, 서비스의 고객 만족도를 결정한다.

혁신과정에 따라 고객 서비스 시간을 단축하는 것이 고객의 요구에 신속한 대응을 의미하며, 업무절차, 관련 정보 시스템, 조직의 변화를 수반하는 일이기에 서비스 과정에 의한 차별화는 경쟁업체와의 중요한 차별화 전략이다.

전략으로 첫째, 판매 전 프로세스로 고객의 서비스를 창출, 고객 서비스 개발, 고객 예약 관리이다. 둘째, 판매 중 프로세스는 서비스의 설계, 배치, 연출 등 실시간의 활동이다. 셋째, 판매 후 프로세스의 보장, 교육, 정보 교환, 불평, 불만, A/S 처리 등의 사후 처리 과정이다.

서비스 과정 제공자의 언어, 태도, 업무, 분위기, 인테리어 등이 전체 서비스의 품질을 결정한다. 프로세스에 의한 서비스의 유형이다. 사전 서비스(Before Service)는 서비스 내용을 소개하고 소비를 촉진하고, 사전에 잠재 고객들과 상담을 통하여 예약이나 스케줄을 조절한다. 상품을 진열하는 서비스로는 주차 안내, 테이블 세팅의 안내 들의 서비스 접점에서의 행동이다.

현장 서비스(On Service)는 고객과 제공자에 의해 진행되는 서비스로서, 고객이 매장에 들어오는 순간에 시작되는 과정이다. 고객을 테이블로 안내하고, 주문하며, 음식 제공의 서비스, 계산을 돕고, 기타 화장실 이용 등의 직접적인 안내이다. 사후 서비스(After Service)는 종료 후 고객 유지를 위한 서비스로 불편사항을 사전에 방지하고 사용 후기, 방문 후기 등을 통하여 서비스를 추가하거나 개선하는 민원처리, 불평 처리, 환불 서비스, A/S 등이다.

고객 대응과 관련된 서비스로의 직접적 서비스로는 자동응답 전화, 자동판매기, 무인계산기, 오락기, 자동화 서비스로의 경보기, 가로등, 교통신호, 현금인출기, 호텔, 병원, 쇼핑몰, 비즈니스 센터, 교통정보 처리의 자동화이다. 간접적 서비스로는 피자, 치킨, 도넛, 패스트푸드 등 가공 생산을 고객에게 주문처리 하는 방식의 화재경보, 보완시스템, 스프링클러 시스템 등이 고객과 관련된 서비스이다.

구매 의사결정 과정에서 구매 전 과정의 서비스 구매자는 근본적인 욕구에 의해 동기가 유발되며 이를 충족하고자 적극적인 행동에 임한다. 욕구의 인식은 사람의 무의식(열망, 정체성 등), 신체적 상태(결핍, 고통 등), 외부자극에 의해 발생된다.

욕구의 인식으로서의 내적 요인을 살펴보자. 첫째, 지각으로 소비자가 전체적으로 의미를 부여하는 과정이다. 또 자극(광고, 판촉 등)에 대한 기대 심리를 자극하여 서비스에 대한 기대를 가진다. 둘째, 학습으로는 이전의 경험에 의한 행동의 반복을 의미한다. 본능적인 욕구가 아니라 경험에 따라 축적된 것으로 소비자의 신념이나 태도를 변화시키는 역할을 한다. 셋째, 태도로서 어떤 대상에 일관성 있게 호의적으로 반응하게 하는 선입견의 긍정적인 기대심리가 있다. 넷째, 동기로 어떤 일이나 행동을 일으키게 하는 계기 또는 행동을 일으키게 하는 내적인 직접요인이다.

매슬로(A. H. Maslow)의 욕구 계층설(Need Hierarchy Theory)의 5단계를 살펴보자

1단계 생리적 욕구 : 삶 자체를 유지하기 위한 기본욕구, 본능적 욕구로 생명 유지를 위해 느끼는 가장 기본적인 욕구이다.(의, 식, 주, 물, 공기)

2단계 안전의 욕구 : 위험과 고통으로부터의 안정, 안전의 욕구, 생각이나 행동을 스스로 통제하여 안전하게 자신을 유지시키고자 노력하는 것을 의미한다.(건강, 안전, 보호)

3단계 소속과 애정의 욕구 : 애정, 친화, 소속감, 인간관계에서의 소속감과 사랑의 욕구이다. 인간은 외로움과 소외감을 회피하려는 경향이 있으며 이러한 불안을 극복하고자 노력한다.(소속감, 사랑과 우정)

4단계 존경의 욕구 : 존경, 지위, 명예, 인정과 동시에 지위나 명예를 확보하고 싶은 욕구이다. 스스로에 긍지를 지니며 이를 자긍심이라 한다. 자기 잠재력을 극대화하여 자존감, 자긍심을 타인으로부터 존경 받고 싶은 욕망이라 할 수 있다.(지위, 명성, 영광, 자부심)

5단계 자기실현의 욕구 : 자신의 능력을 최대한 발휘하여 스스로의 욕망을 실현하고 싶어 한다. 자아실현의 욕구는 끊임없는 자신의 표현 능력으로 완성하고 싶은 욕구이다. 즉 자아실현의 욕구는 끊임없는 자신의 표현으로 잠재력 실현, 능력 최대한 활용이다.

매슬로는 인간은 1단계의 욕구가 충족되지 않으면 점점 높아지는 5단계의 욕구가 발생하지 않는다고 욕구계층이론(Maslow's Hierarchy of Needs)에서 주장했다. 인간은 항상 무언가를 충족하고자 하는 존재이며, 충족되지 못한 욕구를 충족시키기 위해서 동기가 유발된다.

머리(Henry A. Murray)는 인간은 환경에 적응하려는 욕구, 타인을 인정하고 인정받으려는 욕구를 가지고 태어나며, 이와 같이 사회적 욕구가 인간 행동에 가장 중요한 결정 변수로 작용한다고 보았다. 개인의 추구편익으로는 소비자 개인이 어떤 편익을 추구하느냐에 따라 기대도 달라진다. 가격 중심, 혜택 중심, 사회적 가치 중심으로 관여도가 달라진다.

관여도(involvement)란 주어진 상황에서 특정대상에 대한 개인의 관련성이나 중요성의 지각 정도(perceive personal importance) 또는 관심의 수준을 말한다. 제품이나 서비스가 자아(ego)를 높인다고 할 때 관여도는 높아진다. 자신이 갖는 욕구나 가치를 충족시켜 줄 수 있는 제품이나 서비스로 특정 대상에서 관여도가 증가되는 경우이다. 첫째, 특정 대상의 선택대안 간에 차이가 많을 것이라고 여길 때, 둘째, 특정 대상의 쾌락적 가치가 있거나 사용할 때 획득할 수 있는 즐거움이 많을 때, 셋째, 구매와 사용에서 지각된 위험이 존재한다고 생각될 때 제품과 상표에 관여도가 높다.

즉, 서비스에 대해 만족하는지, 또 다른 궁금한 것이 있는지 등에 대해서 고객에게 문의할 필요가 있다.

서비스 소비자의 기본심리

환영 기대심리 : 왕으로 대접해주길 바라며 반가워해주길 바란다.

독점심리 : 모든 서비스에 독점하고 싶은 심리

우월심리 : 우월하게 대접받고 싶은 심리

보상심리 : 보상을 들인 만큼 서비스 기대, 손해보고 싶지 않은 심리

존중기대심리 : 중요한 사람으로 인식되고 기억해주길 바란다.

고객심리에 부흥하기 위한 서비스 10가지

1. 할 수 있습니다. 긍정적인 사람

2. 제가 하겠습니다. 능동적인 사람

3. 무엇이든 도와드리겠습니다. 적극적인 사람

4. 기꺼이 해드리겠습니다. 헌신적인 사람

5. 잘못된 것은 즉시 고치겠습니다. 겸허한 사람

6. 참 좋음 말씀입니다. 수용적인 사람

7. 이렇게 하면 어떨까요? 협조적인 사람

8. 대단히 고맙습니다. 감사할 줄 아는 사람

9. 도울 일 없습니까? 여유 있는 사람

10. 이 순간 할일이 무엇일까? 일을 찾아 할 줄 아는 사람

시장 지향적 서비스 경영으로는 고객에 의해 지각된 서비스 품질을 관리하는 것이 이익창출의 기본임을 인식한다. 서비스 접점에 있는 종업원이 신속하게 의사결정할 수 있게 권한을 부여한다. 운영과 관련된 정책의 의사결정은 분업화하고 전략적으로 중요한 의사결정만을 중앙 집권화한다. 관리자는 종업원들이 우수한 서비스를 전달할 수 있도록 지원하고 격려하는 역할을 수행한다. 서비스의 경우 프로세스가 하나의 상품으로 서비스 전달과정에 역량을 집중하며, 보상체계는 고객에 의해 지각된 품질에 근거하여 처리하고, 기업의 성과 측정은 서비스 품질에 대한 고객만족 수준에 초점을 두고 체계화한다.

스타벅스의 성공 사례

스타벅스 CEO 하워드 슐츠. 유대인 기업인
- 로고 : 그리스 신화에 나오는 세이렌(커피 향에 취해 자주 발걸음을 하도록 매혹)
- 슬로건 : 스타벅스는 분위기를 판다.
- 목표 : 스타벅스만의 경쟁력 제품을 다양하게 확보, 혁신적인 마케팅 전략 고객 맞춤형 제품, 지속적인 로컬 음료 출시

세계인의 사랑방, 커피는 문화다, 제1의 공간 집, 제2의 공간 직장, 집도, 직장도 아닌 편안한 '제3의 공간'. 커피가 아닌 '문화를 판다'는 편안한 공간에서 커피를 마시며 여유를 만끽하는 경험을 갖는다. 커피를 판다는 개념에 앞서 '서비스를 판다'는 가치관으로 고객이 매장에 오래 머물도록 노트북 사용의 위치, 넓고 아늑한 분위기의 대화 공간 활용의 인테리어, 다양한 종류의 커피 제공, 직원 우선, 직원복지(파트너, 경제적 보상), 다양성 수용, 다양한 고객 이해 (중심상권, 편안한 공간), 나만의 레시피 제작, 스타벅스 선불카드, 콜 마이네임, 사이렌오더 등의 고객 맞춤형 서비스, 서비스의 엄격한 기준(커피 구매, 로스팅), 고객만족을 위해 끊임없이 노력한다.

지역 사회와 환경보호에 적극 기여(종이빨대), 머그컵 사용 혜택, 이윤의 중요성 강조(수익성) 등 감성적 체험광고로 차별적 성공전략이다.
- 차별성 : 최상급의 커피원두(친환경 재배조건, 구매단계관리)
- 체험마케팅 : 홍보전략(매장 자체를 광고판처럼 노출, 번화한 곳)

맥도날드 서비스 사례

품질, 서비스, 청결, 가치서비스는 빠르고, 정확하고, 친절한 서비스 제공을 목표로 삼고 있다. 창업자 레이 크록은 맥도날드가 햄버거 비즈니스를 어느 누구보다 진지하게 받아들이고 있다고 항상 이야기하는 완벽주의자이다. 그는 맥도날드를 시작할 때부터 고객에게 깨끗한 레스토랑에서 친절한 서비스와 함께 저렴한 가격의 품질 높은 식사를 제공할 것이라고 약속하였다. 그는 맥도날드의 기업 정신을 QSC&V(Quality, Service, Cleanliness and Value)라고 불렀고, 지금까지도 맥도날드의 핵심 가치로 남아 있다.

레이 크록은 '사업은 혼자 하는 것이 아니라(by yourself), 본인을 위해 하는 것(for yourself)'이라는 슬로건을 남겼다. 그의 신념은 프랜차이즈 파트너, 공급업체가 의자의 세 다리와 같은 역할을 해야만 맥도날드가 튼튼하게 바로 설 수 있다는 철학을 바탕으로 하고 있다. 이것이 맥도날드가 오늘날의 프랜차이즈 표본이 되고, 세계에서 최대 규모의 프랜차이즈 업체로 성장하게 된 비결이다.

고유의 맛을 일정하게 유지하기 위해 회사 내부의 매뉴얼을 제작하고 활용해 맛과 서비스, 품질을 표준화했다. 정확하게 유지하기 위해 햄버거는 만든 지 10분, 프렌치프라이는 튀긴 후 7분이 지나면 모두 폐기하고 주문 후 30초이내에는 모든 서비스를 끝내며, 친절한 서비스를 위해 고객 서비스 담당 직원을 상시 배치하여 고객에게 편의를 제공한다. 빨간 조끼를 입은 도우미는 고객의 불편 사항을 살피고, 어린이 고객에게 즐거움을 제공한다.

CHAPTER 8

창업가 정신,
창업가 마인드

📖 학습목표

1. 창업가 정신의 개념
2. 창업가 정신의 중요성
3. 리더이자 비전을 가지는 성공적인 마인드
4. 창업가 정신으로의 역할
5. 창업가 정신의 전략적 사고 등

– 창업가 정신 분석(Work Sheet-01)
– 성공할 수 있는 마인드 작성
  (Work Sheet-02)
– 창업가로서의 리더십 마인드 체크
  (Work Sheet-03)
– 창업가 정신에 대하여 자신을 평가
  (Work Sheet-04)

8 창업가 정신, 창업가 마인드

1. 창업가 정신의 개념

창업자의 경력과 역량뿐만 아니라 심리적, 행위적 특성까지 다양한 형태의 창업가 정신이 존재한다. 또한 창업가의 경험, 학력, 특성, 자질, 기술적, 관리적, 기능적인 성격과 성향, 혁신성, 진취성까지도 창업가 정신의 포괄적 의미라고 한다.

창업가의 자질과 능력은 첫째, 산업의 트렌드 파악 능력이다. 정치, 경제, 사회, 환경적 역할이다. 둘째, 사회포착 능력이다. 정보탐색, 창업기회 발견, 적극적, 혁신적 자질도 능력이다. 셋째, 위기관리 능력이다. 기술, 바이오, 제약 등 스타트업의 매력도, 네트워킹 능력, 창의적, 차별적 대응 능력도 창업가의 자질이라고 한다.

2. 창업가 정신의 중요성

'창업가 정신'의 어원은 '처리하다(to undertake)'라는 뜻의 프랑스어이다. 창업자는 사회의 경제 전체를 주도한다고 해도 과언이 아니다. 창업가 정신으로는 창의적, 모험적 성향이 있는지, 기회를 추구하는 정신이 있는지, 새로운 아이디어, 업종, 기회에 초점을 두고 총체적 접근방법을 가지고 있는지, 균형 잡힌 리더십 역량이 있는지, 보상과 위험의 창조 과정을 아는지, 기업을 창업 운영하는 혁신자, 선구자, 모험자, 개척자 정신이 있는지, 기회를 포착하여 혁신적, 진취적, 적극적으로 새로운 가치를 창출할 수 있는지, 창업할 업종의 점포에서 사장의 마인드로 종업원처럼 일할 자세가 되어 있는지 등을 스스로가 평가해본다.

다양한 변화의 인식, 조직의 활동지향성을 도입하는 성향, 도전적인 성향, 적극적인 기회를 반영하여 성공할 수 있도록 자질과 역량을 발굴해야 한다. 기업가 정신으로 커즈너는 "수동적, 자동적, 기계적이 아닌 능동적이며 창조적이고 인간적인 변화를 주도하며 변화의 모든 요소를 상호 조정하는 사람"으로 협상과 거래를 하는 조정자(coordinator)의 역할이라고 강조하였다. 급속한 환경변화에 신속하고 혁신적인 의사결정과 행동으로의 전략적인 리더십이 창업가 정신의 우선순위이다.

3. 리더이자 비전을 가지는 성공적인 마인드

창업에 관련된 서적을 많이 읽고, 간접적으로 경험을 습득한다. 트렌드 변화에 민감하게 반응할 줄 알아야 한다. 자신의 적성과 전문지식을 활용할 수 있는 업종을 선택한다. 고객을 애인처럼 여기며, 종업원도 가족처럼 여기고, 자금 조달책을 확보하며, 창업할 업종에서 사장의 마인드로 종처럼 일할 각오는 되어 있는지, 창업의 목적은 확실한지를 살핀다. 아울러 시작했으면 끝을 본다는 책임감으로 시간 관리를 엄격히 조절한다.

창업가 정신의 장점으로는 직업상의 개인의 만족감, 성취감이 크다. 창업가, 기업가로서의 자부심이 있다. 개인의 비전, 교육적인 측면에서 본인 스스로 직업에서의 만족감으로 금전적인, 재무적인 안정감이 노력한 만큼 보상이 뒤따른다.

단점으로는 실패할 위험이 있다. 재정적인 불안정성이 뒤따를 수 있다. 고된 업무, 신경 쓰는 시간과 노력이 직장인보다 더 많다. 의사결정의 부담이 크며 가격, 임금, 구매, 제품선정, 장소 등을 신속하게 결정하고 올바른 대응책으로 판단하는 상시적 변화에 부담이 높다.

창업가로서의 현대적 리더의 특성

과거의 리더십은 순종, 근면, 지식, 열성, 추진력이 우선되었다면, 현재는 미래 지향적, 창의적인 발상 능력, 변화 수용 및 위기관리 능력, 휴먼네트워크 능력, 봉사와 나눔의 사회적 책임 의식, 감동적인 영향을 줄 감성지능이 필요하다. 성공한 창업가의 특성은 기회 포착과 목표지향적인 성향, 적극성과 책임의식이 강하다. 의사결정에 신속하며 자기관리와 성취 욕구가 아주 강하고, 독립심 또한 강하며, 스스로 자기개발의 능력이 발달되어 있다.

4. 창업가 정신으로의 역할

- 새로운 아이디어, 업종, 창업가적 마인드를 갖는다.
- 관리자는 몹시 바쁘며 쉴 새 없이 일한다.
- 신제품 개발 능력이 요구된다.
- 해외시장을 추구하는 정신
- 기회에 초점을 두고 총체적 접근방법을 모색한다.
- 업무가 다양하고 의사결정의 처리 시간이 중요하다.
- 많은 활동이 즉흥적이고 즉각적으로 처리한다.
- 빈번한 대인접촉과 다양한 인적 네트워크를 갖고 있다.
- 많은 활동이 구두에 의한 커뮤니케이션으로 이루어진다.
- 의사결정 과정은 무질서하며 정치적으로 이루어진다.
- 리더는 가치와 열정, 도덕성 등에 기초한 성품이 먼저 갖춰져야 한다.
- 리더십의 요체는 훌륭한 인격을 만드는 것이다.

- 성공한 리더는 개인적 교양, 강한 직업적 의지, 겸손함, 조용하고 차분하게 의사를 결정하고 행동하며 리더십은 내면으로부터 시작된다.
- 성품을 이루는 중요한 요소로는 신뢰성, 솔선수범, 인간 존중이다.

5. 창업가 정신의 전략적 사고 등

기업과 관련된 이해관계자(고객, 종업원, 경쟁기업, 하청기업, 정부) 등의 역할을 파악하여야 한다. 관습, 거래관행, 계약, 법규 등을 살피고 습득하여야 한다. 경쟁자의 인식을 고려하여 전체와 부분을 조정하는 전술과 스킬이 필요하다. 경쟁자와 공급자, 여러 이해관계자를 조정하며 구체적 전략을 실행에 옮겨 규모를 키워 나아가는 전략 또한 기업가 정신, 창업가 정신의 핵심 포인트이다.

종업원과 경영자 간의 신뢰, 창업자와의 신뢰, 창업자와 소비자 간의 신뢰를 중시하는 가치관은 기술과 조직의 혁신으로 좋은 성과를 거둘 수 있다. 표적고객 중심으로 고객만족 극대화를 위해 효과적으로 노력하여야 한다.

현대적 리더십 이론에서 각광 받는 리더십 이론인 서번트형 리더십의 개념을 익혀보자. 타인을 위한 봉사, 공동사회, 공동체의식을 우선으로 여기고 그들의 욕구를 만족시키기 위해 헌신하는 리더십이다. 가장 중요한 가치는 신뢰이다. 신뢰란 리더의 행동을 믿고 따르고자 하는 구성원의 의지이다. 리더가 신뢰를 구축하기 위해서는 능력을 보유하고, 개방적이고, 공정하며, 일관성을 보이고, 확신을 가질 때 가능하다.

서번트형 리더의 시작은 섬기려는 마음이다. 서번트 리더는 타인의 말이나 요구, 감정을 잘 받아들인다. 상대의 요구를 포용한다. 다독이고 추스르며 통합해야 할 대상이다.

창업가적 리더십의 접근방법

- Listen(듣기) : 남의 말을 잘 들을 줄 아는 능력
- Explain(설명) : 자신의 생각을 잘 표현할 수 있는 능력
- Assist(코치 능력) : 진심에서 우러나는 배려심의 능력
- Discuss(논의) : 토론, 커뮤니케이션을 통해 열린 마음으로 소통하는 능력
- Evaluate(정당한 평가) : 합리적인 평가와 보상을 할 수 있는 능력
- Respond(적절한 대응) : 반응하고 칭찬하며 문제가 생길 경우 대응하는 능력

서번트형 리더십은 '함께 갑시다(Let's go together)'이다. 할 수 있도록 돕는 슈퍼 리더십(셀프 리더십)이 필요한 리더십이다. 현대사회를 이끄는 리더십의 유형은 개인에 따라(타고난 성품, 성장 환경, 문화, 교육, 역량 등) 유형과 특징이 다르다.

리더십의 훌륭한 특성, 공통된 특성
- 현실에 대해 정확히 인식한다.(주변 환경 인지능력)
- 문제 해결 능력이 강하다.(자신의 에너지를 문제에 집중)
- 수단과 목적을 분별한다.(도덕성)
- 삶을 즐긴다.(독립적, 자율적, 편안함)
- 환경과 문화(사회적 압력)에 얽매이지 않는다.(스스로의 경험과 판단에 의존)
- 사회적 관심을 갖는다.(타인을 형제처럼 대한다)
- 대인관계가 깊다.(우정, 돈독한 인간관계)
- 유머감각이 탁월하다.(미소 짓고 고개를 끄덕이게)
- 자신과 타인까지 수용한다.(약점, 원망, 비난하지 않는다)
- 행동이 솔직하고 자발적이다.(개방적, 자연스럽다)
- 주위의 세계를 새롭게 인식한다.(새로움, 놀라움, 경외심)
- 창의적이다.(지혜롭고, 창의적, 적응력)
- 경험의 정점에 다다르기를 좋아한다.(즐거움, 황홀함)

창업가적 리더십으로의 행동

조직구성원의 욕구나 바람을 충족시키는 것에 우선을 두며, 봉사와 희생을 통해 영향력을 발휘하는 리더십을 대학생 시기에 다양한 자원봉사활동의 참여로 체험하고 훈련할 수 있다. 대학생이 갖고 있는 시간과 능력, 기술 등을 활용할 수 있는 기회와 자원이 제공되는 시기이다. 봉사와 나눔, 희생이 자신에게 어떤 의미와 보상을 주는가를 체험하는 것이 중요하다.

자기 이익에 앞서 다른 사람에 대한 봉사, 자기희생, 스스로를 낮추고 조직의 부담과 걱정을 짊어지고 가는 리더는 봉사와 설득을 통해 자발적이고 지속적인 성향이다. 남 위에 군림하거나 권력을 강요하거나 지시하는 것은 멀리한다.

솔직함과 진실성으로 신뢰를 얻어 자발적이고 열정적으로 따르게 한다. 권력, 보상, 명예, 통제하는 것들은 멀리한다. 자신의 이익보다는 다른 사람의 이익을 우선시했고, 지지자들의 신뢰를 얻었으며, 다른 사람들의 문제를 주의 깊게 경청, 내면의 소리를 듣고 행동하도록 영감을 불러일으킨다.(간디, 마틴 루서 킹, 넬슨 만델라, 김구)

리더십의 사례

세종대왕의 섬기는 리더십과 소통의 리더십을 살펴보자. '항상 부족한 사람이다' 양녕대군 대신 왕이 되었으니 더 잘 해야겠다는 마음가짐으로 열심히 백성을 위한 정치를 했다. 세종대왕의 3대 원칙은, 첫째, 백성이 국가의 근본이다. 둘째, 좋은 사람을 골라서 두루 중용하도록 하겠다. 셋째, 나는 어진 정치를 하겠다.

세종대왕의 8대 목표

1. 농사
2. 교육
3. 인재 등용
4. 지식(책, 공부, 품행방정, 효성)
5. 도지사들은 직접 사무를 볼 것
6. 백성의 억울한 죽음이 있어서는 안 됨
7. 미풍양속, 적극표창, 효성비각을 세워줌
8. 홀아비, 과부, 고아, 독거노인 등 소외된 계층에 대하여 국가가 책임지도록 제도화

세종대왕은 백성의, 백성에 의한, 백성을 위한을 선포하고 수행하였다. 한글을 창제한 위대한 업적과 더불어 백성을 위한 정치를 하였으며 저울의 공정함, 누구든 억울할 때 치도록 만든 신문고를 운영한 진정한 존경받는 리더이다.

Work Sheet - 01

학번 : _____

이름 : _____

창업가 정신을 분석

1. 문제해결 능력이 강한가?

2. 수단과 목적을 구분한다.(도덕성)

3. 균형 잡힌 리더십으로 행동하는가?

4. 스스로의 경험과 판단에 의존하는가?

5. 대인관계, 인간관계가 원만하다

6. 성공하기 위해 스스로 열심히 일할 동기부여가 되어 있는가?

7. 행동이 솔직하고 개방적이다.

8. 창업할 가능성과 흥미로움의 준비가 되어 있는가?

9. 성공에서 실패할 준비가 되어 있는가?

10. 창의적, 모험적 성향인가?

11. 기회에 초점을 두고 총체적 접근방법을 잘 아는가?

12. 창업, 운영하는 선구자, 모험자, 개척자 정신이 있는가?

13. 기회를 포착하여 혁신적, 진취적, 적극적으로 새로운 가치를 창출할 수 있는가?

14. 창업할 업종의 점포에서, 사장의 마인드로 종업원처럼 일할 자세가 되어 있는가?

15. 보상과 위험의 창조과정을 충분히 알고 있는가?

학번 : _____

이름 : _____

성공할 수 있는 마인드 작성

1. 나만의 차별화된 전략적 창업 마인드가 있는가?

2. 높은 사업의, 창업의 몰입도가 있는가?

3. 강한 성취욕구와 성장욕구가 있는가?

4. 기회와 목표 지향적 성향이 있는가?

5. 자기 주도적이고 강한 책임감이 있는가?

6. 끈질긴 문제 해결 능력이 있는가?

7. 긍정적이며 지극히 현실주의인가?

8. 지위와 권력의 욕구가 높지 않다.

9. 정직과 신뢰도가 있는가?

10. 신속한 결단력과 실천력이 있는가?

11. 실패에 대한 적절한 관리가 되겠는가?

12. 무계획적이고 즉흥적인 사고는 없는가?

13. 자기 우월적인 마인드가 없는가?

14. 남을 무시하는 경향은 없는가?

15. 단독적으로 일을 처리하는 경향은 없는가?

학번 : _____

이름 : _____

창업가로서의 리더십 마인드 체크

1. 상대방의 성격과 개성에 맞추어 상대해 준다.
2. 당면한 문제나 복잡한 상황을 처리하기 쉬운 영역으로 세분화한다.
3. 팀원의 기여도를 인정해 각자의 역할에 자부심을 느끼게 한다.
4. 업무진행 단계마다 필요한 의사결정을 결단력 있게 한다.
5. 자신에게 주어진 과제를 완수할 수 있는 능력이 있음을 보여준다.
6. 실행 가능한 단계별 세부목표를 설정하고 달성 정도를 지속적으로 점검한다.
7. 직무수행 능력에 맞게 과제를 부여하고 권한도 위임한다.
8. 다른 사람과 의견충돌이 있을 때 자신의 입장을 분명하게 말한다.
9. 갈등 당사자들이 서로 실익을 얻을 수 있는 타협점을 찾아 제시한다.
10. 상황이 좋지 않더라도 감정을 즉흥적으로 드러내지 않는다.
11. 자신의 생각을 상대방이 지지하거나 수용하도록 설득력 있게 말한다.
12. 일시적인 해결보다는 문제의 원인을 파악하여 근본적으로 문제를 해결한다.
13. 계획과 전략을 구체적으로 제시한다.
14. 도전적 목표를 설정하고 구체적인 목표달성 지표를 세운다.
15. 이해관계자들의 입장을 균형 있게 고려하여 모두가 만족할 만한 결정을 이끌어 낸다.
16. 타인의 약점과 문제점을 확인하고 자기 계발을 하도록 돕는다.
17. 관행을 따르기보다 새로운 업무수행 방식을 도입하여 개선을 시도한다.
18. 새롭고 독특한 아이디어를 제시한다.
19. 갈등 당사자의 의견을 충분히 듣는다.
20. 타인의 관심을 유도할 수 있는 긍정적인 비전과 목표를 제시한다.
21. 혼란스런 상황에서도 다양한 관점에서 문제를 분석하고 원인을 찾는다.
22. 칭찬과 독려를 활용하여 열정을 이끌어 낸다.
23. 틀에 갇힌 사고보다 유연하게 생각하며 독창적인 아이디어를 낸다.
24. 타인을 잘 이해하고 친밀감을 형성한다.
25. 비전과 전략에 부합하는 목표를 설정하고 이를 공유한다.

Work Sheet - 04

학번 : ＿＿＿＿＿＿＿＿＿＿

이름 : ＿＿＿＿＿＿＿＿＿＿

창업가 정신에 대하여 자신 평가

1. 창업가 정신을 간략하게 작성해 보자.
2. 창업가 정신의 특성은 무엇인가?
3. 창업가 정신이 성공한 요인이라고 생각되는 이유는 무엇인가?
4. 창업가 정신의 활성화를 위한 자신만의 로드맵이 있는가?
5. 자신만의 부가가치는 무엇이라고 생각하는가?
6. 자신만의 목표지향적인 성향을 탐구해 보라.(장점, 강점)

    1)

    2)

    3)

7. 자신만의 관리능력에서 단점, 약점은 무엇인지 작성해 보자.

    1)

    2)

    3)

8. 자기개발의 지침서를 세 가지로 만들어 보자.

    1)

    2)

    3)

9. 탁월한 유머감각이 있는가?

10. 교육적인 측면에서 노력하고 있는가?

CHAPTER 9

마케팅 전략

 학습목표

1. 마케팅의 의미와 중요성
2. 마케팅 전략, 4P 분석
3. SWOT 분석, STP전략 등
   - 마케팅 전략, SWOT 분석, STP전략, 마케팅 전략의 성공된 사례(Work Sheet-01)

마케팅 전략

1. 마케팅의 의미와 중요성

마케팅(Marketing)에서 Market은 시장, ing은 현재진행형의 의미로 시장에서 수행되는 거래활동의 뜻이다. 마케팅은 이윤을 창출하면서 욕구를 충족시키는 것이다.

Marketing을 동사 Market은 상품을 광고하다, ing 붙여서 동명사로 보기도 한다. 상품을 팔기 위하여 광고하는 행동이라고 한다. 페이스북, 인스타그램, 블로그, 카페, 유튜브, 인플루언서, 다양한 플랫폼 활용을 마케팅에 접근하는 방법이 고객, 즉 소비자의 욕구를 파악하는 것이라 한다.

마케팅의 목표는 고객에게 욕구를 충족시켜 소비자에게 최대의 만족을, 생산자에게는 최대의 이윤을 창출하는 것이다. 마케팅이란 소비자의 진화 속도에 맞는 혁신적이고 효과적인 기업전략을 확립하는 것, 소비자의 의사결정을 위한 기초로서의 역할과 경제성장에 도움을 준다.

사업성장을 위한 마케팅, 시장 점유율을 성장시키고 기존고객의 구매를 증가시키는 것, 마케팅을 통해 기업의 성장을 가속화하며 상품판매에서 중요한 역할을 한다. 제품이나 서비스를 충족시켜 자발적인 구매활동으로 이어진다. 마케팅의 개념은 사회 지향적 마케팅으로 수익성이 수반된 기업의 고객창조 활동이다. 고객 지향적, 통합 지향적, 수익 지향적 마케팅이다.

마케팅관리(Marketing management)는 표적시장을 선택하여 우수한 가치창조로 고객을 확보, 유지하며, 수익창출을 구축하는 관리이다. 관리로서 환경 분석, 시장분석, 경쟁자와 자사분석이 있다. 소비자 분석으로는 현재데이터(상황분석), 수집분석(기회/위협요인), 가정 수립의 자료 구축이 핵심이다. 마케팅 전략으로 상황이나 사태에 대립 피하기, 틈새시장(niche maket)과 차별화 전략으로 20대는 디자인, 스타일, 유행, 감각, 재미를 유발한다면, 30대는 브랜드나 가격에 민감하다.

기업의 이윤추구, 매출액의 증대, 시장점유율 증대, 이윤의 극대화, 고객의 만족으로 혁신적이고 효과적인 마케팅 전략과 마케팅 활동을 모색하고 체계적으로 장기적인 계획을 수립하는 것이 국가의 경제성장에 도움이 된다.

소비자가 제품을 인지하지 못하거나 제품에 대한 정확한 정보를 파악하지 못한다면 제품과 기업 간의 차별화 전략을 홍보하고 선호하는 제품을 구성하여 고가제품과 저가제품의 충성도를 고려하여 고객을 획득하고 유지하기 위한 기회의 이용과 속성이 중요하다.

소비자의 삶을 용이하게 하고 풍요롭게 하는 데 도움을 주며, 다양한 서비스를 제공하고, 제품 증대에 기여한다. 제품과 서비스에 대한 수요를 구축하고 직업을 창출한다. SNS, 유튜브를 통해 고객과 빠르게 소통하고 지속 유지하며, 사회적으로 책임지는 활동에 관여하여 그 기업의 마케팅 능력에 따라 성공이 결정된다.

제품, 서비스, 행사, 경험, 사람, 장소, 소유권, 조직체계, 정보, 아이디어 등을 마케팅하며, 담당자(market)와 잠재고객, 시장과 주요 고객시장으로 소비자, 기업, 해외시장, 비영리단체, 정부 등 시장의 이윤을 창출하면서 고객의 가치를 선정하고, 제공하며 고객에게 커뮤니케이션한다. 가치선택으로는 사전준비(표적시장 선정), 가치제공으로는 특별한 제품특성, 가격 및 유통경로를 결정하며, 가치전달로는 촉진수단(광고, 인터넷, 판매원)을 활용한 가치로 전달한다.

현대마케팅은

첫째, 좋은 제품을 개발하고, 가격을 책정하여, 고객에게 접근한다.

둘째, 무엇을, 어떻게, 언제, 누구에게, 얼마나 자주 할 것인가?

셋째, 유선 및 위성TV 채널, 인터넷, 신문, 잡지, 직접 간접적으로 정보를 제공한다.

넷째, 사람, 장소, 행사, 상표, 경험, 느낌, 사물을 자사의 상표와 연결한다.

마케팅 관리자의 성공요인으로는 독립적이며 기업가적인 태도, 강력한 정략적 기술과 정성적 기술을 보유한다. 판매부서 등 다른 부서와 친밀한 협조, 직무수행으로, 조직 내 가치를 창조하는 실무적 이해를 확보한다. 고객의 입장을 고려한 가치가 핵심인 시대, 기능과 감성, 영성을 강조하는 마케팅 시대이다.

마케팅 시장의 진화단계

- 마케팅 1.0(1960년대) - 이성적으로 설득 : 생산과 유통의 제품중심의 마케팅 시대
- 마케팅 2.0(1980년대) - 감성적으로 설득 : 제품과 판매의 소비자 지향 시대
- 마케팅 3.0(2000년대) - 영혼의 교감 : 소비자 중심, 고객 중심적 마케팅 시대

가치주도 시대의 가치

과거에 중후함, 기능, 품질이었다면, 근대에는 편리성, 간결성이었고, 현재는 감각적, 미적, 즐기는 마음, 재미, 놀이, 정서와 창조성, 감동으로 진화하고 있다.

고객 기대와 인식 사이의 갭을 고려하고 확인해야 할 필요가 있다. 마케팅 조사는 마케팅 관리 문제를 해결하기 위해 필요한 정보를 규명하고, 이를 수집하기 위해 조사계획을 수립한다. 과학적인 방법에 의해 타당성과 신뢰성 있는 자료를 수집하고, 분석, 해석하여 의사결정자에게 보고함으로써 마케팅에 관한 의사결정을 지원하는 적극적인 활동이다.

마케팅 고객을 유치하기 위해 비즈니스의 이미지는 고객의 요구와 기대에 일치하는 활동을 구성하는 요소도 확인한다. 회사 명칭은 정하였는지, 광고, 고객 서비스, 소셜 미디어, 색상, 제품 이름, 로고, 태그 라인과 슬로건, 마케팅 메시지는 유머러스하고 전문적이며 안전함에 중점을 둔다. 고객의 경험과 포장, 디자인, 유니폼, 정직, 신뢰성, 품질, 뛰어난 서비스, 재미, 전문적이고 세련되고 안전한 브랜드는 성공된 제품이나 서비스로 비즈니스를 나타낼 수 있다.

2. 마케팅 전략, 4P 분석

마케팅 전략이란 주어진 제품 시장에서 원하는 기업의 목표를 달성하기 위하여 목표를 설정하고, 표적시장을 선정하고, 설정한 목표가 핵심전략이다. 그리고 표적시장에 대하여 마케팅 믹스 전략을 수행하는 일련의 과정이다.

1) 마케팅 전략계획의 과정

1. 전략계획의 수립 : 계획을 추진해 나아갈 수 있는 마케팅 실행의 프로그램을 개발한다.
2. 전략의 실행 : 실행프로그램을 현실적으로 표적시장에 실행해 나아가는 과정이다.
3. 전략의 통제 : 실행된 전략에 대하여 결과를 측정하고 진단하고 측정한다.

· 전략적 계획수립

기업의 목표(goal), 사명(mission), 기업이념, 경영철학과 관련을 갖고, 기업이 사회에 기여하고자 하는 공익적인 목적과 설립 배경을 포함하며, 구체적으로 실현하기 위한 사업영역이 명시되어야 한다.

기업이 추구하는 마케팅 전략의 목적은 구체적인 평가가 가능하도록 수립되며, 구체적으로 달성 가능한 형태로 제시되는 것이다. 기업의 사업수준, 이윤추구 수준, 시장에서의 위치, 사회적 책임, 품질수준 등이 전략이다.

집중적 다양화 : 기존 제품을 생산 판매함에서 동일한 기술과 마케팅 노하우, 동일 유통경로 등을 활용하여 신제품을 추가하는 전략이다. 사례로 월간지 발행사가 저가 단행본을 판매하는 경우이다.

수평적 다양화 : 기존고객을 다른 사업 분야에 뛰어들어 새로운 고객으로 확보하는 전략이다. 사례로 어학교재를 판매하는 출판사에서 영어 학원을 설립하는 경우 YBM 영어교과서, 어학원, 토익시험, 토익 인강의 다양화이다.

다각적 다양화 : 기존 기술이나 제품, 시장과 완전히 다른 전혀 새로운 신제품을 판매하는 전략이다. 사례로 자동차 회사가 건설 회사를 인수하여 사업에 참여하는 것이다.

고객을 만족시키거나 고객과의 소통에 사용할 수 있는 요소 중 조직이 통제할 수 있는 요소로 표적 고객의 차별화 4P 전략을 살펴보자.

제품(Product) : 소비자가 구입하여 사용하거나 소비함으로써 자신의 욕구를 충족하는 것이다. 서비스, 사람, 장소, 기관, 조직, 아이디어 등도 제품이라 할 수 있다.

가격(Price) : 소비자가 제품 또는 서비스를 소유하거나 사용하기 위하여 지불해야 하는 화폐를 의미한다. 가격결정이란 기업의 마케팅 전략을 기초로 제품가격의 기본 방향을 결정하고 제품 원가, 지각된 가치, 경쟁 제품의 가격, 기업의 내적, 외적 요인을 고려하여 결정한다.

유통(Place) : 생산자와 소비자 간의 역할을 하는 채널을 통칭하는 것이다. 생산자로부터 소비자에게 소유권이 이전되는 과정을 관리하는 사람과 조직을 포함한다. 유통경로는 최종 소비자가 원하는 상품이나 서비스에서 가장 편리한 수단을 제공하는 역할이다.

촉진(Promotion) : 앞으로 움직이는 것(to move forward)이라는 의미의 라틴어에서 비롯되었다. 촉진의 의미로는 다른 사람의 아이디어나, 개념, 물건을 받아들이도록 설득하고 커뮤니케이션한다. 촉진은 제품정보와 아이디어를 집중 고객에게 효과적으로 전달하는 방법이다. 촉진전략의 수단에는 광고, 인적 판매, 판매촉진, 거래촉진, 홍보, PR 및 기업광고 등이 포함된다. 시제품 및 테스트 계획과 제품, 서비스 완성의 일정과 제품 수명 주기 및 성장전략이 차별화 전략이다.

2) 마케팅 4P

제품(Product)

소비자가 관심을 갖게 되어 구매하여 사용하거나 소비함으로써, 자신의 욕구를 충족시켜 줄 제품이나 서비스, 사람, 장소, 기관, 조직, 아이디어 등도 제품이다. 핵심 제품으로는 소비자가 얻게 되는 혜택과 서비스, 제품의 중심적 위치를 차지하고 있으며, 유형 제품(tangible product)은 제품의 특성, 포장, 상표, 품질, 외관 등이며, 실제제품(actual product)과 보강제품(augment product)으로 제품의 보증기간, 판매 후 A/S, 수선, 배달, 신용, 포장서비스, 설치 등의 유형 제품과 추가로 보강되는 혜택의 제품이 있다.

사용기간에 따른 분류로, 비내구재(non-durable goods)는 신문, 음식, 의복 등 소비의 속도가 빠르고 자주 구입하는 패턴이다. 내구재(durable goods)로는 자동차, 가구, 가전용품 등의 인적 판매나 서비스에 많이 의존하는 품질보증이 필요하다. 서비스로 이발이나 미용 등의 즉시 소멸되는 특징과 제공자의 신임도 및 적응력이 매우 중요하다.

구매 계기에 의한 분류로, 첫째, 편의품(convenience products)은 소비자가 자주 구매하며 구매 노력과 비교가 최소로 이루어지는 제품과 서비스로 상용품, 충동구매품, 비상용품이다. 둘째, 선매품(shopping products)은 소비자가 구매 과정에서 가격, 품질, 디자인, 적합성 등을 비교하여 구매한다. 셋째, 전문품(specialty goods)은 표적 고객집단에게 매우 중요한 제품의 독특한 특성을 갖고 있는 제품과 서비스로 명품시계, 양복, 자동차 등이다. 넷째, 미탐색품(unsought products)은 소비자들이 제품에 대해 관심이 없는 상품으로 생명보험 등이다. 전문백과 사전 산업재의 유형의 재료 및 부품은 생산을 완료하는 데 소요되는 산업용품으로 원재료의 농산물, 자연생산물이며, 제조된 원료나 부품은 철강, 시멘트, 타이어, 동력기 등이다.

제품의 차별화를 실행한 KFC는 남미 사람들은 숯불구이를 더 좋아하고 기름에 튀긴 고기는 잘 먹지 않아서 실패하였다. 문화별 소비자 쿠키 선호 유형으로 미국은 부드러운 쿠키를 선호하며, 영국은 바삭바삭한 쿠키를 선호한다. 문화별 소비자 선호 유형별 타이어 광고로 미국은 내구성을 선호하며, 영국은 안정성을 선호하고, 독일은 성능을 선호한다. 한국은 가격에 민감하다.

가격의 중요성으로는 제품 시장가격의 생산요소로 자본, 노동, 토지가 가격 결정이 어떻게 하는가에 영향을 미치며 가격은 경제체제의 규제로 중요하다. 가격은 기업의 수익과 순이익에 밀접한 관련이 있으므로 중요하다. 가격은 기업이 수행하는 마케팅 전략과 실행계획에 직접 영향을 미치며, 가격결정은 법규에 따라 하며 가격전략은 중요하다. 가격은 제품에 대한 품질지표로 사용되므로 중요하며, 가격은 인플레이션 기간 중 소비자의 신뢰 획득과 구매심리에 중요하다.

고정비(fixed cost)

고정비는 일정한 원가라고 한다. 생산량이 늘어나거나 줄어들어도 변동이 없는 비용이다. 고정비에는 급료, 임대료, 이자, 보험료, 전기, 수도, 전화 요금 등이 포함된다. 간접비인 생산과 매출액에는 관련 없는 비용으로 고정비는 생산 수준과 무관하게 발생된다.

변동비(variable cost)

변동비는 재화의 생산량이 늘어나면 증가하는 형태를 띠는 비용으로 상품을 생산하는 데 필요한 원재료비, 비품비, 연료비, 잔업수당, 야간수당의 인건비, 판매원 수수료 등의 생산수준과 직접 관련된 비용의 합계는 생산량에 따라 변하기 때문에 변동비이다. 가변비라고도 하며 고정비와 대조적인 비용이다. 상품을 생산하기 위하여 사용되는 원료이다.

경쟁사 제품가격과 품질수준 분석은, 첫째, 기업은 경쟁사가 제시하는 제품과 가격을 자사의 가격과 비교하고 조사하여 분석한다. 둘째, 기업이 경쟁사의 가격을 파악하고 경쟁사의 제품을 구입하여 분석 및 비교한다. 셋째, 기업은 소비자가 경쟁사의 제품의 품질과 가격에 대해 어떻게 지각하고 있는가를 조사할 수 있다. 성공적인 가격결정은 고객이 제품에 두는 가치를 인식하고 이익과 판매량에 영향을 미치는 원가의 속성을 인식해야 한다.

경쟁사 제품가격과 품질수준 분석 방법으로 제품 수명주기의 각 단계별로 시장점유율의 목표와 가격전략을 살펴보자.

- 도입기에는 시장기반의 확보로 공격적인 가격전략을 한다.
- 성장기는 시장점유율 제고로 시장가격보다 낮게 책정한다.
- 성숙기는 시장점유율 유지로 가격유지 또는 높게 책정한다.
  규모가 작은 기업은 저가격을 책정하고, 틈새시장을 공략한다.

- 쇠퇴기로 시장을 철수할 준비로 상대적으로 높은 가격을 유지한다.

고객세분시장 가격은 동일한 제품 혹은 서비스를 표적 고객집단별로 비슷한 가격을 책정한다. 박물관, 전시관 입장 가격기준이 어른과 학생, 어린이의 가격이 비슷하지만 다르다.

제품 형태에 따라 가격의 차이를 원가에 상관하지 않고 제품 형태별로 비슷하게 가격을 책정하는 것으로 향수병 모양에 따라 다르다. 이미지별 가격결정은 동일한 제품을 이미지의 차이를 기준으로 두 개의 유사한 수준에 따라 가격을 부과하는 방법으로 냉장고 색상, 시간별 가격 결정요소로 주중과 주말, 계절별로 상이하게 가격을 책정하는 철도나 지하철 요금이다.

유통(Place)

유통경로의 중요성은 거래의 표준화를 제공하고 제품구색을 갖추고, 거래 횟수를 최소화하며, 구매자와 판매자에게 정보를 제공한다. 유통경로는 단순히 생산자와 소비자를 연결해주는 매개의 역할과 마케팅 활동 및 기업 활동에 필요한 부수적인 기능을 수행한다.

유통경로의 선택전략은 집중적 유통경로(intensive distribution)로 편의품을 생산하는 기업은 소비자가 존재하는 소매점에 자사의 상품을 공급하려고 한다. 소매점의 확보는 시장잠식을 할 수 있는 장점이 있다. 선택적 유통경로(selective distribution)는 일부분만을 선택하여 제품을 유통시키는 방법과 몇몇 유통업자만이 제품을 유통시키기 때문에 가격인하는 거의 일어나지 않는 의류나 가정용품에 적용되며 자사의 브랜드 이미지를 높이고, 고객 서비스를 강화한다. 전속적 유통경로(exclusive distribution)로는 가격을 유지하기 위하여 선택적 유통경로를 선택하고 생산자가 어느 특정한 지역 또는 한 시장에 대하여 단일의 중간상인을 선정하는 방법으로 독점판매권(도매상), 딜러십(소매상), 제품의 품질이나 브랜드 이미지 유지와 마케팅 비용 절감을 위하여 전속적 유통경로를 선택하며, 고가의 의류나 농기계, 건설장비의 유통경로는 각기 다르다.

편의품(식료품, 일용잡화)은 가까운 소매점에서 쉽게 구할 수 있는 브랜드 제품을 개방적으로 구매하고, 선매품(가구, 의료)은 가까운 상점에서 비치된 상품 중 개방적으로 선택적으로 구매하며, 전문품(고급의류, 귀금속)은 소비자가 선호하는 브랜드 제품을 판매하는 가까운 소매점에서 선호브랜드 제품을 선택적으로 구매하는 경향이다.

유통 경로의 마케팅 시스템으로

첫째, 수직적 마케팅 시스템은 기술적인 능력으로 수직적 통합을 한 기업으로, 특히 후방통합을 한 기업은 혁신적인 기술적 능력의 보유가 가능하다.

경쟁기업에 높은 진입장벽의 역할을 수행한다. 장점으로는 거래비용의 절감과 기업에 필수적인 자원이나 원재료 확보의 안정적 공급이 강점이다.

둘째, 수평적 마케팅 시스템(horizontal marketing system)으로는 유통경로상의 같은 단계에 있는 유통 경로자 두 개 이상 연합하여 개별적인 기업의 자원과 프로그램을 결합, 통합하여 마케팅 기회를 공동으로 이용하는 것이 시너지 효과를 얻을 수 있는 공생적 마케팅(symbiotic marketing)이라고도 한다.

셋째, 복수 유통경로 시스템(dual distribution system)은 두 개 이상의 목표시장에 접근하기 위하여 두 개 이상의 유통경로를 사용하는 것으로 백화점을 운영하면서 대량의 다량상품의 종류를 취급하는 대형할인점을 운영하는 시스템의 신세계나 이마트, 홈플러스의 사례이다.

넷째, 역유통경로 시스템(reverse distribution system)으로 소비자로부터 생산자에게 흐르는 역유통경로의 시스템으로 제품을 생산하는 데 필요한 원자재의 가격이 인상되고 있기 때문에 원자재의 재순환의 목적이다. 주류제품의 빈병 회수로 소비자에게 빈병의 금액을 지불해 주는 시스템이다.

도매상(wholesaler)과 소매상(retailer)

도매상은 주로 다른 도매상이 소매상에게 상품과 서비스를 판매하며, 최종 소비자에게는 특별한 경우를 제외하고 판매하지 않는다. 도매상은 판매, 보관, 운송, 시장정보의 제공과 재무서비스, 촉진, 위험부담의 기능을 한다.

소매상은 최종소비자에 대하여 직접 판매활동을 주요 업무로 하는 중간상의 기능을 말한다. 최근 백화점이나 대형할인점, 프랜차이즈 같은 대규모의 조직적인 소매상 증가로 소매상의 기능이 더욱 다양화되고, 유통경로에서 차지하는 비중이 점점 높아지고 있다. 소매상은 특정 목적을 위하여 구매를 원하는 최종소비자에게 상품이나 서비스를 판매하는 활동을 하는 중간상이라 할 수 있다.

소매상은 전략적으로 표적시장에 대해 집중적으로 파악하여, 표적시장의 규모와 수익성과 경쟁의 정도를 파악하여 목표시장을 선정한다. 가격전략으로 가격인하전략(markdowns)과 가격인상전략(markups), 상품전략(merchandise strategy)의 편의품, 선매품, 전문품으로 구분한다. 소매상은 상품의 범위를 결정하고, 상품의 라인과 라인의 특정상품, 상품구색, 깊이, 폭을 결정해야 한다. 입지전략(location—distribution strategy)으로 판매하고자 하는 상품, 소매상의 재정적 능력, 목표시장의 특성, 적절한 입지 유무에 의해 결정된다. 고객서비스 전략(customer service strategy)으로 고객을 유치하고 지속적으로 자신의 상점에 고객을 유지하기 위한 서비스 제공으로 대기시간과 제품의 다양성과 점포의 숫자와 분포도, 고객의 구매의 최소 단위포장의 최소화로 고객의 요구사항에 맞춘다.

최근 유통의 변화는 전문화로 제한된 라인을 엄격하게 관리하고 집중화된 전문점 체인이 증가하고 있다. 제품라인, 상품구색의 특징으로 하이터치 소매상(high—touch retailer)의 전자랜드, 하이마트, 테크노마트, CGV 등으로 유통이 변화했다. 아울러 대형화 매장으로 원스톱 쇼핑을 원하는 소비자 욕구에 맞추고 다양한 제품을 대량으로 진열하여 가격 파괴하는 유통구조이다. 대형

소매상은 창고기술과 낮은 마진으로 많은 양의 상품을 운영하기 위해 셀프서비스에 의존한다. 고객은 가격에 매우 민감하기 때문에 편의성, 상표충성도, 상품의 일관성, 개별 포장, 공간의 편의성 등을 의미한다. 사례로 이마트, 코스트코, 다이소 등이다.

과거에 한두 개 정도의 점포를 가지고 경영했던 데 반해 체인화를 통해 성장을 추구하며, 규모의 경제와 원가절감의 효과를 기대한다. 유통구조와 쇼핑의 유형으로 프랑스는 정보 획득과 사회적으로 지지하는 제품을 선호하며, 영국인들은 걸어 다니면서 쇼핑하는 것을 좋아하고, 미국사람들은 일주일 정도마다 필요량을 한 번에 쇼핑하는 대형화 슈퍼마켓을 선호한다. 일본은 필요한 소량의 물품만 간단히 바로 구매하는 편의점을 좋아한다.

고객과 공급자 관계의 변화로 고객과의 일시적 거래에 초점을 두지 않고 지속적인 관계강화에 초점을 두어 고객과 공급자 모두 윈윈을 이끌어낼 신뢰와 몰입의 구축이, 지속적이고 철저한 서비스 강화와 고객 욕구의 밀접한 관계로 지속적인 거래 관계가 중심이 된다.

촉진(Promotion)

촉진은 제품정보 및 아이디어를 청중에게 효과적으로 전달하는 방법이다. 촉진전략의 수단으로는 광고, 인적판매, 판매촉진, 거래촉진, 홍보 PR 및 기업광고 등이 포함된다. 광고의 가장 중요한 기능은 잠재고객에게 제품정보를 제공하고 그 제품을 구매하도록 설득하는 것이다. 그 제품에 대해 고객들을 상기시키며, 기업 그 자체와 그 기업에 중요한 사건에 대한 정보를 전달할 수 있다.

소비자 촉진으로, 첫째, 쿠폰(coupon)은 제품명, 할인조건, 유효기간을 명시한 가격파괴 제공으로 침체기간과 경제성장이 불확실한 경우 효과적이다. 둘째, 소액할인(cent-off deal)은 단기적인 가격인하로서, 점포의 재고처리와 소비자의 경제적 이득이라는 두 가지 목표를 동시에 이룰 수 있다. 셋째, 프리미엄(premium)은 무료나 매우 낮은 가격으로 제품을 제공하는 것이다. 사례로 주유소에서 일정금액을 주유하였을 때 특정제품을 최소가격으로 판매하는 것 또는 경품 콘테스트는 상품을 타기 위해 소비자가 수행하는 것이다. 경품은 대부분 추첨에 의해 진행된다. 넷째, 견본(sample)은 소비자에게 제품을 무료로 제공하거나 시험해 보도록 하는 것으로 구매시점 전시(point of purchase)나, 어떤 제품에 대해 관심을 끌기 위해서 마케팅 관리자는 구매시점 전시를 사용하며 사은품으로 제품 구매 시 주는 선물이다. 리베이트(rebate)는 제품을 구입하였을 경우 물품대금의 일부를 되돌려 주는 것으로, 금융서비스는 고가의 제품인 경우 기업이 수행하는 전략으로서 구입할 때 할부 판매서비스를 제공하는 것을 의미한다. 소비자를 호객하는 데 효과가 높다.

촉진전략(promotional strategy)은 소비자에게 기업에 대한 정보를 알리고 또한 이미지를 전달하고 고객에게 기업의 상품을 구매하도록 설득하는 데 중요한 역할을 한다. 판매촉진(sales promotion)이란 사용을 권장하고, 소비자 수요를 증가시키거나 제품의 이용성을 향상시키기 위하여 소비자에게 제한된 기간 동안 다양한 매체로 마케팅활동의 노력이다. 판매촉진은 소비자촉진 또는 거래(중간상)촉진으로 나누어 볼 수 있다. 마케팅 관리자가 선택하는 판매촉진 기법이 최종 소비자를 목표로 하느냐 아니면 중간상을 목표로 하느냐에 따라 좌우된다.

촉진으로 문화별 소비자 초콜릿 선호 유형을 보면 미국은 달고 까만 초콜릿을, 영국은 부드러운 연한 빛깔의 초콜릿을, 한국은 고급스러우며 씁쓸한 맛으로 카카오 원료가 많다고 생각하여 진한 색(가을, 낙엽, 커피, 고뇌, 고독, 외로움)을 좋아한다.

인터넷을 통한 정보는 인쇄 매체나 우편과 달리 동영상과 음향을 사용하며 고객에게 제시할 수 있는 무제한적 정보를 멀티미디어의 형태로 제공한다는 특징이 있다. 인터넷 매체로 기업은 새로운 수요를 창출하거나 정보의 전달로 마케팅 비용의 절감, 즉각적인 피드백, 고객 데이터베이스 관리, 글로벌 마케팅으로 적용하고 새로운 사업으로의 진출이 보다 빨리 이루어진다.

인터넷 마케팅 환경은 고객과 기업 간의 쌍방향 의사소통에 초점을 두고, 새로운 기업형태의 등장을 촉진하고 있다. 제품이나 서비스의 개발, 가격, 설정, 유통, 촉진에 인터넷 기술과 프로세스를 활용하여 개별 소비자를 마케팅 과정에 참여시키고 상호간의 접촉을 독려하며 반응을 유도하는 마케팅의 전략이다.

인터넷 마케팅은 시간의 절약과 비용의 절감, 멀티미디어의 활용과 민감한 주제에 대한 조사가 유용하며 개별화된 설문조사가 강점이다. 단점으로는 모집단 특성의 불확실성과 선택으로의 쏠림 현상과 사생활(혼자 있는 상태)이다. 인터넷 광고는 정확한 표적고객만 선별적으로 사용자들의 반응 조사가 용이하고, 유연하며 전달성에서 24시간 또는 365일의 전달 취소, 변경이 용이하여, 상호 작용성이 사용자들에게 편리한 점으로 작용한다.

마케팅의 4Ps, 서비스 경영전략 4Cs
① Product : 소비자 가치
② Price : 소비자 부담의 비용
③ Promotion : 커뮤니케이션
④ Place : 편리, 편익성

현대적 마케팅의 기업이윤 극대화로의 4P
① People : 자신의 삶을 보다 폭넓게 이해하는 사람으로 인식한다.
② Process : 창의성, 구조 모두를 반영하여 마케팅 프로그램을 수립한다.
③ Program : 과거의 4P를 포함하여 소비자 지향적인 활동 일체를 반영한다.
④ Performance : 사회적 책임, 윤리 등을 제시하는 결과의 측정치와 재무적, 비재무적 차원을 넘는 시사점을 주고 있다.

마케팅 믹스 7P

① PRODUCT : 좋은 상품, 제품(수요창출 방법, 히트상품 개발)
② PRICE : 적정 가격(소비가능 예상가격, 이미지)
③ PLACE : 장소, 접근성(유통전략, 관심과 구매)
④ PROMOTION : 판매촉진, 홍보활동(광고, 홍보, SP전략, 영업, 이벤트)
⑤ People : 사람 서비스 제공과 구매자의 서비스에 대한 인식에 영향을 주는 모든 사람
⑥ Physical evidence : 물리적 증거로 제품과 서비스 성과를 촉진하기 위한 모든 유형적 요소
⑦ Process : 과정, 제품과 서비스를 제공하는 데 필요한 절차, 구조, 활동의 방법

3. SWOT 분석, STP전략 등

SWOT는 강점(Strength), 약점(Weakness), 기회(Opportunity), 위협(Threat)의 경영 전략을 수립하기 위한 분석이다. 내적인 환경의 긍정적의 강점과 기회 그리고 위험의 요소인 약점과 위협을 분석한다. 기업 내부 환경을 분석하며 경쟁사와 비교하여 차별화된 강점은 무엇이고 부족한 약점은 무엇인지를 발견하여 파악한다. 또 기업의 외부 환경을 분석하여 시장에서의 유리한 기회는 무엇이며 불리한 위협은 무엇인지를 찾아내고 검토하여 경쟁기업보다 장점, 단점, 기회, 위협의 사업전략을 수립하는 것을 말한다.

시장분석의 항목제품이 시장에 적합한 것인가? 총 시장규모는 어느 정도인가? 시장의 성장은 얼마나 급속하게 이루어지고 있는가? 시장분석의 항목들도 파악한다. 관련시장의 환경 파악, 타당성 분석, 시장 매력도 분석으로 마케팅 전략 SWOT 분석이다.

SWOT 분석

강점(Strength)은 경영 자원의 강점, 장점이다.

약점(Weakness)은 경영 자원의 약점으로 단점이다.

기회(Opportunity)는 경쟁상황과 고객의 거시적 환경에서 비롯된 기회이다.

위협(Threat)은 경쟁상황과 고객의 거시적 환경에서 비롯된 위협이다.

내부요인(internal factors)으로는 조직의 강점과 약점, 외부요인(external factors)은 외부환경에 의해서 영향을 받는 기회와 위협이다.

SWOT 분석이 성공하기 위한 전략은 기업의 제품에서 고객의 욕구를 충족하는 창업의 과정으로 집중한다. 경쟁사보다는 고객에게 더 좋은 가치를 전달함으로써 강점을 활용한다.

핵심적인 영역에서의 전략에 적극적으로 투자함으로써 약점을 강점으로 전환한다.

미래 시장의 전망, 아이템 및 시기 선택 분석 STP전략을 분석한다.

STP전략

개별 고객의 선호에 맞춘 제품 및 서비스를 제공하여 타사와의 차별성과 경쟁력을 확보하는 마케팅 기법으로 구체적으로 시장세분화, 목표시장 설정, 위치의 과정이다.

시장세분화(Segmentation) : 시장의 기회를 탐색하기 위해 고객의 욕구를 정확히 충족시키기 위하여 변화하는 시장수요에 대처하기 위해 경쟁사와 자사의 강점, 약점을 효과적으로 평가하는 것이다. 수요층 시장을 분할 및 세분화하여 집중적인 마케팅 전략으로 고객의 요구사항에 적용시키는 것이다. 제품 및 서비스에 가장 합리적인 고객 집단을 선정하는 과정이다.

시장세분화의 조건으로 세분시장에 수익이 있는지의 실질성, 고객에게 접근할 방법의 가능성, 규모 및 구매력의 측정 가능성, 수익성 및 가치 실천 가능성이다. 또한, 독특한 특별한 차별성 등으로 시장의 세분화를 분석한다.

고객의 시장세분화로는 지리적 세분화, 인구통계학적 세분화, 심리적 세분화, 행동적 세분화가 있다. 첫째, 지리적 세분화는 국가, 지방, 도시, 군, 주거지, 입지조건, 기후 등의 세분화이다. 둘째, 인구통계학적 세분화로는 연령, 성별, 소득, 결혼 여부, 계층, 직업, 교육, 직업, 종교, 인종, 취향 및 기호 등의 세분화이다. 셋째, 심리적 세분화로는 사회계층, 생활양식, 개성 등의 핵심적 가치관의 기준이 세분화이다. 넷째, 행동적 세분화는 소비자들의 제품에 관한 지식 및 태도, 사용법, 반응 등에 기초하여 사용률, 애호도로 제품을 인식하고 관심 있는 정도, 선호도의 세분화이다.

타깃고객(Targeting) : 고객 욕구와 소비자들로 구성된 세분시장 중 어떤 세분시장을 표적시장, 표적타깃으로 선정하여 공략할 것인가를 결정하는 전략이다. 표적시장 선정으로 세분시장의 크기 및 성장성, 시장 매력도, 적합성을 선택하여 기회를 제공할 수 있는 특화된 표적시장(Target Market)으로 타깃시장인 소비자만족으로 비차별적 마케팅, 차별적 마케팅, 집중화 마케팅이 있다.

위치선정(Positioning) : 고객 마음속에 자사제품을 차별적으로 어떻게 인식시킬 것인가에 관한 5가지 전략이다.
첫째, 고객 분석으로 자사 제품에서 소비자들의 욕구는 무엇인지를 평가하고 파악하는 과정이다.
둘째, 경쟁자 분석으로 제품의 경쟁사를 파악하는 과정이다.
셋째, 경쟁사의 경쟁 제품이 고객들에게 어떻게 인식되고 평가 받는지를 파악하는 포지션 분석이다.
넷째, 자사 제품에서 경쟁 제품에 비교하여 고객의 욕구를 충족시킬 수 있는 적합한 자사 제품의 포지션이다.
다섯째, 포지셔닝 전략 실행 후 자사 상품이 목표한 위치에 포지셔닝이 되어 있는지 확인하는 것이다.
포지셔닝 브랜드 결정 및 고객의 지각, 이미지 등이 독특하고 특별한 제품으로 차별성이 있으며 성능, 가격, 디자인 등을 평가하는 소비자의 분석이다.

마케팅 전략의 수행과정

1) 전략적 계획수립

① 계획 개요 : 기업이 추구하는 주요목표, 기업 이념, 개념 계획을 생성한다.
② 사업 현황 분석 : 환경상황, 배경 분석, 경쟁사를 분석한다.
③ 자사의 강점, 약점, 기회, 위협의 요인을 분석한다.
④ 전략적 목표 수립 : 재무목표와 마케팅 목표 등 전략을 수립한다.
⑤ 마케팅 전략 수립 : 전략적 목표로 세부 추진사항의 전략을 수립한다.
⑥ 구체적 목표 설정 : 기업의 전략적 목표달성을 위해 수립된 마케팅 전략을 구체화한다.
⑦ 소요 예산 편성 : 손익계산서를 통해, 수익과 비용을 고려하여 소요예산을 편성한다.(고정비와 변동비로 구분)
⑧ 피드백과 통제방법 설정 : 수립된 계획 수행, 현황, 방법, 관리, 감독, 문제점의 보완 수행 방법 등을 설정한다.

2) 전략의 실행

전략을 조직화하고, 마케팅 계획에 따라 각각 임무를 부여하며, 전달된 임무가 계획 안에서 정해진 목표를 성취할 수 있도록 구성하는 과정의 실행이다.

마케팅 실행 영향 요인
① 마케팅 관리자의 기술능력 진단(프로그램의 결과를 진단하고, 평가할 수 있는 능력이다.)

② 기업의 상황에 맞는 마케팅 전략 수행(기업의 능력에 따라 방침이나 지시에 실행과정에 영향을 미친다.)

③ 마케팅 실행 능력, 마케팅 기술(목표, 조사, 조직화, 상호작용 등의 기술을 요한다.)

④ 조직 평가, 정확한 평가가 더욱 효과적이다.

3) 통제

계획의 일치 여부, 문제점, 수정가능성 등을 파악하여 다시 계획에 활용하는 것이다. 지속적이고 체계적인 통제시스템을 개발하여 관리하는 항목으로는 판매율, 시장점유율, 마케팅 분석, 표적고객을 산출하여 계획한다. 분석에서는 제품, 지역, 시장, 유통경로, 규모, 수익, 판매 증대, 광고 효과, 가격, 유통, 판매, 촉진 등의 데이터분석이다.

마케팅 전략 수립으로 첫째, 월별, 연도별 사업목표를 정한다. 둘째, 시장을 세분화하고 목표시장을 정한다. 셋째, 유리한 경쟁전략과 차별화 전략을 수립한다. 마케팅 계획에서 시장조사, 시장 세분화, 표적 고객 선정이 중요한 핵심전략이다. 마케팅 전략 수립의 제품, 기술, 서비스 등의 홍보 계획과 경쟁사와 비교 분석하여 합리적인 가격전략을 수립하여, 판매 전략, 유통 전략, 촉진 전략 등의 수립이다.

마케팅 전략의 사례

블루오션(blue ocean)

틈새시장(Niche market)에서 새로운 기회를 창조하는 전략이다. 현재 존재하지 않거나 알려져 있지 않아 경쟁자가 없는 유망한 시장을 말하는 경쟁이 아니라 창조에 의해 얻어지며, 높은 수익과 빠른 성장을 가능케 하는 엄청난 기회가 존재한다. 시도된 적이 없는 광범위하고 깊은 잠재력을 지닌 시장을 의미한다. 대박이 나거나 쪽박을 찰 수도 있다는 표현이다.

태양의 서커스 : 서커스 공연에서 무용, 음악과 연극을 더한 새로운 예술 무대로 미국 라스베이거스의 대표공연이며 호기심과 신비로운 공연으로 한국과 후쿠오카를 비롯해 전 세계를 순회하며 공연하고 있다.

사우스웨스트는 혁신적 저가 항공, 애플, 구글, 페이스북의 개척되지 않은 시장에서 아이디어로 성공적 신화를 거두었다. 다이소의 가격파괴, CJ의 햇반, 닌텐도의 위 게임도 블루오션 전략의 사례이다.

레드오션(red ocean) : 포화 시장 차별화

경쟁자들로부터 시장을 빼앗기 위하여 치열한 경쟁이 펼쳐지는 기존 시장에서 경쟁이 매우 치열하여 붉은 피를 흘려야 하는 경쟁시장을 말한다. 경쟁자가 많아 고객을 확보하기 위해 치열한 경쟁을 벌여야 하는 상태로 경쟁자 수가 많아 같은 목표와 같은 고객을 가지고 치열하게 경쟁하는 사례로 휴대폰 시장, SK, KTF, LG 단말기 보조금 지급의 경쟁이다.

오뚜기 쇠고기 미역국라면은 2018년 9월 출시하여 일 판매량 16만 개, 국민 5명 중 1명, 출시 두 달 만에 판매 1,000만 개를 돌파했다.

퍼플오션(Purple Ocean)은 재정의(problem-Redefine), 재창조(Re-Creative)

치열한 경쟁 시장인 레드오션과 경쟁자가 없는 시장인 블루오션을 조합한 이미지, 발상의 전환을 통하여 새로운 가치의 시장을 만드는 경영 전략이다. 경쟁이 치열한 기존시장에서 새로운 기술이나 아이디어를 활용해 독창적인 시장을 개척하는 것이다. 레드와 블루를 혼합하여 얻을 수 있는(보라색 또는 자주색) 미래지향적 개념의 전략이다.

사례로 자일리톨 껌. '잠자기 전에 씹는 껌', '양치 후에 씹는 껌'으로 사고의 전환과, 자작나무, 떡갈나무 천연 감미료 사용으로 구강보건상 장점이 많다고 홍보하며 치과의사협회 공식인증을 받아 광고한다. 에이스침대, '침대는 과학이다'라는 카피로 발상의 전환으로 마케팅하며, 드라마 '미생'은 웹툰 '미생'을 원작으로 인기를 보였고, '해를 품은 달'은 뮤지컬로 만들어 관심이 집중되었다.

그린오션(green ocean)

친환경에 핵심 가치를 두고 환경을 보호하고 웰빙, 로하스 시장(건강한 삶과 환경보존), 세계 각국이 환경 규제를 강화하고 중시하는 사례로 풀무원의 환경경영, 청계천개발(친환경으로 교체), 로하스 인증제도는 '친환경적이며 사회공헌'하는 기업 단체의 제품이며 인증 유효기간은 1년, 매년 연장 심사한다고 한다.

베블런 효과(Veblen effect), 과시적 소비

가격이 오르는데도 과시욕이나 허영심 때문에 고가 제품의 수요가 줄어들지 않는 현상이다. 고급화, 차별화 전략, VVIP 마케팅 전략이 있다. 사례로 수입 자동차, 명품가방, 최고급 가전제품, 고가 귀금속 등의 마케팅 전략이다.

디드로 효과(Diderot effect), 종속적 제품, 연관제품

하나의 상품을 구입하여 그 상품과 연관된 상품을 연속적으로 구입하는 현상(정서적, 심미적 동질성까지 느끼는 현상)이다. 바비 인형의 옷, 가구, 집, 액세서리를 다양하게 출시하여, 연관된 확장 제품을 계속 소비를 하게 만든다. 레고의 창의성 교육의 대명사인 조립식 블록완구, 덴마크어로 '잘 놀다(leg godt)' 의미로 연속적으로 계속 소비를 이끌고 있다.

Work Sheet - 01

학번 : _____

이름 : _____

마케팅 전략

1. SWOT 분석

    – 강점(Strength) 경영 자원의 강점, 장점

    – 약점(Weakness) 경영 자원의 약점으로 단점

    – 기회(Opportunity) 경쟁상황 및 고객의 거시적 환경에서 비롯된 기회

    – 위협(Threat) 경쟁상황과 고객의 거시적 환경에서 비롯된 위협

2. STP전략

    – Segmentation(시장세분화)

    – Targeting(타깃고객)

    – Positioning(위치선정)

3. 마케팅 전략의 성공된 사례 소개

창업 마케팅 활동

 **학습목표**

1. 다양한 활동 등
2. 로고(logo)
3. 슬로건(Slogan)
4. 포장(包裝)
5. 디자인(design)
 − 다양한 마케팅으로 성공한 마케팅의 사례 작성(Work Sheet-01)
 − 완성된 창업 아이템 제출(Work Sheet-02)

CHAPTER 10

창업 마케팅 활동

마케팅 활동의 요소는 제품 생산 계획, 시장조사, 광고, 선전, 판매 촉진, 가격 조절 등이다. 제품이 생산자에서 소비자에게 가기까지의 모든 과정을 처리하는 활동이다. 물품의 생산에서 소비에 이르기까지의 유통관계에 관련된 모든 마케팅 활동이다. 최고 경영진이 기업의 핵심 전략을 결정하며 핵심 관리자들이 전략 수행을 개발한다.

기업은 소비자의 입장에서, 고객자산에 미치는 영향을 분석하고 장기적인 수익과 성장의 구체적인 마케팅활동의 전략이다. 기업의 제품이나 서비스가 좋은 것이라고 납득시킬 필요가 있다.

제품전략(Product Strategy)으로 어떤 제품을 제공할 것인가?
가격전략(Price Strategy)으로 가격을 어떻게 결정할 것인가?
유통전략(Place Strategy)으로 새로운 유통경로의 개발이 필요한 것이며,
촉진전략(Promotion Strategy)으로 고객에 대한 정보전달, 설득활동을 계획하고 실천하기 위한 전략이 있다.

목표 시장에 잘 도달하려면 마케팅 믹스 분석, 마케팅 전략의 목표를 달성한다. 뛰어난 마케팅 믹스는 광고, 홍보, 사업을 지원하는 프로모션 전략을 포함하고 있다. 광고와 홍보는 좋은 회사를 제공할 수 있다. 프로모션은 군중

을 간헐적이지만, 지속적인 시간과 투자가 필요하다. 기술은 기업이 제품이나 서비스를 홍보하는 방법을 바꾸었다.

인터넷 마케팅은 매출을 구축하고 저렴하게 대규모 고객 기반을 대상으로 할 수 있다. 비즈니스 웹 사이트에서는 상품이나 서비스 표시와 설명, 전자 상거래 및 보안된 거래 보호를 사용, 주문 상품과 서비스의 고객 지원, 경우에 따라서는 인터넷을 통해 상품이나 서비스의 제공 등이 가능하다.

광고, 홍보의 마케팅 믹스를 만드는 방법을 결정하고, 타깃 고객에게 최적의 소득과 예산에 맞출 수 있다. 마케팅 전략과 활동을 이해하면 주, 월, 분기 또는 연 단위로 실시하는 전략적 활동의 일정을 만든다. 일정을 작성하기 전에 모든 마케팅 아이디어를 나열해야 한다. 기업의 목록을 계획 세워 아이디어의 목록을 만든 후 각 항목에 대한 시간 또는 비용의 금액을 추정한다.

마케팅 전략판매, 전략 비교, 고용 상태, 감독, 보상, 영업비용에 미치는 영향, 판매, 고객의 지식, 판매된 제품, 고객 서비스, 내부 영업팀, 직원의 판매 노력과 외부 판매 팀의 하청 업체, 영업팀, 수수료, 현실의 판매 방법 등 마케팅의 유효성을 확인하는 마케팅의 노력이 성과를 거두고 있다.

가치 있는 마케팅 활동의 성과를 추적하고 제품이나 서비스가 얼마나 시장에 침투하고 있는지를 측정하는 마케팅 활동이다. 자주 사용하는 미디어는 무엇인지, 프로모션 타이밍, 고객에게 구매에 사용된 핵심 이유, 광고, 행사, 인센티브를 검토한다. 답변을 측정하는 포커스 그룹을 실시하여, 잠재 고객과 인터뷰하여 유사 상품 또는 서비스의 구매 장소를 결정하고 웹 사이트에 히트 건수를 확인한다. 구입마다 특별한 선물을 제공하고, 전망치나 제품 샘플링에 대한 반응과 매출 수익(매출액에서 비용을 뺀 것)을 추정한다. 외부 판매 방법으로는 1인, 인터넷, 기존의 유통 경로, 직접 판매원, 라이선스, 판매 담당자 또는 제조업체 담당자, 기업 비즈니스에 어떤 방법이 최적일지를 파악해야 한다.

목표 시장에 도달하기 위해 필요한 개념을 기억해야 할 중요한 것으로는 의사결정의 브랜딩을 통해 이미지를 컨트롤하는 것이다. 마케팅 전략 수립, 전략의 실시를 위한 구체적인 활동 계획이 포함되며 마케팅 믹스의 성공은 광고, 홍보, 프로모션이 마케팅 활동에 예산에 직접적인 영향을 준다. 시장 침투의 효과를 보장하기 위해 추적해야 한다. 판매 프로세스가 완료되면 고객 또는 영업 담당자가 판매를 종료하고 고객 관계를 구축하고 판매를 재개하는 데 도움이 된다.

사업 기획 프로세스의 마케팅 섹션으로 첫째, 목표 시장에 도달할 수 있도록 미디어를 선택한다. 현실적인 광고를 선택하여 목표 시장에 도달한다. 신문, 잡지, 라디오, 방송, 프로그램 시간, 텔레비전, 목표 시장에 적합한 네트워크 또는 케이블 프로그래밍, 웹 배너, 웹 사이트, 소셜미디어, 타깃시장에서 가장 많이 사용되는 사이트를 결정한다. 둘째, 광고 목표를 설정한다. 광고의 고객은 누구인지, 광고의 목표를 설정한다. 셋째, 광고의 내용을 결정한다. 이 광고의 마케팅 메시지는 무엇인지, 제품이나 서비스의 장점보다는 기능에 초점을 맞추고 있는지 파악한다. 넷째, 기업의 광고 카피를 설명하는데 어떤 이미지가 도움이 되는지 스케치한다. 광고의 색상, 제목 스타일과 크기, 사용 기간, 선택하는 음악 등의 내용을 포함한다. 마지막으로 광고에 대한 의견을 다른 사람에게 물어본다. 가능하면 표적대상의 사람들로부터 피드백을 요청하고 의견에 따라 광고를 수정한다.

마케팅 전략, 전술 및 활동의 단계

1단계, 사업의 마케팅 전략을 결정한다. 비즈니스에 적합한 마케팅 전략을 결정하려면 아래 질문을 보자. 어떤 목표 시장에 가장 접근하고 있는지, 목표 시장은 현재 어떤 요구에 대응하고 있는지 이러한 요구사항을 충족하기 위해 제공할 수 있는 제품이나 서비스는 무엇인지, 경쟁 우위는 이러한 요구를 어떻게 충족할 건지, 경쟁 우위와 목표 시장의 요구를 해결하기 위해서 어떤 전략을 채택해야 하는지, 이러한 전략(광고, 홍보, 판촉, 판매 방법, 기타 활동 등)을 실시하는 데 핵심이 되는 활동은 무엇인지를 파악한다.

2단계, 마케팅 맵을 만든다. 마케팅 전략을 파악한다. 샘플을 참조하여 아이디어가 필요한 경우 마케팅활동의 전략을 전술한다.

3단계, 판매 리드를 인증하고 고객 프로필에 영업 리드를 어떻게 대응할지에 대해 설명한다. 사용자 의사결정자 또는 구매자에게 판매 프레젠테이션을 원하는지를 설명한다.

4단계, 잠재 고객에게 접근한다. 잠재 고객에게 접근 수단을 설명한다.

5단계, 영업 프레젠테이션을 실시한다. 잠재 고객에게 판매 프레젠테이션을 할 때 기업의 제품 또는 서비스를 잠재 고객에게 지속적으로 사용하는 액션을 기술한다.

6단계, 이의 신청을 처리한다. 잠재 고객이 일관되게 사용하는 행동을 설명하는 제품이나 서비스의 구매에 대해 이의를 제기하는 불만을 보완한다.

7단계, 판매를 종료한다. 잠재 고객이 구매 신호를 보여줄 때 영업 담당자가 사업을 구할 때 지속적으로 사용하는 액션을 기술한다.

8단계, 판매 후 후속 서비스가 필요한 경우 고객 또는 영업 담당자가 판매 거래를 완료한 후 고객과 후속 경우에 일관되게 사용하는 조치의 기술을 안내한다.

마케팅을 통한 경제 효과, 매출을 늘리기 위한 마케팅활동

1. 다양한 활동 등

1) 버즈 마케팅(Buzz marketing)

Buzz는 꿀벌이 윙윙거리는 것처럼 고객에게 제품에 대하여 말하는 입소문 마케팅, 구전(word of mouth)마케팅이다.

'입소문 마케팅'의 일종으로 상품을 이용해본 소비자가 그 상품에 대해 주위 사람들에게 자발적으로 긍적적인 메시지를 전달케 함으로 입소문을 퍼트리

도록 유도하는 마케팅이다. 인적인 네트워크로 고객에게 제품을 전달하는 마케팅 기법이다.

2014년 8월 해태제과에서 출시한 허니버터칩은 기존 감자칩에서 볼 수 없었던 '프랑스산 고메버터'와 '아카시아꿀'을 원료로 했다는 특징이 소비자들의 흥미를 이끌었다. 결정적으로 트위터, 페이스북 등의 각종 SNS상에서 여러 연예인들이 허니버터칩과 같이 찍은 사진 등 을 올리면서 주위사람들에게 자발적으로 퍼져나갔고 이로 인해 출시 후 한 달간 무려 78억 원의 수익이 발생하였다.

2) 푸드(Food) 마케팅

사람들은 음식의 어떤 부분에 높은 가치를 매기고 있을까? 맛있는 음식? 그렇다면 무엇이 맛있는 음식을 만드는 것일까? 먹방에서 쿡방으로, 스타 셰프 전성시대를 맞아 연예인들의 먹방으로 인기를 끌고 있다. '신상출시 편스토랑'은 구독자 43,952명이다(2023.3.6. 기준).

서울대학교 푸드비즈니스 랩은 음식에 대한 담론을 다루며, 우리 음식 문화의 저변 확대를 지향하는 연구소이다. 이들은 '우리에게 음식의 가치란 무엇인가?'라는 궁금증을 해결하기 위해 3가지 세부적인 질문을 스스로에게 던졌다.

① 음식의 가치를 어떻게 발굴해서 어떻게 전달할 것인가?
② 음식의 가치를 어떻게 창출하고 어떻게 담아낼 것인가?
③ 과학의 관점에서 본 음식의 가치의 본질은 무엇인가?

우리의 삶은 음식의 가치 안에서 영위되고, 음식에 대한 가치 판단에 따라 당신이 누군인지 결정된다. 당신이 먹는 것이 바로 당신이다. 자신이 어떤 사람인지 알고 싶다면 내가 소중하게 생각하는 '음식의 가치'가 무엇인지를 보면 된다. 그게 당신이고 당신의 삶의 가치이다. 당신은 감각적인 사람인가? 직관적인 사람인가? 당신의 삶은 정글 속인가, 잔잔한 호수 위의 돛단배인가?

3) 저가격 마케팅

시장선택으로 가격탄력성이 높은 시장을 타깃으로 삼았다. 원가우위 전략을 사용한다.

① 공급적인 가격 정책으로 경쟁자들과 가격차를 크게 벌린다.
② 종류를 한정시켜 독특한 제품군의 정체성을 유지한다.
③ 선택한 품목만을 대량생산하여 구매 가격을 급감시키는 데 집중한다.

이케아 셀프 시스템은 미완성 제품을 사서 소비자가 직접 조립하는 방식으로 중간유통, 조립 과정을 생략함으로써 비용이 아주 절감된다.

다이소는 합리적인 가격, 좋은 품질이란 기업슬로건으로 고객 밀착형의 제품구색, 점포운영 대량구매로 원가를 절감한 유통혁신 POS(Point of Sales) 시스템으로 팔린 상품에 대한 정보를 판매시점에 즉시 기록함으로써 집중적으로 관리하는 체계(Digital Picking System)로 점포로부터의 발주 데이터를 센터의 상품 랙(Rack)에 부착된 표시기에 파킹수량을 체크하여 디지털로 표시하여 별도의 리스트 없이 누구나 신속하고, 정확하게 쇼핑할 수 있는 TMS(Transportation Management System)이다.

화물운송 때 수반되는 자료와 정보를 신속하게 수집하여 이를 효율적으로 관리하는 동시에 수주기능에서 입력한 정보를 기초로 비용이 가장 적은 수송경로와 수송수단을 제공하는 시스템의 혁신이다.

4) 체험 마케팅

소비자들이 직접 체험을 함으로써 제품의 홍보 효과를 기대하는 마케팅 방법이다. 제품이나 서비스의 분위기와 이미지 또는 브랜드를 통해서 소비자들의 감각을 자극하는 체험에 집중하는 것이 장점이다.

① 감각 마케팅 : 고객의 감각을 자극할 때 미적인 즐거움에 초점을 맞춤
② 감성 마케팅 : 고객의 기분과 감정에 영향을 미치는 감성적인 자극을 통해 브랜드와 유대관계 강화
③ 지성 마케팅 : 고객의 지적 욕구를 자극하여 고객으로 하여금 창의적으로 생각하게 함
④ 행동 마케팅 : 체험 행동을 하는 데 다양한 선택권을 알려주어 육체와 감각에 자극되는 느낌들을 극대화하고 고객으로 하여금 능동적 행동을 취하도록 함
⑤ 관계 마케팅 : 브랜드와 고객 간의 사회적 관계가 형성되도록 브랜드, 커뮤니티 형성

5) 감성 마케팅

고객의 기분과 정서에 영향을 미치는 감성적인 행동을 통해 브랜드와 고객 간의 유대 관계를 강화하는 것. 이성보다 감성에 호소하라. 마케팅 커뮤니케이션에서 감성의 활용은 브랜드 이미지를 차별화하고 브랜드 충성도(brand loyalty)를 강화할 핵심적인 방법이다.

경동보일러는 "부모님 댁에 보일러 한 대 놔드려야겠어요"라는 슬로건으로 한국인의 정서를 자극한 감성 마케팅으로 지속 가능한 성장을 하고 있다. 초코파이는 인간적인 감성을 자극하여 소비를 이끌어 내는 마케팅 전략과 정(情)이라는 감성을 자극한다. '마음을 전하는' 수단으로 광고 시리즈로 제작한 사례이다. 박카스도 성공 사례이다. 몇 년 연속 감성을 자극하는 광고 시리즈를 보여주면서 '공감'이라는 정서를 자극하는 감성 마케팅 전략이다.

6) 컬러 마케팅

사람이 사물을 봤을 때 가장 먼저 인지하게 되는 것이 색깔이라는 점을 이용하여 기업이나 브랜드의 이미지를 나타낼 때 다양한 컬러를 활용해 소비자의 뇌리에 각인시키고, 소비자의 구매욕을 자극하는 마케팅 기법이다. 상품

의 강조, 차별화, 개성표현이 가능하다.

미국 컬러 리서치연구소 (CR) 연구
✓ 소비자의 상품 선택은 초기 90초 안에 잠재적으로 결정
✓ 상품이 좋고 싫다는 판단의 60~90%가 컬러에 의해서 좌우
 -> 기업은 상품의 가치를 컬러로 명쾌하게 표현할 수 있어야 함

색상(色相)

빨강, 파랑, 녹색이라는 이름 등으로 서로 구별되는 특성을 말한다. 색조와 거의 같은 뜻으로 명도(明度), 채도(彩度)와 더불어 토양의 모든 특징을 종합적으로 나타낸다. 색상으로 기업의 정체성을 추구한다. 기업의 느낌을 전달하고 고객이 빨리 생각하며 쉽게 기억하는 방법이다. 사람이 사물을 봤을 때 가장 먼저 인지하게 되는 것이 색깔이라는 점을 이용하여 기업이나 브랜드의 이미지를 나타낼 때 다양한 컬러를 활용해 소비자의 뇌리에 각인시키고, 소비자의 구매욕을 자극하는 마케팅 기법이다. 상품의 강조, 차별화, 개성 표현이 가능하다.

오감으로, 시각 87%, 청각 7%, 촉각 3%, 후각 2%, 미각 1%로 선택된다고 한다. 미국 컬러리서치 연구소(CR)연구에서 소비자의 상품선택은 초기 90초 안에 잠재적으로 결정된다고 한다. 상품의 좋고 싫다는 판단의 60~90%가 컬러에 의해서 좌우된다고 밝혔다. 그래서 기업은 상품의 가치를 컬러로 명쾌하게 표현할 수 있어야 성공의 지름길이다. 회사의 직원유니폼, 모자, 차량 등 브랜드 이미지를 부각시키는 데 색상이 중요한 역할을 한다.

제품을 구입하기 전에 좋아하는 색상의 제품이 구매 의사결정에 중요하며, 소비자들은 본인과 어울리는 색상을 선택한다. 문화별 색상 차이로 한국에서는 검정색은 죽음의 색상으로 인식하며, 일본은 흰색을 죽음의 색상으로 인식한다. 중국은 붉은색(길조의 색)을 선호한다.

빨강(Red)은 강렬한 색상, 건강, 용기, 사랑, 따뜻함, 열정, 힘, 위험, 행운을 상징하며 대표적인 브랜드는 코카콜라이다. 빨간색은 식욕을 불러일으키는 색이기 때문에 음식과 관련된 브랜드들에 많이 사용되고 있다.

파랑(Blue)은 역동성과 혁신적인 이미지, 의존과 신뢰, 성스러움과 희망의 메시지, 청혼의 대명사. '티파니 블루'는 깊고 푸른 바다. 맑은 하늘을 연상한다. 행복, 시원함, 청춘, 용기, 신뢰, 청량을 상징한다. 삼성

노랑(Yellow)은 따뜻한 느낌, 낙관적, 밝은 느낌, 황금, 안정감을 상징한다. 안전의 색, 어린이와 관련된 용품이 많다. 어린이집 차량

초록(Green)은 안전, 경쾌, 희망, 친목, 친근, 자연, 친환경, 자연친화적, 평화, 미래지향적 환경과 자연을 생각하는 환경경영을 우선시한다. 건강과 안정감의 대명사로 병원을 대표한다. 깨끗하고 안전하다는 메시지로 대표적인 성공사례 기업으로는 스타벅스와 네이버이다.

보라(Purple)색은 빨강과 파랑의 중간색이다. 색이 가진 의미로는 고귀함, 신성함, 죽음, 기다림, 저항 등이 있다. 현대카드에서 출시한 보라색 카드인 'the Purple'이 있다. 일반 직장인이 아닌 연봉 1억 원 이상의 대기업, 기업의 부장급 이상의 고소득자에게만 발급되었다. 영성, 예술과 신비로움의 대명사, 귀족적 이미지로 고급스러움의 대명사이다.

검정(Black)은 빛이 없는 상태 또는 먹과 같은 색이다. 검정과 흰색의 대비가 뜻하는 바는 문화마다 다르다. 서양문화권에서는 나쁜 의미로 사용된다. 블랙리스트(Black List), 검은 목요일(Black Thursday)이 사례이다. 그러나 아프리카의 여러 문화권에서 검정과 흰색은 서양에서의 의미와는 정반대의 의미를 지녀 검정은 긍정적인 의미로 사용된다. 암흑, 죽음, 악마를 상징하기도 하지만, 우아함, 신비, 권력을 상징하기도 한다. 따라서 고위 계층이 사용하는 리무진이나 고급 승용차의 색상은 검정색이다. 도시적이며 모던한 이미지, 세련미

를 상징한다. 사례로 아르마니, 샤넬(검정과 흰색의 조화)은 색상이 주는 이미지를 기업에 접목, 차갑고 신중한 이미지를 표현할 수도 있지만 고급스러움의 대표색이다.

은색(Silver)은 미래적이고 세련된 이미지와 신뢰감을 준다. 은색은 은이 칠해진 금속의 표면에서 반짝이는 색으로 회색에 가까운 빛깔이다. 은메달의 색이며, 사람은 노화가 되면 머리카락이 하얀색으로 변해가는데, 은색에 가깝다. 그러므로 노년층과 관련된 용어에는 '실버'(silver)라는 단어가 많이 포함되어 있다. 노인복지 시설을 실버타운(Silver Town)이라 하며, 노년층 관련 사업을 실버산업이라고 한다. 고급스러우며 중후함을 상징한다.

7) 코즈 마케팅(Cause Marketing)

원인, 대의, 명분을 뜻하는 Cause와 Marketing이 합쳐진 용어 '착한 마케팅'으로 소비자가 제품이나 서비스를 통해서 사회적 가치를 창출하는 것으로 생산이나 과정에서 착한소비에 효과적이다.

기업의 경영활동과 사회적 이슈가 되어 소비자의 관계를 통해 이윤을 추구하는 공익마케팅으로, 기부나 봉사활동을 하는 것이 아닌 소비자가 제품을 구입하면 기부로 연결되어 동시에 사회의 공익에도 참여하게 되는 매력적인 소비 형태이다. 기업이 환경, 보건, 빈곤 같은 사회적 이슈, 기업의 이익추구를 위해 활용하는 경제적 가치와 공익적 가치를 추구하여 사회, 기업, 소비자 모두에게 이익을 남긴다.

탐스는 '기부 소비'라는 스토리텔링으로 소비자의 주목을 받았는데, '원 포 원' 한 켤레의 신발을 사면 개발도상국 아이들에게 신발 한 켤레가 기부된다. 최근 기부 범위를 넓히기 위해 커피와 가방 등도 판매하고 있다. 또 CJ제일제당은 소비자의 착한 소비를 위한 제품인 '미네워터'를 출시하여, 제품을 구입하면 한 병당 소비자가 100원을 기부하게 되고, 기업에서도 추가로 100원을 적립하고, 판매처인 CU편의점에서도 100원, 총 300원을 아프리카 물 부족

국가의 물 정화 작업에 후원한다.

8) 소셜커머스

소셜커머스(Social commerce)는 소셜 네트워크 서비스(SNS)를 통하여 이루어지는 전자상거래를 말한다. 2005년 야후의 장바구니(Pick List) 공유서비스인 쇼퍼스피어(Shoposphere) 사이트를 통하여 처음 소개되었다. 페이스북, 트위터 등의 소셜 네트워크 서비스를 활용하여 이루어지는 전자상거래이다. 일정 수 이상의 구매자가 모일 경우 파격적인 할인가로 상품을 제공하는 판매 방식이다. 소셜 쇼핑(Social shopping) 2022년 한국 성인 스마트폰 사용률은 무려 97%(한국갤럽조사연구소)이다. 모바일 시장과 직접적으로 관련된 대표적인 업체는 쿠팡, 위메프, 티켓몬스터와 11번가, G마켓, 옥션 등이 있다. 연관업체인 LG U$^+$의 페이나우, 이베이의 스마일페이 등이 직접판매가 아니라 모바일 간편 결제 시스템을 도입하여 점차 성장하는 모바일 쇼핑 시장에서 우위를 점하기 위해 치열하게 마케팅을 진행하고 있다. 매출 상승과 더불어 궁극적으로 회사 규모 확대를 통한 투자유치를 위해 엄청난 할인과, 편리성 등을 어필하고 있다.

소셜 네트워크 서비스를 통하여 자발적으로 상품을 홍보하면서 구매자를 모으기 때문에 마케팅에 들어가는 비용이 거의 들지 않는다. 소셜커머스 자체는 판매의 수단이 아니라 장기적인 고객을 확보하기 위한 홍보이다. 마케팅의 수단 업체들은 주도권을 차지하게 위해 소위 반값마케팅이라 불리는 공격적 마케팅 방법과 각자이익을 위해 제휴를 맺는 윈-윈 전략을 사용하여 2013년부터 평균 10%씩 상승하고 온라인 쇼핑 거래액에서 모바일 거래액 비중은 2015년 1분기 40.9%로 빠르게 상승하고 있다. 2014년 소셜커머스 3사 매출과 영업 이익의 그래프를 보면 쿠팡은 전년 대비 매출이 100% 이상 상승한 3,400억 원대이나 영업이익은 로켓배송 시스템 구축으로 인해 마이너스 1,200억 원에 달할 정도이고, 위메프는 자본잠식의 상태까지 갔다.

업체들이 손해를 보더라도 마케팅을 하는 이유는 한번 모바일로 구매하면 재구매율이 77.5%나 될 정도로 높기 때문에 당장은 손해를 보더라도 결과적으로 매출 상승을 할 수가 있고, 충동구매를 유도하여 매출상승을 꾀하여 기업의 규모를 키워서 더 많은 투자를 받을 수 있게 하여 결과적으로 회사 발전에 기여할 수 있다는 것이다.

소셜 미디어를 사용하여 비즈니스 목표를 지원하고 고객을 유치하는 데 최적인 것을 확인하는 것이 중요하고 기업을 대표하고 있다는 것을 기억하는 것이 필수적이다. 소셜 네트워킹을 최대한 활용하려면 고객의 소셜에 집중하는 것이 중요하며 디지털 채널을 정기적으로 모니터링하여 표적고객의 욕구를 충족하고 피드백을 해결하는 것이 무엇보다 중요하다. 소셜 네트워크에 자신의 기준, 특성, 분위기를 판단한다.

9) 숫자 마케팅(Numeric Marketing)

숫자를 통해 브랜드, 상품의 인지도를 높이는 마케팅 기법을 말한다. 숫자는 글자보다 기억하기 쉽고 사람의 심리를 자극하여 숫자로 브랜드나 상품의 특성을 나타내는 마케팅 활동이다. 이미지 전달이 빠르고 소비자의 호기심을 자극하는 강점을 적극적으로 활용하여 효과를 극대화한 것이다. 상품의 특징과 성격을 글자보다 숫자로 인지하기 쉽게 의미를 통하여 전문적이고, 계산적이며, 자연스럽게 광고효과를 기대할 수 있다.

소비자들이 신빙성 있게 받아들이는 효과와 브랜드나 상품의 인지도를 높이며, 제품을 각인하는 효과를 올리는 강점이 있다. 단점으로는 광고의 과장광고, 터무니없는 숫자를 붙일 시 알기 어렵고 거부감을 유발할 수 있다.

나라마다 선호하는 숫자는 한국 7, 중국 8, 몽골 9, 서양인 4이다. 숫자마케팅의 사례로는 콘택 600, 성분이 다른 600종류의 약 성분, 흡수시간에 따라 약마다 다르게 코팅을 하여 효과가 12시간 지속된다고 어필한다. 2% 음료수는 체내 총수분량의 2%가 손실되면 신체가 갈증을 느끼게 되는데, 물을 섭취하면 해결될 수 있다는 점에 착안하여 제품명을 선정하였다. 여명808은 전국편의점 음료분야 매출 연속 1위인 숙취음료 대표 브랜드이다. 오리나무 외 간

기능 보호, 천연재료로 배합하여 808번의 실험을 거쳐 탄생되었음을 강조하며 여명은 음주 후의 상쾌한 아침을 약속한다는 의미로 성공한 사례이다. 자일리톨333은 3가지 성분, 3가지 맛과 향, 3가지 제품임을 강조하여 대성공을 이루었으며, 주방세제 트리오도 야채, 과일, 식기 3가지를 씻을 수 있다는 점을 강조하여 성공한 사례이다.

숫자의 의미로는 짝수는 여성의 수, 홀수는 남성의 수로 표현한다. 2와 3이 더해져서 만들어진 5, 여자와 남자의 만남의 수 '부부의 수'로 인식하며 '5'는 중형차의 의미, BMW5시리즈, SM5, K5, 샤넬 NO.5는 제품명의 숫자 5를 강조하기 위해 1924년 5월 5일 출시하였다.

그리고 요구르트 '이오'는 인체에 필요한 성분 5가지를 읽기 쉽게 한글인 이오로 표기한 건강음료이다. 비타500이 한 병은 100mL이고 50kcal이며 비타민C는 500mg, 비타민B$_2$는 1.2mg이며, 무방부제, 무색소라고 홍보하여 성공했다.

2080치약은 20개의 건강한 치아를 80세까지 보존하자는 국민 치아 건강 미션을 실현하기 위해 심혈을 기울여 개발한 토털 오랄케어 브랜드로 성공한 사례이다. 배스킨라빈스31은 아이스크림의 종류가 '31가지 맛'으로 한 달 동안 색다른 맛을 먹을 수 있다는 슬로건으로 홍보하여 성공했다. 7은 행운의 수, 한 주의 7일, 7가지 빛의 색, 7월 7일, 체계를 가진 숫자라고 선호한다. '쓰리세븐'은 손톱깎이 세계 1위 점유율을 자랑한다.

이름 아라비아 숫자는 '인도 아라비아 숫자'로 1,2,3,4,5,6,7,8,9와 0으로 되어 있다. 인도에서 만들어 아라비아 상인들에게 전파되었고, 그 숫자를 통해 편리하게 계산하는 것을 보았던, 유럽인들이 널리 전파하게 되었다.

숫자가 가진 의미
1 : 처음, 최고
2 : 여성, 연인, 합의, 결함

3 : 신성한 숫자, 환원의 수, 삼신, 삼국, 삼형제, 삼위일체

4 : 안정감

5 : 여자와 남자의 만남의 수

6 : 안전의 수

7 : 행운의 수, 체계를 가진 수

8 : 무한, 힘, 통제, 제어

9 : 많음, 새로운 시작

10 : 완전의 수, 기초가 되는 수, 10진 기수법(記數法)에서 사용되는 숫자 0, 1, 2, 3, 4, 5, 6, 7, 8, 9 가운데의 하나.

10) 미투(Me too) 마케팅

미투(모방)의 시대, 자연스러운 시장형성 과정 VS 단순 카피캣 유사제품이 동시다발적으로 쏟아져 나오는 것이 최근의 특징이다. 아모레퍼시픽과 LG생활건강의 쿠션 파운데이션 형태와 스펀지(에테르 폴리우레탄)와 관련된 특허침해소송을 각각 진행했다. 클레어스코리아 역시 히트제품 '마유크림'의 유사제품 및 짝퉁 제품이 시장에 급속도로 퍼지자 해당 업체들과 상표권 분쟁을 하였다.

해태제과의 '허니버터칩'의 인기에 힘입어 농심에서 '수미칩 허니머스타드', 오리온에서 '포카칩 스윗치즈맛'을 출시하였으며, 해태제과에서도 자가 복제품 '허니통통'을 출시하였다. 또 농심 '짜왕'의 인기에 오뚜기에서 '진짜장'을, 팔도에서 '팔도짜장면'을 출시하였다. 주류업계에서는 과일 맛을 첨가한 소주 '순하리 처음처럼 유자맛'이 히트를 치자 하이트진로에서 '자몽에이슬'을, 무학에서 '좋은데이'(석류, 블루베리)를 출시하였다.

11) 이성 마케팅

제품의 1차적 속성(특성, 품질, 기능적 특성)을 구체적으로 전달하는 마케팅 기법이다. 소비자의 실용적, 기능적 욕구에 초점을 맞춘 마케팅 기법이다. 귀

뚜라미 보일러광고는 가스요금에 대한 부담감을 직접적으로 언급하면서 제품을 광고하고 있다. "네 번 태워 잡고, 거꾸로 태워 잡는다"라는 표현을 통해서 같은 양의 가스를 효율적으로 사용한다는 제품의 특성, 품질을 나타내고 있다. 가스누출탐지와 지진감지, 동파방지의 똑똑한 보일러라고 광고한다. 가스보일러, 기름보일러, 화목보일러, 전기보일러, 신재생보일러 들의 특성을 소개한다. 이성마케팅은 품질과 기능의 구체적 전달과 기능적, 실용적 욕구 충족이며, 품질, 기능의 비교를 통한 합리적인 소비를 지향한다는 것이 핵심이다. 이성마케팅의 단점은 제품 인식을 약화시키며, 현대에서의 제품 경쟁력 저하이다.

12) 인플루언서(Influencer) 마케팅

'영향을 주다'는 뜻의 'influence'에 '사람'을 뜻하는 접미사 '−er'을 붙인 것으로 '영향력을 행사하는 사람'이라는 뜻이다. 포털사이트에서 영향력이 큰 블로그를 운영하는 '파워블로거'나 수십만 명의 팔로워를 지닌 소셜 네트워크 서비스 사용자, 1인 방송 진행자를 통칭한다. 인플루언서 마케팅은 이들을 활용해 제품이나 서비스를 홍보하는 마케팅 수단이다.

그 외 마케팅은 남과 다르기 위한 자기다움의 차별화 전략이다.
- 컨텍스트(context) 마케팅 : 특정 상품의 구매욕구 시점 파악(촉진 극대화)
- 협업마케팅 : 고객과 기업이 지식공유 마케팅
- 버저닝(versioning) 마케팅 : 가치 중심의 가격설정 방식의 마케팅
- 번들링(bundling) 마케팅 : 고객의 가치를 높이고 기업이익을 보장받는 방식
- 공동구매 마케팅 : 수요의 양에 따른 가격결정 방식
- 인적판매 마케팅 : 상품을 알리고 질문에 답하며 고객들과 대면 접촉하는 활동
- 정서 마케팅 : 감정을 불러일으키는 기분이나 분위기를 우호적으로 활용
- 스토리텔링 마케팅 : 기쁨을 간접적 이야기로 경험하게 하는 방법
- 공격적 마케팅 : 적극적 마케팅
- 디(de)마케팅 : 얄미운 고객을 최소화하려는 기법

- 창조관광 마케팅 : 신선한 아이디어＋다양한 체험＋스토리텔링
- 컬러 마케팅 : 색상으로 감성적 반응을 불러일으키는 마케팅
- 데카르트 마케팅 : 예술적인 디자인 우선주의로 소비자를 만족
- 테스트 마케팅 : 신제품 출시 전 거치는 시험과정(실패의 위험을 위한 예방조치)
- 힐링(healing) 마케팅 : 고객의 피로와 스트레스를 치유하라. 웰빙 기능을 넘어 휴식과 위안으로 음악, 휴식, 음식, 걷기
- 과감한 마케팅 : 고객을 감동시키는, 특별서비스를 받았다고 느끼게 하라
- 스타(모델광고) 마케팅 : 긍정적이고 신뢰감 주는 모델로 광고
- 가족광고 모델 마케팅 : 공감으로 현실적이고 직설적으로 소통하는 광고
- 감성 마케팅 : 이성보다는 감성에 호소하는 호소력을 지닌 언어적 표현
- 문화 마케팅 : 삶의 질을 추구하는 정신적인 원동력
- 전시 마케팅 : (시각 87%, 청각 7%, 촉각 3%, 미각 2%, 후각 1%) 전시공간을 만들어 보여주는 행사
- 가치주도 마케팅 : 소비자의 정신세계인 영성 가치에 조화를 둔다
- 대중문화 마케팅 : 대량생산하여 소비되는 가벼운 문화, 쉽게 변하는 문화
- 디자인 마케팅 : 감성, 창의성, 독특성, 시각적, 표현적 마케팅
- 전통문화 마케팅 : 오래된 경험의 민속문화 마케팅
- 내부 마케팅 : 사내 직원 계열사 대상
- 사회적 마케팅 : 환경오염 방지처럼 사회 전체의 공익을 고려한 마케팅
- 표적 마케팅 : 차별화된 특성을 가진 상품으로 차별적 마케팅
- 인터넷 마케팅 : 음성, 영상, 동영상등 다양한 정보전달이 통합 가능한 매체 이용
- 스포츠 마케팅 : 스포츠의 배경을 이용한 마케팅
- 체험 마케팅 : 직접 경험해 보고, 느끼고, 즐기게 하는
- 버즈(Buzz) 마케팅 : 사람들 사이에서 상품에 대하여 주고받는 입소문

- 쇼버즈 마케팅 : 상품을 점잖게 포장하여 매장에서 판매하는 동시에 적절한 버즈를 창출
- 복고풍 마케팅 : 소비자의 향수를 자극하는 광고
- 슬로건 마케팅 : 반복적인 문안으로 광고
- 헤드라인 마케팅 : 인쇄광고에 제목 같은 역할을 하는 카피 광고
- 유머 마케팅 : 미국 15%, 영국은 그 이상의 비중인 광고. OB라거 '랄라라' 유머형
- 패러디 마케팅 : 낯익은 영화나 TV의 유명한 장면을 코믹하게 재연하는 광고
- 배경 마케팅 : 광고 레이아웃에서 도형 뒤에 놓여 있는 부분
- 캠페인 마케팅 : 여러 편의 광고를 장기적으로 관리하는 마케팅
- CM송 마케팅 : 광고의 노래로 리듬감 있게 마케팅
- 연속형 마케팅 : 광고를 일정 수준 지속하는 전략 마케팅
- 팝업광고 마케팅 : 웹브라우저가 열릴 때 새로운 창과 함께 그 위로 나타나는 배너 광고
- 키워드 마케팅 : 검색결과가 나오는 창에 관련업체의 광고가 노출되는 마케팅
- 텍스트 광고 마케팅 : 하이퍼링크를 통한 텍스트 기반의 인터넷 광고 유형
- 비영리 마케팅 : 이윤극대화보다는 자체 조직의 목적 달성을 지향

2. 로고(logo)

회사·조직을 나타내는 특별한 디자인으로 된 상징적 이미지이다. 기업을 기억하며, 새로운 얼굴이다. 벤츠, 삼성, 애플, 코카콜라, 나이키 등의 로고를 이미 성공 이미지로 기억하고 있다. 벤츠의 세 꼭지별 엠블럼 로고는 입체적인 모습이다. 또 세 꼭지별 엠블럼과 함께 브랜드 표어인 '최고가 아니면 만들지 않는다(The best or nothing)'가 기업이념이다. 또 벤츠의 세 가지 핵심 가치

인 완벽(Perfection), 열정(Fascination), 책임(Responsibility)을 표현했다.

애플의 로고는 한 입 베어 먹은 사과 모양이다. 로고의 가설로는 스티브 잡스가 일하던 오리건 주에 사과농장이 많았고 사과농장에서 일하던 그는 사과농부 생활을 그만하고 돈을 벌어야 겠다는 의미이다. 또 스티브 잡스가 가장 좋아 하였던 록밴드 비틀즈의 음반 회사가 애플 레코드(Apple Records)이다. 1968년 비틀즈 멤버인 존 레논, 폴 매카트니, 조지 해리슨, 링고 스타가 설립한 애플 코어의 자회사 때문에 유래되었다는 설도 있다. 또 아담과 이브가 한 입 베어 먹은 선악과를 상징한다는 설도 있으며, 컴퓨터 과학자인 앨런 튜링을 존경하였는데 그가 자살하였을 때 그 옆에 사과가 있었기에 그를 기리는 마음으로 만들었다는 설이 있다.

성공한 로고는 기업의 긍정적인 측면으로 전달된다. 즐겁고 친근하며 신선한 이미지로 정체성을 알리기에 매우 중요하며, 상징하는 의미의 로고로 차별화하여야 한다. 기업의 특별한 점, 차별화된 전략, 경쟁적 포지셔닝의 임팩트 있는 색상 또는 디자인으로 기획하여 표현하며 기업로고를 제작하고 효과적으로 만들어야 한다. 획기적인 로고로 브랜드가치를 알려야 한다.

3. 슬로건(slogan)

스코틀랜드에서 위급할 때 집합신호로 외치는 소리(sluagh-ghairm)를 슬로건이라고 한 데서 나온 말이다. 인간은 전적으로 논리적인 판단만을 하는 것은 아니며 정서에 의해서 움직이게 되는 면도 적지 않다. 특히 대중은 피암시성(被暗示性)이 강하므로 정서적으로 채색된 단순한 표어가 효과를 나타내는 수가 많다.

정치행동으로부터 상업광고의 영역에 이르기까지 널리 사용되는데, 하나 같이 내용이 이해하기 쉽고 표현이 단순하며, 단정적(斷定的)이라는 점 등이 중요한 요소이다. 슬로건의 호소력은 크다. 사업적 철학, 가치관, 제품의 강점을 살리기 위하여 슬로건을 사용한다. 사업의 독특한 점, 차별화된 점, 고객의 욕구를 충족시키는가에 대해 상징적이며, 효과적인 슬로건은 기업 이름을 대표하는 것이니 만큼 특별해야 한다.

슬로건을 통해 브랜드 인지도와 이미지를 증진시킬 수 있다. 장기적 시각으로 개발하고 추상적이기보다 아이덴티티가 정확하게 강조되어야 한다. 광고 카피에서 슬로건, 수식어는 언어적으로 간결하게 표현되어 친숙한 경로로 기억에 남겨져야 한다.

"아버님 댁에 보일러 놔드려야겠어요, 경동보일러", "붉은색, 승리의 상징. 코카콜라", "고향의 맛 다시다", "情, 초코파이", "감기 조심하세요, 판피린", "우리 강산 푸르게푸르게, 유한킴벌리", "세상에서 가장 작은 카페, 카누", "흡수가 빨라야 한다, 게토레이", "150m 깊이에서 퍼 올린 천연암반수, 하이트 맥주", "랄랄라 유머형 광고, OB맥주", "무카페인 비타민C, 비타500", "Just do it, 나이키" 등의 성공 슬로건은 감각적, 미적, 즐기는 마음, 놀이, 정서와 창조성, 감성으로 접근하여 대중에게 주목받고 있다.

4. 포장(包裝)

영어 packaging and labeling, Package labeling, labelling은 물건을 싸는 행위이며, 포장의 보호성, 편리성, 쾌적성 등에 목적이 있다. 물품을 보호하며, 개봉, 폐기 또는 재사용하는 데 용이하다. 포장에 이용하는 주요 재료는 포장재라고 한다. 종이, 플라스틱 등의 종류이다. 포장 없이 유통되는 경우는 거의 없으며, 기업의 특성을 전달하고 고급스러운 제품으로의 역할을 한다. 정교한 포장으로 완성되어야만 고부가가치를 창출하며 완전한 제품 보호, 제조 원가에도 영향을 미치며, 기업의 제품의 정체성을 반영한다.

5. 디자인(design)

디자인이라는 용어는 지시하다, 표현하다, 성취하다의 뜻이다. 그리다, 밑 그림을 그리다의 뜻을 지닌 라틴어 데시그나레(designare), 이탈리어의 다세뇨 (desegno), 목표로 하는 일, 목적, 계획, 스케치의 뜻을 가진 프랑스어의 데상 (dessine)에서 유래되었다.

동사와 명사로 함께 쓰며, 명사로서는 다양한 사물 혹은 시스템(건축에서는 청사진, 엔지니어링 도면, 사업의 표준 프로세스, 서킷보드의 다이어그램, 바느질 패턴) 등 의 계획 또는 제안의 형식(도안, 모델, 다른 표현)의 물건을 만들어내기 위한 제 안이나 계획의 실행을 의미하며, 동사로서는 이것을 만드는 것을 의미한다.

물건을 창조하는 행위, 그 행위의 결과(유리 그릇, 도자기, 나무 장식품)를 디 자인이라 할 수 있다. 디자인은 다양한 목적을 효과적인 측면(재료, 생산효율, 안 전성, 경제성, 내구성, 매력) 등을 고려해야 한다. 리서치, 사고, 실험 모델, 실험 및 조정 과정, 재설계 과정 등을 거칠 수 있다.

디자인되는 방법과 참여자의 분야, 그 다양성에 다양한 방법과 형태가 존재한다. 디자인 관련 분야로는 산업디자인, 시각디자인, 인테리어디자인, 제 품디자인, 운송디자인, 환경디자인, 실내디자인, 색채디자인, 패션디자인, 사 용경험자디자인, 디자인 리서치, 디자인 전략, 아이디어 컨설턴트 등의 분야 가 있다.

Work Sheet - 01

학번 : _____

이름 : _____

창업 마케팅으로 실현해 보자.

1. 내게 가장 기억에 남는 로고를 찾아보자.

2. 내게 가장 기억에 남는 슬로건을 찾아보자.

3. 내가 본 색상의 성공한 대표 브랜드를 찾아보자.

4. 오감에서 시각, 청각, 촉각, 후각, 미각 중 가장 이끌리는 감각은?

5. 포장 중에서 가장 멋지다고 생각되는 브랜드의 포장은?

6. 내가 본 숫자마케팅의 성공 사례를 작성해 보자.

7. 로고, 슬로건, 디자인, 포장, 숫자마케팅 중 기억에 남는 사례는?

8. 창업 아이템으로 자신만의 로고를 만들어 보자.

9. 창업 아이템으로 나만의 슬로건을 만들어 보자.

10. 창업에서의 색상의 이미지를 디자인해 보자.

11. 완성된 아이템은 시각, 청각, 촉각, 후각, 미각 중 어디에 속하는가?

12. 완성된 포장을 시뮬레이션해 본다.

13. 내게 가장 의미 있고, 내가 가장 좋아하는 숫자는?

14. 창업의 특성을 로고, 슬로건, 디자인, 포장, 숫자마케팅 중 한 가지만을 선택 한다면?

15. 대표브랜드로 창업 아이템을 완성해 보자.(결과물 제출)

학번 : _____

이름 : _____

완성된 결과물 시뮬레이션 : 로고, 슬로건, 디자인(창업 아이템, 대표 브랜드)

CHAPTER 11

사업계획서 작성, 타당성 분석

 학습목표

1. 사업계획서(Business Plan) 정의
2. 사업계획서의 내용
3. 사업계획서 포트폴리오
4. 사업계획서 작성 단계
5. 사업계획서 구성 항목 등
   - 사업계획서 포트폴리오 작성(Work Sheet-01)

11   사업계획서 작성, 타당성 분석

1. 사업계획서(Business Plan) 정의

새로운 프로젝트를 계획하는 사업의 방향과 방법, 절차, 활용범위 등 목표달성에 필요한 문서를 기술하는 요소, 사업의 성공을 위한 체계적 지침서이다. 계획의 강점과 약점의 단계적인 검토, 사업의 목적, 수요예측, 투자내용, 생산, 판매를 계획하여 추정하며 재무제표를 정의한다. 또 업종과 규모에 알맞게 작성하며, 창업과 관련된 모든 계획을 문서화한다. 성공하는 창업에서 사업의 필요성, 창업의 객관적인 동기와 열정, 개인의 경험과 노하우, 개인의 재능과 기술, 연구의 체계적인 기술이 사업계획서 작성의 중요한 목록이다.

창업과 관련된 외적 요소로는 법규, 경쟁상황, 사회적 변화, 소비자의 욕구 변화, 새로운 기술, 생산, 마케팅, 조달, 기술개발 능력, 인적자원 등이며, 내적 요소로는 현재의 상황 파악, 창업 목표, 창업전략 수립 등이다.

사업계획서 작성의 의미는 창업의 비전, 사업의 규모, 창업계획의 과정을 전략적이고 효율적이며, 성과 지향적 요인으로 자신감을 가지고 합리적으로 작성한다. 객관성, 전문성, 신뢰성, 핵심과제 강조, 핵심 내용 강조, 제품과 기술적 분석의 단순성, 보편성, 실현 가능한 자금 조달 계획, 창업으로서의 기회와 위협요인을 체계적으로 분석한다. 창업의 아이템을 구체화하고 타당성 검증, 장점·단점 파악, 위험요소는 점검하여 사전에 대비하며 기회 제공, 사업 진행 내용과 상황을 철저히 점검한다.

　　사업계획서의 일반현황의 기본정보는 대표자, 제품과 서비스의 아이템 명을 명시한다.
　　일반현황의 세부정보로는 신청분야와 기술분야를 검토한다.
　　사업계획서의 창업아이템 요약은 창업아이템 소개와 차별성, 이미지까지 설계한다.
　　사업계획서의 내용은 창업아이템 개발동기, 목적과 필요성이 혁신적인지 명시한다.
　　창업아이템 목적, 제품, 제작시간, 방법 등이 실현 가능한지, 시장분석과 차별화 전략을 확보한다. 성장전략으로 시장진입과 성과전략을 파악한다. 고정비와 변동비, 팀 구성, 대표자와 팀원 현황과 경험, 기술력, 노하우를 사업계획서에 작성한다.

2. 사업계획서의 내용

① 사업의 취지 : 누가, 언제, 누구에게, 무엇을, 어떻게, 왜
② 사업 콘셉트 : 목표시장, 규모, 시장점유율, 경쟁력 확보, 경영진, 인력
　　- 고객 중심 : 사업의 위치, 사업형태, 수익성, 시기, 계절변동
　　- 사업의 차별화 포인트 : 경쟁자와 차별성
③ 시장 환경 : 수요 또는 욕구 충족(인구 동태적 접근, 심리적 변동요인 접근)
④ 사업전략의 수립 : 생산성, 마케팅, 혁신, 이익, 장기적 성장성
⑤ 마케팅 전략의 수립 : 핵심제품, 기대제품, 확장제품, 잠재적 제품, 서비스
　　- 제품 가격 결정 : 목표설정, 수요예측, 비용계산, 경쟁사 가격, 가격설정

－ 제품의 유통 : 목표고객 파악, 규모의 경제실현, 직거래 실현, 인터넷 등

3. 사업계획서 포트폴리오

① 창업 아이템 설정 : 아이템 개념, 분야, 목적, 성능, 특징, 장점, 기술 등
② 핵심 기술과 기술개발 수준 : 브랜드, 인적자원, 기술개발 계획, 특허 등
③ 창업 아이템의 차별성 : 경쟁제품의 차별성, 독창성
④ 목표시장 규모와 전망 : 경쟁제품 분석, 자사의 SWOT 분석
⑤ 창업 아이템의 마케팅 전략 : 제품, 가격, 유통, 촉진 전략, STP 분석
⑥ 창업 아이템 실현 가능성 : 가능성 계획, 신제품 제작, 서비스 개시
⑦ 창업 아이템의 성장 가능성 : 현재 성장단계, 기술적 경제적 효과, 성장성
⑧ 향후 추진 계획 : 최종 개발 목표와 사업화 차질 시 대응 방안
　－ 인력 구성
　－ 자본 구성
　－ 경쟁사 등장 : 차별화, 기술력 확보
　－ 준비, 도입, 성장, 강화, 수확의 단계

창업 사업계획서 작성 목록
① 사업 타당성 검토
② 창업계획 구체화
③ 자본금 조달
④ 인·허가 문제

4. 사업계획서 작성 단계

1) 사업개요

- 사업기회 및 동기(제품, 서비스, 기술에 대한 설명)
- 회사의 미션과 비전
- 고객의 요구
- 고객 가치 명제(혜택 설명)
- 차별화 전략
- 사업 모형 설명(사업 전략과 단계별 목표)

2) 사업 및 시장분석

- 거시 환경 분석(경제적, 정치 법률적, 기술적, 사회문화적)
- 시장분석(인구 통계학적, 경쟁사, 트렌드)
- 표적시장 분석(고객 세분화, 고객 프로필)
- 경쟁사 분석과 경쟁우위(SWOT)
- 유통채널(대안, 리스크, 혜택 등)
- 초기 시장 진입 전략, 지속 가능성 분석

3) 마케팅 계획

- 시장조사, 시장 세분화, 표적고객 선정
- 표적고객 차별화 4P 전략
- 제품(Product), 가격(Price), 유통(Place), 촉진(Promotion)
- 시제품 및 테스트 계획
- 제품, 서비스 완성 일정
- 제품 수명 주기(도입기-성장기-성숙기-쇠퇴기)와 성장전략

4) 운영 계획

- 시설 설비
- 사업 프로세스
- 아웃소싱 계획
- 기업내부 프로젝트나 제품의 생산, 유통, 용역을 외부 제3자에게 위탁, 처리하는 것

5) 조직 구성

- 경영진의 철학
- 회사의 법률적 구조
- 조직도(자격, 학력, 역량, 경력, 업무소개 등)

6) 재무 전망

- 자금 규모
- 손익분기점 분석
- 투자 회수 기간

7) 세부 추진 일정

- 사업 착수 일정
- 주요 기술 개발, 상품, 서비스 출시 일정
- 상품, 서비스 고객 유지 일정

8) 사업계획서 파악

① 기업체 현황 : 회사 개요, 목적, 연혁, 사업추진 능력, 향후 계획
② 조직 및 인력현황 : 조직도, 대표, 경영진, 인력 구도
③ 기술현황 : 핵심기술, 투자, 기술개발 계획
④ 생산계획, 시설 투자 계획 : 시설 현황, 생산 공정도, 원자재, 부자재

조달

⑤ 시장성 파악 : 시장현황 분석(경쟁사, 자사, 고객)

⑥ 마케팅 전략 : 판매계획과 전략, 홍보, 고객 유지

⑦ 재무계획 : 자금계획, 추정 재무제표, 매출액, 손익분기점, 순이익

⑧ 사업추진 : 일정 계획

5. 사업계획서 구성 항목 등

- 미래상황의 연속성
- 제품과 서비스의 잠재고객 파악
- 구매동기 및 구매확률
- 시장규모 예측
- 경쟁자 규모, 자사의 차별성
- 성과달성의 운영 전략
- 구성원의 자질 함양
- 창업아이템 선호도
- 홍보 및 판촉 전략
- 장기적인 성장

창업 사업계획서 작성 유의사항

- 기본계획과 추진방향의 순서
- 작성지침서, 작성요령 소정 양식(자료, 첨부파일) 만들기
- 기본방향 설정-소정양식 확인-작성계획 수립
- 구성양식 : 도표, 그래프 활용, 총괄기획
- 평가와 수정 작업 후 보완 평가서
- 재무계획 : 변동비, 고정비

사업계획서 세부항목 세부내용

- 기본정보 : 대표자, 아이템명, 제품(서비스) 개요
- 세부정보 : 신청 분야, 기술 분야, 신청자 세부 정보

1) 문제인식(Problem)

① 창업아이템의 개발 동기 : 불편한 점, 사회, 경제, 기술의 혁신
② 창업아이템의 목적 : 필요성

2) 실현가능성(Solution)

① 창업아이템의 사업화 전략 : 비즈니스 모델, 제품, 제작방법, 소요시
간, 추진 일정
② 시장분석과 경쟁력 확보 방안 : 기능, 효용, 성분, 디자인, 경쟁사, 차
별화 전략

3) 성장전략(Scale-up)

① 자금소요 조달계획 : 금액의 적정성, 사업비 사용계획
② 시장진입 및 전략 : (내수시장 : 고객층, 시장진출 전략/해외 : 글로벌 실적, 역
량, 수출망)
③ 목표와 전략 : 투자유치, M&A, 기업공개(경쟁력 강화, 투자자금 회수), 정
부지원금

4) 팀 구성

① 팀원의 기술력, 경험, 노하우
② 사회적 가치 실천계획 : 성과공유제, 비정규직의 정규직화, 근로시간
단축 등 가치실현

재무계획
- 사업계획서상 전략과 계획 추진결과 예상되는 재무적 결과 요약
- 주요 대상 : 손익계산서, 대차대조표, 현금 흐름표 등의 재무제표
- 재무제표는 기업의 현재 경영성적과 재무상태, 향후 이익창출 능력 파악
- 재무계획 완성 시 이를 근거로 수익성 분석
- 투자유치 등의 협상자료로 사용

사업차질 시 대안
실제 창업 시 발생 가능한 문제점이나 위험 등에 대한 해결방안 기술
자금조달의 어려움
계획사업 업종의 경기불황
부품이나 원자재 확보의 어려움
제품개발의 차질
경쟁기업의 가격인하 등

사업계획서의 주요 전략 항목별 내용 4P전략

제품(Product)
- 판매하고자 하는 대상
- 계획상품의 특징과 편익 설명
- 제품 수명주기상 해당 위치 명시
- 브랜드전략과 후속제품 개발전략
- 생산시설 확장계획 등

가격(Price) 전략
- 경쟁회사의 제품과 비교하면서 계획제품의 가격결정 전략 기술
- 결정된 계획제품의 가격으로 시장진입 성공과 시장점유율 유지와 확대
  가능 여부 설명

- 매출원가, 판매비와 관리비 등의 제 비용 회수 후 이윤창출 분석
- 판매대금의 조기 회수나 대량판매를 위해 가격할인정책 등 사용 예정 시 구체적 제시

유통(Place) 전략
- 회사가 선택하는 유통방법과 경로 설명
- 판매가격에서 단위당 운송비가 차지하는 비중 검토

촉진(Promotion) 전략
- 잠재고객의 흥미를 자극할 수 있는 다양한 방법 제시
- 광고회사 활용, 인터넷 광고, 우편물 송부, 창업박람회 참여를 통한 홍보 등의 계획
- 기간별로 촉진활동에 소요되는 비용관련 예산 편성

1) 사업계획서의 주요 항목별 내용

(1) 사업계획서 작성 원칙

① 명확성 : 구체적이고 정확하게 제시
② 객관성 : 공신력, 라이프 스타일, 인구 현황, 아파트 현황, 유통량
③ 단순성 : 알기 쉽게 작성
④ 일관성 : 입지적 특성, 자금 조달 계획, 운영 방향의 목표
⑤ 차별성 : 인테리어, 주변 환경, 디자인, 캐릭터

(2) 사업계획서 작성 내용

① 사업주의 입장
- 창업자와 사업체 현황
- 사업의 동기와 목표
- 아이템 현황(법률문제 포함)
- 자금 계획

② 주변의 입장
- 사업 환경 분석(강점, 약점, 기회, 위협 요인 분석)
- 경쟁업체 분석(배후세대, 교통, 주변시설, 유동인구, 접근 편의성)

③ 고객의 입장
- 목표고객 설정 및 상품판매의 적절성
  (핵심층 : 충성고객, 주중, 주말고객 차별점 파악)
- 점포디자인 : 매출과 직결
  (고객 및 종업원 동선, 시설 및 상품진열, 인테리어, 간판, 출입구, 의자, 탁자, 조명, 젊은 층 고객, 여성 고객)

사업 계획서의 작성목록
- 창업 목표, 비전, 핵심가치
- 창업 사전 준비 사항
- 창업조직과 업무
- 특징과 기능
- 경쟁제품과 차별성, 독특성
- 시장성, 성장 가능성
- 제품 개발 계획
- 사업화 계획
- 성장계획, 추진 일정
- 자금 조달 계획, 자금 집행 계획

2) 창업 사업계획서의 주요 항목

- 현재 상황과 미래 상황의 연속성
- 제품과 잠재고객 파악
- 잠재고객의 구매동기 및 구매확률
- 시장 규모 예측
- 경쟁자의 규모 및 자사의 차별성

- 운영전략
- 창업아이템의 선호도
- 제품과 서비스의 판촉 및 마케팅 전략
- 장기적인 성장 전망, 타당성 조사 분석
- 재무 계획

창업 사업계획서 구성 원칙

- 회사명, 회사 위치 : 브랜드명, 웹 사이트명, 대표전화, 위치
- 대표자 및 법적 형태 : 회사 개요, 대표이사, 설립일, 인원구성, 조직도
- 창업단계의 발전과정 및 미래계획 : 창업동기, 타당성, 비전
- 제품과 서비스 소개 : 아이템 전망, 차별성, 신뢰성, 독창성, 품질, 가격
- 산업동향 : 시장상황, 경쟁자 상황, 욕구변화, 기회, 위협요인
- 투자현황 : 재무현황, 투자의 필요성 및 타당성, 수익 성장 구조

(1) 목표시장 분석

- 잠재고객 파악
- 잠재고객의 욕구와 충족 조사 : 수요 및 욕구 파악
- 시장의 규모 : 시장의 크기, 경쟁사 규모 파악
- 경쟁자와 차별성 : 판매동향 파악, 차별 우위성
- 예상매출액 및 수익성 : 수익발생 예상 기간

(2) 목표시장 분석의 변수

- 인구통계적 변수 : 나이, 성별, 가족 구성원, 소득, 직업, 교육, 종교
- 지리적 변수 : 지역, 나라, 도시규모, 기후, 교통 상황
- 심리묘사적 변수 : 사회계층, 생활양식, 개성
- 행동적 변수 : 상황, 혜택, 충성도 수준, 구매반응 단계, 태도

(3) 소비자 구매심리 분석

가격, 편리성, 품질, 선호도, 구매 동기, 구매 시기, 구매 결정, 결제 방법

(4) 경쟁시장 진입 전략

경쟁자 분석 : 가격, 편리성, 기능, 서비스, 시장점유율, 우위성

(5) 촉진 전략

회사 홈페이지, 카탈로그, 판촉물, 우편광고, 인터넷광고, 홍보활동

(6) 경영 전략

위치, 시설, 장비, 기술, 품질관리, 고객서비스

(7) 성장 전략

장기적인 목표 설정

(8) 재무계획

- 손익계산서 : 매출액과 지출액 추정
- 현금흐름도 : 자금소요, 재무 분석표

창업 준비 사업 계획서 작성 과정

(1) 아이템 선정 체크 포인트

① 신규 창업자가 도전할 수 있는 틈새 아이템인가?
② 대기업 참여가 쉽지 않은 아이템인가?
③ 도입기, 성장기 아이템에 해당하는가?(도입기 – 성장기 – 성숙기 – 쇠퇴기)

(2) 업종 선정

자금조달이 가능한 업종

- 자신의 능력 초과는 부실 경영 요인, 필요한 상품, 원재료, 물품 등의 구입처?

(3) 사업의 타당성 검토(구체적, 합리적)

- 자신의 전문지식, 경험, 적성과 능력에 맞는 업종(관심, 취미, 재미)
- 상품성(기술) : 상품 정보지식과 확실성과 정확성
- 시장성 : 시장의 규모, 매력적, 틈새시장
- 수익성 : 효율적인 운영과 이익 창출
- 전망성 : 미래 시장에 대한 전망
- 안정성 : 사업의 지속 가능성 새로운 아이템 선정
- 사회 공헌성 : 사회적 가치 구현

(4) 사업 규모

목표, 비전, 자금 능력 범위

(5) 사업 형태

제조, 도매업, 소매업, 서비스업, 독립적, 프랜차이즈

(6) 구성원 조직

구성원과 조직도 구성, 학연, 지연, 인맥(성품, 업무수행 능력, 보수)

(7) 사업 수익성 분석

① 투자수익률 : 총투자 금액에 대한 수익 비율(고정비용, 변동비용 구분)
② 투자회전율 : 총투자 금액에 대한 연간 매출액 비율
③ 손익분기점 분석 : 손익매출액, 목표매출액, 손익액

(8) 사업계획서 작성 : 목표, 방향, 기술능력 제공

① 사업계획서 작성 원칙
- 명확성 : 구체적이고 정확하게 제시
- 객관성 : 공신력, 라이프 스타일, 인구 현황, 아파트 현황, 유통량
- 단순성 : 알기 쉽게, 간단하게 작성
- 일관성 : 입지적 특성, 자금 조달 계획, 운영 방향의 목표
- 차별성 : 인테리어, 주변 환경, 디자인, 캐릭터, 슬로건 등의 독특함
② 사업계획서 작성 내용
③ 사업주의 입장
창업자 및 사업체 현황, 사업의 동기 및 목표, 아이템 현황(법률문제 포함), 자금계획
- 관련시장, 사업 환경 분석, 마케팅 전략, SWOT 분석
강점(Strength) : 경영 자원의 강점
약점(Weakness) : 경영 자원의 약점
기회(Opportunity) : 경쟁, 고객, 거시적 환경에서 비롯된 기회
위협(Threat) : 경쟁, 고객, 거시적 환경에서 비롯된 위협
④ 고객의 입장, 고객 만족, 고객 특성 파악
- STP 전략, 시장 세분화 분석, 시장 매력도 분석
⑤ 경쟁사 분석 : 배후세대, 교통 및 주변시설, 유동인구, 접근편의성
⑥ 자사 분석
⑦ 고객 분석
- 목표고객 설정 및 상품판매의 적절성(핵심층 : 충성고객, 주중, 주말고객 차별성) 파악
- 점포디자인 : 매출과 직결(고객과 종업원 동선, 시설과 상품 진열, 인테리어, 간판, 출입구, 의자, 탁자, 조명, 표적고객)

(9) 사업개시 준비 : 인·허가, 인테리어, 상품매입과 진열, 개업일 결정
창업은 언제, 어디에, 어떻게?

(10) 제품 관리, 전략적 론칭(launching)

대차대조표 : 현금, 제고, 부동산, 장비, 미수금

타당성 분석

타당성 분석개념으로는 필요한 기술이 존재하는지 기술이 타당한지를 분석하는 것이다.

제품과 서비스를 개발할 수 있는지, 개발비용과 투입비용 분석, 제품과 서비스 생산설비 및 인력, 생산 원가를 분석하는 개념이다.

타당성 평가 방법은 기술성 분석, 시장성 분석, 수익성 분석, 독창성 분석, 사업 수행 능력 분석이다.

(1) 기술성 분석

원재료 수급의 용이성, 제품품질, 제품공정, 신제품 개발 능력이다.

(2) 시장성 분석

시장수요 조사, 경쟁사 조사, 판로의 개척, 매출액, SWOT분석 등

(3) 수익성 분석

- 매출 추정 : 예상 판매량, 가격 분석, 1년 매출액 추정
- 비용 추정 : 생산, 판매비용의 1년 예상비용
- 수익 추정 : 매출액과 비용의 1년 규모 파악
- 수익성 평가 : 수익성 평가, 개발비용, 마케팅 비용 등의 수익성의 변화

(4) 독창성 분석

- 차별화 요소 : 기존 제품과 서비스의 차별화
- 독창성 가치 분석 : 차별화된 독창성 가치 평가
- 독창성 평가 : 차별화 결과를 평가 후 결과 분석

(5) 사업 수행능력 분석 방법
- 핵심역량 파악, 역량수준 분석, 사업수행 능력 평가
- 주요 평가 요소 : 전문성과 경험, 자금조달, 인적자원 구성, 적성

사업 타당성을 예리하게 분석하라.
- 투자수익률 : 총투자 금액에 대한 수익 비율을 살핀다.
- 투자회전율 : 총투자 금액에 대한 연간 매출액 비율을 검토한다.
- 손익분기점 : 손익 매출액, 목표 매출액, 손익 액, 재무적 수치를 정교
  하게 추정해야 실패 확률이 낮다. 구체적이고, 합리적인 사업타당성을
  분석하고, 정확하게 계산하는 것이 성공의 요인이다.

타당성 평가
- 기술 타당성 평가 : 아이템 개발의 기술이 존재하는지, 기술 타당성 분석
- 개발 타당성 평가 : 고객의 욕구, 개발기간, 비용의 타당성 분석
- 생산 타당성 평가 : 설비 및 인력의 타당성 분석
- 기술 평가 : 기술적 측면에서 종합적으로 평가

학번 : _____

이름 : _____

사업계획서 포트폴리오 작성

1. 창업 아이템 : 개념, 분야, 목적, 성능, 특징, 장점, 기술 등

2. 핵심 기술 및 기술개발 수준 : 브랜드, 인적자원, 기술개발 계획, 특허 등

3. 창업 아이템의 차별성 : 경쟁제품의 차별성, 독창성

4. 목표시장 규모 및 전망 : 경쟁제품 분석, 자사의 SWOT분석

5. 창업 아이템의 마케팅 전략 : 제품, 가격, 유통, 촉진 전략

6. 창업 아이템 실현가능성 : 가능성 계획, 신제품 제작, 서비스 개시

7. 창업 아이템의 성장 가능성 : 현재 성장단계, 기술적 경제적 효과, 성장성

8. 향후 추진 계획 : 최종 개발 목표와 사업화 차질 시 대응 방안

   - 인력 구성 :

   - 자본 고정비 : 급여, 이자, 보험료, 전기, 수도, 전화 등의 매달 정기적인 요금

   - 자본 변동비 : 시설, 장비, 개업, 이벤트 등의 일시적인 특별비용

   - 자사 기술력 확보

   - 준비, 도입, 성장, 강화, 수확의 단계별 계획 작성

CHAPTER 12

창업 마케팅 사례

 학습목표

1. 한국○○진흥원 - 가족다양성 이해를 위한 메타버스 구축 및 교육 운영
2. 전통시장 소상공인 마케팅 '주문진 건어물시장 찡이네 가족'
3. ○○대학교 전통문화전시실 K-컬쳐가든 메타버스 플랫폼 콘텐츠 개발 마케팅

창업 마케팅 사례

창업에 대한 마케팅 사례는 창업된 수량보다 많다. 성공한 마케팅 사례도 실패한 마케팅 사례도 중요한 부분이라 할 수 있다. 창업은 소규모로 혼자 시작하는 경우도 있으며, 소상공인, 일반기업, 협동조합, 사회적기업등 세부적으로는 더욱 많다고 할 수 있다.

창업은 모든 준비를 갖추고서 100m 달리기 출발선상에서 모두가 함께 시작하는 것이 아니다. 조금 부족한 창업도 있을 수 있으며, 아무리 완벽한 준비를 하여도 항상 부족하고 모두가 처음하는 것이라 어색하고 서툴고 조금만 움직이려 해도 돈이 소요되며 시간이 필요한 경우가 태반이다. 중요한 핵심 부분만 준비되었으면 시작하는 것이 중요할 것이다. 실수하지 않고 시행착오를 겪지 않고 성공하겠다는 발상은 현업에서는 있을 수 없으며, 소상공인이든 1인 사업자든 중소기업이든 아이템과 인력이 준비되었으면 하루라도 먼저 시작하는 것이 좋을 것이다. 사업에 대한 준비에서 가장 중요한 것은 창업자의 사업 의지와 정신력이며, 이것이 사업의 성공 여부를 가르는 중요한 지평이 될 것이다.

창업은 전쟁이고 실전이며, 당신을 강하게 만들어 줄 것이다. 성공한 마케팅도 실패한 마케팅도 '나'의 것이 아니다. 나는 나만의 성공스토리를 준비하고 써나아가야 한다. 매우 고독하고 힘들고 그리고 최고의 성공을 맛보게될 것이다. 힘들고 어려운 사업일수록 성공의 맛은 클 것이며, 비교적 쉽고 성공 확률이 많을수록 작고 소소한 행복을 가져다줄 것이다.

1. 한국○○진흥원 – 가족다양성 이해를 위한 메타버스 구축 및 교육 운영

홍보 마케팅 플랫폼 "메타버스"

마케팅의 목적

- 대국민의 다문화 및 다양한 가족에 대한 포용적 인식 확산 및 가족다양성 수용 증진을 위한 이해교육 확대 필요
- 가족다양성 이해교육 교육생 수 확대를 위한 신규 수요기관 지속적 발굴 및 연계 활성화 필요
- 전국민 대상 메타버스 플랫폼 구성 및 가족다양성 콘텐츠 탑재를 통한 가족사업 관심 제고
- 온라인 홍보관 운영을 통한 디지털사회 국민 소통채널 확보 및 상시 정보 제공 기능 강화

① 가족다양성 이해교육 매체광고 홍보물 제작 및 매체 홍보
  ㉠ 마케팅 콘텐츠 개발 내용 : 대상별 이해교육 홍보물 5종 개발
    – 직관성 높은 이미지 중심 웹포스터, 섬네일, 카드뉴스 등 제작
    ※ 대상분류(예시) : 유아·아동시설용, 초등학교용, 군·경찰기관용,
      외부기관용, 일반국민용 등
    ※ 대상분류는 단순 예시이며 이해교육 수요에 따라 제작계획 변동
      될 수 있음
    – 공무원대상 이해교육 홍보 제작물 1종 개발
    – 홍보물 한가원 SNS 채널 게시
  ㉡ 콘텐츠 개발내용
    – 텍스트, 배색, 그래픽, 사진, 일러스트의 다양한 사용으로 최신
      트렌드 및 대상자 특성 고려한 디자인 반영
    – '가족다양성' 주제와 이해교육 목적이 잘 드러나는 이미지로 디
      자인 콘셉트 기획
    – 외부기관, 대상 교육생 모집을 효과적으로 표현할 수 있는 내용
      으로 제안
    – 원고 집필·편집(교정/교열 등 일체의 작업 표현)
  ㉢ 제작사양 : 일반(온라인)용, 홈페이지 배너용, 영상 섬네일용, 모바
    일기기용
  ㉣ 기타 사항
    – 모든 작업 완료 후에 최종 결과물을 반드시 HWP, PDF, AI(디자
      인 원본만 해당) 파일로 제출

〈웹 포스터 콘텐츠 제작〉

〈웹 포스터 콘텐츠 제작〉

군인, 경찰을 위한 온라인·오프라인
다문화 이해교육을 제공합니다
온라인 다문화 이해교육 신청방법
다누리배움터(www.danurischool.kr) 접속 후 신청
군인과정
다누리배움터 회원가입 ('일반회원')
온라인교육
군인과정(종합신청) (4차시, 30분)
수료증발급
경찰과정
다누리배움터 회원가입 ('일반회원')
온라인교육
경찰과정(종합신청) (8차시, 35분)
수료증발급
찾아가는(오프라인) 다문화 이해교육 신청방법
다누리배움터(www.danurischool.kr) 접속 후 신청
다누리배움터 회원가입 ('강의의뢰기관회원')
찾아가는 가족다양성(다문화) 이해교육신청 (최소인원 20명)
전문강사 연계 및 교육실시 (1회, 2시간)
교육 결과보고
강사비 지급 (한가원 부담, 기관 자부담 중 선택)
주의 사항
① 강사 선정 : 다누리배움터 › 찾아가는교육 › 전문강사보기 › 강사보기 참고
② 강사비 지급 : 한가원 무료교육은 예산 소진 시까지 지원 가능
※ (무료교육) 동일 기관의 같은 교육 대상으로는 지원 제한
다누리배움터 접속 QR코드

〈웹 포스터 콘텐츠 제작〉

〈체크리스트 포스터 제작〉

가족다양성 편견요소

☑ 체크리스트 홍보물 제작 시 체크해보아요~!

홍보물 범위 | 웹포스터, 카드뉴스, 게시글 등 웹사이트 등에 게시되는 홍보물 일체

- 체크리스트는 가족에 대한 고정 관념이나 편견이 차별로 이어지지 않도록 하기위함으로 홍보물 제작 시 선택적으로 활용
- '아니오'로 나온 지표는 한번 더 체크!

가족다양성 편견요소 리스트		그렇다	아니다	비고
① 부부와 자녀로 구성된 가족, 혈연에 기반한 가족관계를 당연시하고 있지는 않은가?				
사례	게시물에 부와 모, 자녀로 구성된 가족 이미지 사용			
	부와 모, 자녀가 다 있는 가족이 정상이라고 간주하는 것			
	영유아나 아동을 양육하는 사람, 함께 살고 있는 사람은 당연히 아버지와 어머니일 것으로 가정			
	아버지, 어머니, 할아버지, 할머니 등 혈연 기반 가족관계에 국한된 것으로 가정하는 것			
	(기타)			
② 결혼과 자녀 출산을 당연하다고 하거나 적극 권장하고 있지는 않은가?				
사례	인생에서 결혼은 필수이다(일정 연령 이상의 성인이면 당연히 결혼했을 것이다)			
	결혼하면 당연히 아이가 있을 것이다(일정 연령 이상의 성인이면 당연히 아이가 있을 것이다)			
	결혼하지 않고 아이를 낳아 기르는 것을 부정적으로 보는 것			
	(기타)			
③ 남성이나 아버지는 주로 일하거나 돈을 버는 역할, 여성이나 어머니는 육아와 가사를 하는 역할을 하는 것을 당연시 하거나 남성 중심의 가부장적 가족 문화를 당연시 하고 있지는 않은가?				
사례	여성(또는 엄마, 할머니)는 가사와 양육자 역할을 하고, 남성은 일하는 사람으로 표현하거나 그러한 이미지			
	돌봄은 여성에 적합하거나, 여성이 더 잘한다거나, 여성이 주로 하는 일로 전제하는 것 (가족 내 성역할 고정 관념이 사회에서도 적용되는 것을 의미)			
	남성은 육아에 서툴다는 것을 전제하는 표현			
	남성이 중심이 되어 치르는 장례, 제례 이미지 또는 관련 표현			
	남편의 형제는 도련님이나 아가씨로, 부인의 형제는 처남, 처형으로 호칭하는 등 가족관계에서 남성혈연 중심 표현			
	(기타)			
④ 특정 가족 유형에 대하여 부정적인 편견을 가지고 있지는 않은가?				
사례	특정한 가족 유형은 불우한 것으로 전제하거나 낙인하는 표현 (예시) 특별우대 가산점 부여 대상으로 저소득층이라고 명시하고 세부적으로 한부모 가족을 적시한 경우 등			
	가족 유형을 비교하여 특정 가족이 더 우월하다는 내용			
	특정한 가족 유형의 긍정적 성취에 대해 가족 배경과 대비하여 부각함으로써 부정적인 가족 배경에도 긍정적 성취를 하였음을 강조			
	특정한 가족 유형에 대하여 결핍이나 문제가 있을 가능성이 있음을 전제			
	특정한 가족 유형의 구성원들에게 혐오 표현이나 비하적 언어 사용			
	(기타)			
⑤ 특정 가족 유형에 대하여 온정주의적이고 시혜적인 편견을 가지고 있지는 않은가?				
사례	특정한 가족 유형에 대하여 무조건 지원하여야 한다는 것을 전제로 한 표현			
	특정한 가족 유형의 자녀에 대해서는 무조건 시혜적으로 보살펴야 한다는 것을 전제로 한 표현			
	특정 가족 유형은 항상 불쌍하거나 외롭거나 결핍이 있어서 도와줘야 한다는 표현			
	(기타)			

〈체크리스트 포스터 제작〉

가족다양성 편견요소
체크ⓔ리스트

홍보물 제작 시 체크해보아요~! [홍보물 범위] 웹포스터, 카드뉴스, 게시글 등 웹사이트 등에 게시되는 홍보물 일체

- 체크리스트는 가족에 대한 고정 관념이나 편견이 차별로 이어지지 않도록 하기위함으로 홍보물 제작 시 선택적으로 활용
- '아니오'로 나온 지표는 한번 더 체크!

가족다양성 편견요소 리스트		그렇다	아니다	비고
① 부부와 자녀로 구성된 가족, 혈연에 기반한 가족관계를 당연시하고 있지는 않은가?				
사례	게시물에 부와 모, 자녀로 구성된 가족 이미지 사용			
	부와 모, 자녀가 다 있는 가족이 정상이라고 간주하는 것			
	영유아나 아동을 양육하는 사람, 함께 살고 있는 사람은 당연히 아버지와 어머니일 것으로 가정			
	아버지, 어머니, 할아버지, 할머니 등 혈연 기반 가족관계에 국한된 것으로 가정하는 것			
	(기타)			
② 결혼과 자녀 출산을 당연하다고 하거나 적극 권장하고 있지는 않은가?				
사례	인생에서 결혼은 필수이다(일정 연령 이상의 성인이면 당연히 결혼했을 것이다)			
	결혼하면 당연히 아이가 있을 것이다(일정 연령 이상의 성인이면 당연히 아이가 있을 것이다)			
	결혼하지 않고 아이를 낳아 기르는 것을 부정적으로 보는 것			
	(기타)			
③ 남성이나 아버지는 주로 일하거나 돈을 버는 역할, 여성이나 어머니는 육아와 가사를 하는 역할을 하는 것을 당연시 하거나 남성 중심의 가부장적 가족 문화를 당연시 하고 있지는 않은가?				
사례	여성(또는 엄마, 할머니)는 가사와 양육자 역할을 하고, 남성은 일하는 사람으로 표현하거나 그러한 이미지			
	돌봄은 여성에 적합하거나, 여성이 더 잘한다거나, 여성이 주로 하는 일로 전제하는 것 (가족 내 성역할 고정 관념이 사회에서도 적용되는 것을 의미)			
	남성은 육아에 서툴다는 것을 전제하는 표현			
	남성이 중심이 되어 치르는 장례, 제례 이미지 또는 관련 표현			
	남편의 형제는 도련님이나 아가씨로, 부인의 형제는 처남, 처형으로 호칭하는 등 가족관계에서 남성혈연 중심 표현			
	(기타)			
④ 특정 가족 유형에 대하여 부정적인 편견을 가지고 있지는 않은가?				
사례	특정한 가족 유형은 불우한 것으로 전제하거나 낙인하는 표현 (예시) 특별우대 가산점 부여 대상으로 저소득층이라고 명시하고 세부적으로 한부모 가족을 적시한 경우 등			
	가족 유형을 비교하여 특정 가족이 더 우월하다는 내용			
	특정한 가족 유형의 긍정적 성취에 대해 가족 배경과 대비하여 부각함으로써 부정적인 가족 배경에도 긍정적 성취를 하였음을 강조			
	특정한 가족 유형에 대하여 결핍이나 문제가 있을 가능성이 있음을 전제			
	특정한 가족 유형의 구성원들에게 혐오 표현이나 비하적 언어 사용			
	(기타)			
⑤ 특정 가족 유형에 대하여 온정주의적이고 시혜적인 편견을 가지고 있지는 않은가?				
사례	특정한 가족 유형에 대하여 무조건 지원해야 한다는 것을 전제로 한 표현			
	특정한 가족 유형의 자녀에 대해서는 무조건 시혜적으로 보살펴야 한다는 것을 전제로 한 표현			
	특정한 가족 유형은 항상 불쌍하거나 외롭거나 결핍이 있어서 도와줘야 한다는 표현			
	(기타)			

〈다누리콜센터 전광판 시안 제작〉

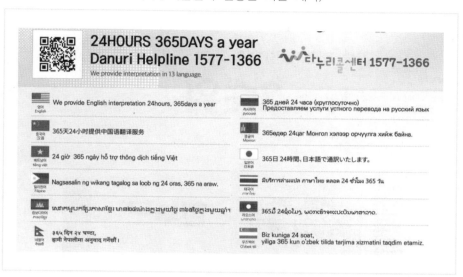

〈가족 차별(편견) 언어 개선 국민투표 결과〉

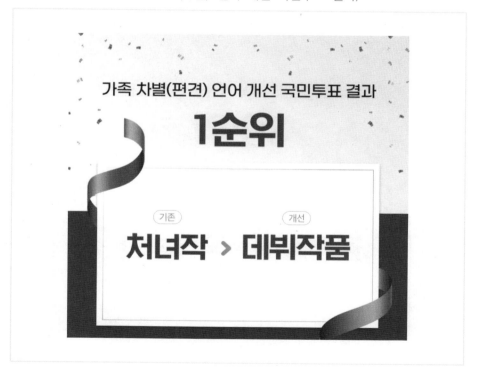

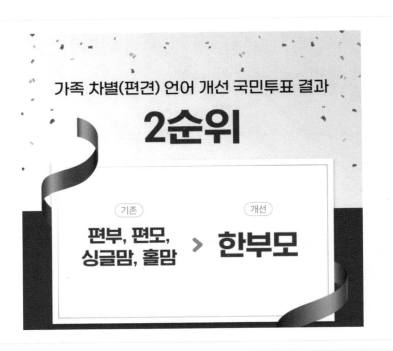

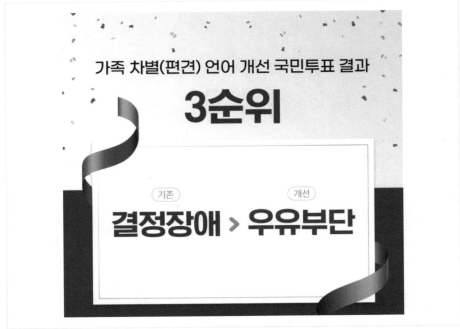

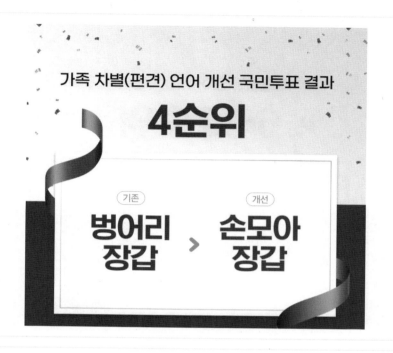

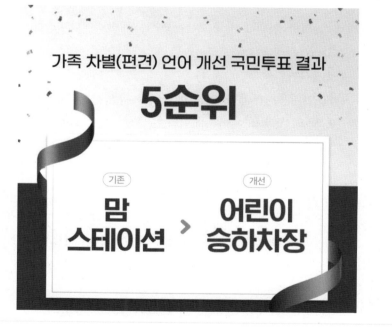

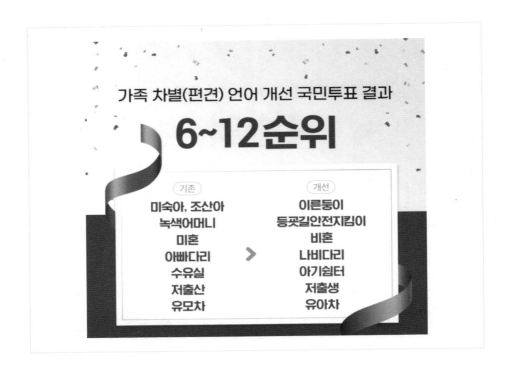

② 메타버스 기반 인식개선 홍보관 플랫폼 개발 "메타버스"
  https://zep.us/play/yawKk7
  ㉠ 홍보관 구성
    - (과업내용) 전국민 대상 메타버스 홍보관 공간구현
      • 활용 플랫폼(예시) : 게더타운, 제페토, 로블록스 등
        ※ 이용자 수, 사용자 접근성, 마케팅 활용성 등을 고려하여
          플랫폼 제안
      • 인식개선 홍보관 홍보 콘텐츠(영상 등) 제작
        ※ 영상 제작의 경우 유튜브 쇼츠 형식의 1분 내외 영상이어
          야 하며, 웹브라우저에서 사용 가능한 HTML 표준 파일형
          식으로 제작
  ㉡ 홍보관 운영
    - (과업내용) 인식개선부 내 주요사업을 대상으로 기간 내 홍보
      운영

- 가족다양성 이해교육 홍보물, 콘텐츠(영상 등) 게시(활용기간 : 수시)
  ※ 주요 홍보물의 경우 아바타 2인 대화형식 NPC 제작
- 가족다양성 인식개선 공모전·캠페인 실시(활용기간 : 2주~1개월)
- 가족다양성 국민의견 수렴 확인창구 마련(활용기간 : 2주~1개월)
  ※ 이해교육 홍보물, 의견 수렴 투표안, 공모전, 캠페인 등 게시
  ※ 홍보관 운영 범위 및 사업내용은 조정될 수 있음

〈메타버스 전경 구성〉

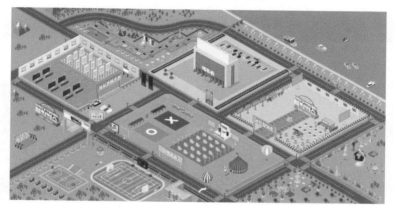

〈정보 콘텐츠 존〉

〈이벤트존〉

〈에듀존〉

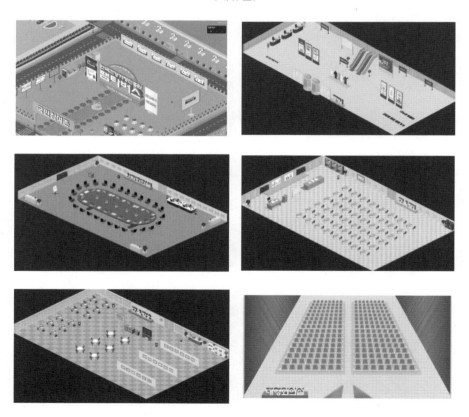

❑ 메타버스 마케팅 세부내용

○ 플랫폼 개설(4개관)
- 제페토, 게더타운, 로블록스 등 PC 및 모바일 동시 반응형 플랫폼
  활용
- 동시접속자 100명 이상의 시스템에서 안정적인 운영 환경 구축
- 홍보관 운영 과업내용 따른 4개 관으로 기획하며, 과업시점에 따라
  디자인 구성 및 콘텐츠 업로드 범위 조정
  ※ pp.269~270 예시 이미지 참조
- 2D, 3D 기반 가상 홍보관 구축 및 각 장소의 콘텐츠에 맞는 세부
  그래픽 구현
- 기타 행사전용 아이템 및 오브젝트는 홍보관 디자인 과정에서 추가
  요청
- 최신 트렌드 반영 및 퀄리티 높은 공간 디자인에 대한 제안사 추가
  개발 제안
- 계정 생성자 모두 진입 가능하도록 개방형 랜딩페이지 구성
- 가상공간에서 아바타 생성, 배치, 이동 등 사용자 동작중심 화면 구성
- 사용자 간 실시간 커뮤니케이션(채팅, 음성) 및 영상·이미지 뷰어
  기능 탑재
- 사업기관(한가원) 포털 링크연동 및 기타 SNS, 유튜브채널 연동기능
  ※ 라이브로 영상 송출할 수 있는 스트리밍 기능 필요

○ 플랫폼 성능
- 업무 처리량 및 확장성을 고려하여 디스플레이 시간 기능요청에 대
  한 응답시간 최소화
- 기능 구현에 있어 10초 이상 걸릴 수 있는 작업에 대해서는 시간지
  연에 대한 정보를 사용자에게 팝업 메시지로 안내

○ 관리자 권한
- 이용자 문의 및 건의사항에 대한 관리자 실시간 1:1 응대
- 이용자 초대 및 강제퇴장 권한, 이용자그룹 공간 개설
- 회원 계정관리 및 이용자 정보 현황 공유

- 사업기관(진흥원) 담당자 실시간 운영 모니터링
- 홍보관 방문자 통계 및 콘텐츠 이용집계 등 시스템 통계
- 기타 관리자를 위한 사용 상세 매뉴얼 제공

○ 사용자 환경구성
- 회원가입, 로그인, 메뉴얼(로드맵), FAQ 기능 등 이용자중심 인터페이스
- 사용자 UX/UI를 고려하여 정보접근이 용이하도록 구현
- PC 및 모바일 단말기에 독립적인 최적화 화면 및 정보를 제공
- 화면 표준화(디자인, 색상, 폰트, 각종 실행버튼) 적용
- 삭제, 입력완료 등 사용자 수행활동에 대한 확인메시지 및 오류발생에 대한 해결방법, 진행상태 등 알림메시지 제공

○ 이벤트 기획 및 운영
- 지속 이용자 유입을 위한 3회 정기 이벤트 기획·운영
- 이벤트 내 게이미피케이션 요소 접목한 흥미유발 콘텐츠 제작·탑재
  ※ 미니게임, O/X퀴즈, 미션 등의 형태
- 이벤트 참여자 한정 무료 아이템(액세서리 등) 배포, 기프티콘 등 보상 제공

③ 인식개선 홍보관 콘텐츠 탑재 현황

장소	콘텐츠 내용	탑재 개수
메타버스 전체	인식개선 홍보관 영상	1
	다양한가족 인식개선 홍보물(기존 제작)	1
정보 콘텐츠존	유튜브 동영상	6
	포스터 공모전 수상작	2
	관련 홈페이지 연결	9
	언론보도	3
	한국○○진흥원 리플릿(국문)	1
	한국○○진흥원 리플릿(국문)	1
	한국○○진흥원 가족친화지원 사업안내	6

국민참여존	메시지월	1
	게시판	2
	메타버스 만족도 조사 게시판	2
	가족 차별 언어 개선 국민투표 결과	6
이벤트존	방탈출 게임	1
에듀존 로비	다문화 이해교육 포스터	3
	다문화 이해교육 리플릿	1
	다누리 배움터 매뉴얼	1
	다양한 가족 수용성 증진 온라인 교육 콘텐츠 미리보기 동영상	1
에듀존 교육장2	가족다양성 이해교육 전문강사 지역별 프로필	17
	다문화 이해교육 동영상	11

④ 인식개선 홍보관 홍보영상 콘텐츠 제작

〈인식개선 홍보관 홍보영상 콘텐츠 제작〉

- 9:16 세로형 숏폼영상 제작, 러닝타임 1분
- 메타버스 내 에듀존 전경에 반복 영상으로 삽입

⑤ 메타버스 오픈 배너 제작 및 배너 광고

〈메타버스 오픈 QR코드 제작〉

〈메타버스 오픈 배너 광고 게재 지면〉

▶관심사 타겟팅_PC_채널에이(일반 배너)

▶관심사 타겟팅_Mobile_위클리오늘(일반 배너)

⑥ 메타버스 방문자 분석

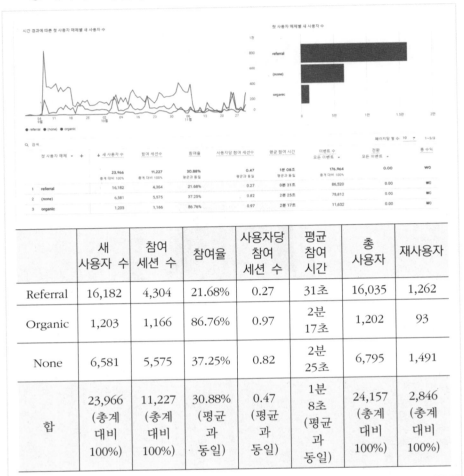

	새 사용자 수	참여 세션 수	참여율	사용자당 참여 세션 수	평균 참여 시간	총 사용자	재사용자
Referral	16,182	4,304	21.68%	0.27	31초	16,035	1,262
Organic	1,203	1,166	86.76%	0.97	2분 17초	1,202	93
None	6,581	5,575	37.25%	0.82	2분 25초	6,795	1,491
합	23,966 (총계 대비 100%)	11,227 (총계 대비 100%)	30.88% (평균과 동일)	0.47 (평균과 동일)	1분 8초 (평균과 동일)	24,157 (총계 대비 100%)	2,846 (총계 대비 100%)

※ 분석 기간 : 2022.08.30. ～ 2022.11.30.

※ Referral : 외부에서 링크를 타고 접속

※ Organic : 검색엔진에 검색하여 접속하거나 페이스북, 인스타그램 등을 통해 유입

※ None : 그 외 유입

※ 참여 세션 수 : 한번 방문한 사람이 하는 총 활동 수

〈국가별 방문자〉

	국가	사용자	새 사용자 수	참여 세션수	참여율	사용자당 참여 세션수	평균 참여 시간	이벤트 수 모든 이벤트
		24,128 총계 대비 100%	23,966 총계 대비 100%	11,227 총계 대비 100%	30.88% 평균과 동일	0.47 평균과 동일	1분 08초 평균과 동일	176 총계 대비
1	South Korea	23,846	23,655	11,077	31.04%	0.46	1분 08초	175
2	Japan	94	94	26	22.03%	0.28	0분 05초	
3	United States	42	36	13	20%	0.31	0분 16초	
4	Vietnam	28	28	13	38.24%	0.46	1분 16초	
5	Thailand	23	23	19	59.38%	0.83	3분 49초	
6	Indonesia	19	19	11	47.83%	0.58	0분 38초	
7	Canada	11	11	5	38.46%	0.45	0분 30초	
8	Philippines	9	8	3	23.08%	0.33	0분 08초	
9	Chile	8	8	1	11.11%	0.13	0분 08초	
10	China	6	6	2	33.33%	0.33	0분 05초	

	국가	사용자	새 사용자	참여세션
1	한국	23,846	23,655	11,227
2	일본	94	94	26
3	미국	42	36	13
4	베트남	28	28	13
5	태국	23	23	19
6	인도네시아	19	19	11
7	캐나다	11	11	5
8	필리핀	9	8	3
9	칠레	8	8	1
10	중국	6	6	2

〈지역별 방문자〉

	시/군/구 ▼ +	↓ 사용자	새 사용자 수	참여 세션수	참여율	사용자당 참여 세션수	평균 참여시간	이벤트 수 모든 이벤트
		24,128 총계 대비 100%	23,966 총계 대비 100%	11,227 총계 대비 100%	30.88% 평균과 동일	0.47 평균과 동일	1분 08초 평균과 동일	176 총계 대비
1	Seoul	8,680	8,345	4,457	29.38%	0.51	1분 13초	70
2	Busan	2,221	2,125	924	31.64%	0.42	1분 13초	15
3	Incheon	1,012	987	413	29.31%	0.41	0분 43초	6
4	Daegu	937	914	455	37.67%	0.49	1분 03초	6
5	Daejeon	751	700	232	27.23%	0.31	0분 41초	4
6	Gwangju	604	582	239	31.82%	0.40	1분 13초	3
7	Ulsan	522	501	224	29.51%	0.43	1분 00초	4
8	Goyang-si	481	446	224	26.02%	0.47	0분 56초	3
9	Cheonan-si	383	357	119	25.98%	0.31	0분 40초	2
10	Paju-si	320	291	151	22.98%	0.47	1분 21초	2

	국가	사용자	새 사용자	참여세션
1	서울	8,680	8,345	4,457
2	부산	2,221	2,125	924
3	인천	1,012	987	413
4	대구	937	914	455
5	대전	751	700	232
6	광주	604	582	239
7	울산	522	501	224
8	고양	481	446	224
9	천안	383	357	119
10	파주	320	291	151

(3) 이벤트 기획

① 1차 메타버스 가상체험관 오픈 기념 이벤트

〈09/06 1차 이벤트 메타버스 가상체험관 오픈 기념 이벤트 홍보물 제작〉

② 2차 가족다양성 이해교육 감상회 이벤트

〈09/21 2차 이벤트 가족다양성 이해교육 감상회 이벤트 홍보물 제작〉

③ 3차 메타버스 ox퀴즈 이벤트

〈09/30 3차 이벤트 메타버스 ox퀴즈 이벤트 홍보물 제작〉

④ 4차 한국OO진흥원 방탈출 게임 이벤트

〈10/05 4차 이벤트 한국○○진흥원 방탈출 게임 이벤트 홍보물 제작〉

⑤ 5차 가족차별(편견) 언어 개선 국민투표 이벤트

〈10/26 5차 이벤트 가족차별(편견) 언어 개선 국민투표 이벤트 홍보물 제작〉

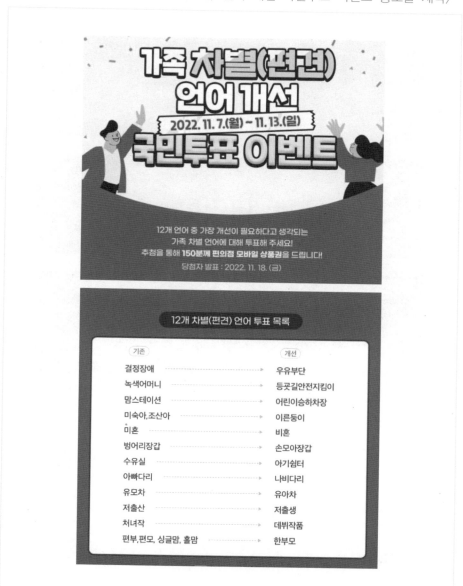

⑥ 6차 가족차별(편견) 언어 개선 오프라인 이벤트

〈11/19 6차 이벤트 가족차별(편견) 언어 개선 오프라인 이벤트 홍보물 제작〉

⑦ 7차 메타버스 만족도 조사 이벤트

〈11/23 7차 이벤트 메타버스 만족도 조사 이벤트 홍보물 제작〉

(4) 이벤트 운영

① 1차 메타버스 가상체험관 오픈 기념 이벤트

〈1차 이벤트 메타버스 가상체험관 오픈 이벤트 광고 게재 지면〉

▶관심사 타겟팅_Mobile_위클리오늘(이벤트)

▶관심사 타겟팅_Mobile_씨네21(이벤트)

〈1차 이벤트 메타버스 가상체험관 오픈 이벤트 배너 광고 추이〉

날짜	노출	클릭
2022 − 09 − 07	15,930	833
2022 − 09 − 08	12,167	726
2022 − 09 − 09	11,158	744
2022 − 09 − 10	12,913	687
2022 − 09 − 11	13,330	677
2022 − 09 − 12	13,126	779
2022 − 09 − 13	15,819	593
2022 − 09 − 14	16,569	688
2022 − 09 − 15	15,387	711
2022 − 09 − 16	20,621	599
2022 − 09 − 17	16,578	660
2022 − 09 − 18	17,619	657
Total	181,217	8,354

NO.	추진 방안
1	 **한국○○진흥원** **메타버스 가상체험관** **오픈 기념 이벤트** [이벤트 기간] 22. 9. 7.(수) ~ 9. 18.(일) [당첨자 발표] 22. 9. 20.(화) ○ 참여 기간 : 2022. 9. 7.(수) ~ 2022. 9. 18.(일) ○ 당첨자 발표 : 2022. 9. 20.(화) ○ 참여 방법 1. 메타버스 4개존(국민참여존, 에듀존, 정보콘텐츠존, 이벤트존)을 둘러본다. 2. 입구 보라색 기념비 or 포토존 앞 사진을 캡쳐한다. (둘 중 선택하여 1개 제출) 　* 캡쳐방법 : 아바타와 기념비 or 포토존 꼭 보이게! 　　− PC : 하단 미디어 추가 버튼 클릭 → 스크린샷 클릭 　　− 휴대폰 : 왼쪽 하단 + 버튼 클릭 → 스크린샷 클릭 3. 네이버폼에 개인정보 체크 후 인적사항 입력한다. 4. 응원메시지 작성 후 인증샷과 함께 제출한다.

- 네이버폼 제출 항목
  - 성함
  - 연락처
  - 메타버스 닉네임
  - 스크린샷 이미지 파일
  - 응원 메시지 작성 항목
- 이벤트 추진 목적 및 기대효과
  - 한국○○진흥원 메타버스 접속 이용률 증대
  - 한국○○진흥원의 메타버스 홍보사업을 알리고 관심을 제고 효과 기대
- 이벤트 게시 채널
  - 한국여행관광신문 SNS채널(인스타그램, 페이스북) 게재 후 이벤트 기간 광고 집행
- 이벤트 추진 기간
  - 추진 기간 : 2022년 9월 7일 (수) ~ 2022년 9월 18일 (일)
  - 당첨자 발표 : 2022년 9월 20일 (화)
  - 총 참여자 수 : 445명
  - 중복 제외 참여자 수 : 300명
  - 당첨자 추첨 : 100명
- 이벤트 참여 방법
  1) 메타버스 4개 존(국민참여존, 에듀존, 정보콘텐츠존, 이벤트존)을 둘러본다.
  2) 입구 보라색 기념비 or 포토존 앞 사진을 캡쳐한다.(둘 중 선택하여 1개 제출)
     * 캡쳐방법 : 아바타와 기념비 or 포토존 꼭 보이게!
       - PC : 하단 미디어 추가 버튼 클릭 → 스크린샷 클릭
       - 휴대폰 : 왼쪽 하단 + 버튼 클릭 → 스크린샷 클릭
  3) 네이버폼에 개인정보 체크 후 인적사항 입력한다.
  4) 응원메시지 작성 후 인증샷과 함께 제출한다.
- 이벤트 경품
  - BHC 후라이드치킨 + 콜라 1.25L 100명

② 2차 가족다양성 이해교육 감상회 이벤트

〈2차 이벤트 가족다양성 이해교육 감상회 SNS홍보물 게시 채널〉

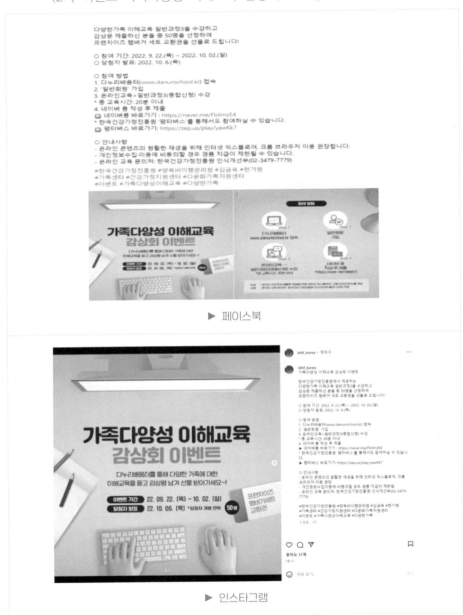

▶ 페이스북

▶ 인스타그램

③ 4차 메타버스 방탈출 게임 이벤트

〈4차 이벤트 메타버스 방탈출 게임 이벤트 SNS홍보물 게시 채널〉

▶ 페이스북

▶ 인스타그램

NO.	추진 방안

1	**한국○○진흥원과 함께하는
	방탈출 게임 이벤트**
	
	퀴즈 4문제를 풀고 탈출에 성공한
	참여자 100분께 스타벅스 기프티콘을 제공해 드립니다!
	
	[이벤트 기간]
	22. 10. 20.(목) ~ 10. 26.(수)
	
	[당첨자 발표]
	22. 11. 2.(수)
	당첨자 개별 연락
	
	○ 참여 기간 : 2022. 10. 20.(목) ~ 2022. 10. 26.(수)
	
	○ 당첨자 발표 : 2022. 11. 2.(수)
	
	○ 참여 방법
	  1. 메타버스 [이벤트존] 입장하기
	    ※ 링크 : https://zep.us/play/yawKk7
	  2. 방탈출 게임장으로 입장하기
	  3. 주관식 4문제 순서대로 풀고 방탈출 미션 수행하기
	  4. 미션 포토존에서 성공 인증샷과 함께 인적사항 작성하여 제출하기
	    ※ 캡처방법 : (PC) 미디어추가>스크린샷, (모바일) 채팅창
	    +버튼>스크린샷

메타버스 마이크로 페이지 개설

팸타버스

family + metaverse

다양한가족 인식개선을 위한
가상현실

국민모두 참여하는 국민참여존

정보제공하는 정보콘텐츠존

가상세계에서 교육 에듀존

가상세계 이벤트존

2. 전통시장 소상공인 마케팅 '주문진 건어물시장 찡이네 가족'

주문진은 동해안 강릉 여행을 가면 경포대에서 속초 방향으로 주문진이 위치하고 있으며, 서울양양 간 고속도로를 이용하면 양양에서 강릉 방향으로 가다가 좌측에 주문진이 있는 항구도시이다. 이곳 주문진에 있는 "주문진건어물시장"은 2008년에 등록 개설하여, 현재 100여 개의 점포가 영업을 하고 있으며, 해안도로를 따라 길게 형성되어 있으며, 업종별 5개 구간으로 대형주차장 건물이 있으며, 1구간 20개 점포, 2구간 20개 점포, 3구간 16개점포, 4구간 17개 점포, 5구간 22개 점포로 구성되어 있으며, 전통적인 관광집객 형태의 시장으로 2008년에 '문화를 통한 전통시장 활성화 지원사업'선정으로 사업을 진행하였으며, 중소벤처기업부가 주관하는 '문화관광형시장육성사업'에 선정되어 관광형 전통시장으로 외형적인 시설과 인프라 부분과 마케팅, 교육, 디자인 부분에서 성공적인 효과를 수행하였다. 소상공인과 전통시장이 연계되어 성공적인 마케팅을 하고 있다.

1) 마케팅의 목적

- 주문진건어물시장 내 개별 상인에 대한 전문가의 맞춤형 지도를 통하여 디지털 마케팅 강화 및 매출 증대 기여
- 시장 5개 구역별 전담 강사를 매칭하여 상인 개개인에 다양한 디지털 콘텐츠 대한 컨설팅을 통합으로 제공
- 온라인 유통환경에 대응하여 개별 상인 역량 강화 및 온라인 진출 모델 개발

(1) 주문진건어물시장 92개 점포 상인에 대한 디지털역량강화 마케팅
① 전담 강사 배치하여 점포별 일대일 마케팅교육 실시
   - 이론 중심이 아닌 실무 위주의 상인들의 눈높이에 맞춘 교육 및 컨설팅
   - 교육 과정은 단순하고 쉽게 배울 수 있으며, 효과적으로 바로 적용 가능한 내용으로 구성

② 온라인 진출에 필요한 교육 교재 제작 및 마케팅교육
   – 네이버 블로그, 인스타그램, 페이스북, 유튜브 입문 교재 제작/배포
③ 사후 관리방안을 수립하여 컨설팅 시행 후 점검 및 재교육

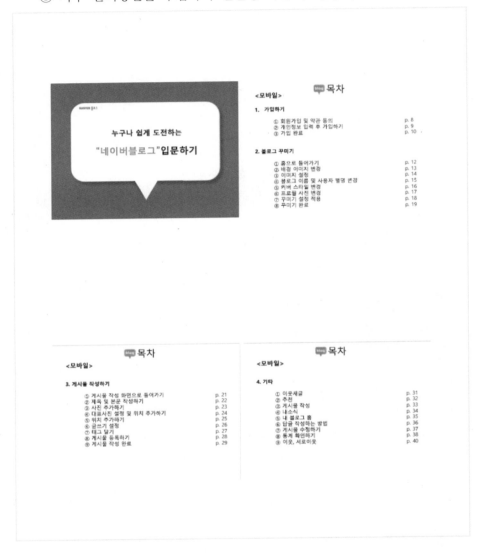

누구나 쉽게 도전하는

인스타그램

📷 목차

<모바일>

📷 목차

<모바일>

📷 목차

<컴퓨터>

f 페이스북 쉽게 입문하기

f 목차

f 목차

f 목차

▶ 유튜브 쉽게 입문하기

- 디지털역량 강화 컨설팅(SNS 교육) 현장 사진

– 카드뉴스 및 블로그 홍보 게시물

(2) 스마트스토어 기반 소셜마켓 입점 및 판매를 통한 온라인 유통 능력 강화

① 추진 내역

점포 일대일 방문 후 입점 및 판매 지원 / 운영관리

② 네이버 스마트스토어 디자인/세팅 및 4개 대표제품 상세페이지 제작

   – 스마트스토어 입점에 필요한 4개 대표제품 사진 촬영 및 상세페이지 디자인 제작 지원

③ 주문접수, 배송, 광고, 홍보, 추가상품 업로드, 고객관리, 정산관련 교육

   – 주문접수부터 배송, 홍보, 고객관리 및 매출정산에 관련된 실무 교육

   – 스마트스토어 상세페이지 제작

– 신규 스마트스토어 웹페이지 점포 적용 사진

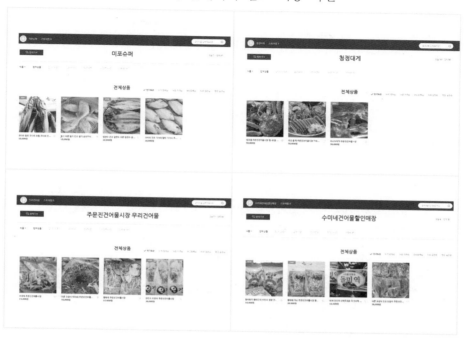

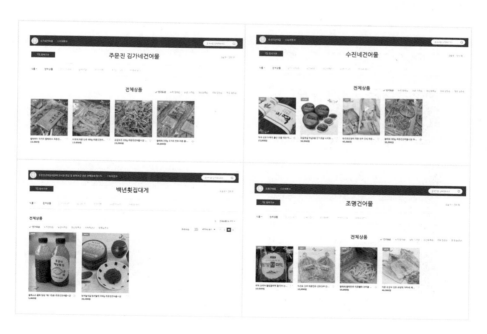

(3) 라이브커머스를 위한 1인 크리에이터 교육 및 마케팅 능력 강화

① 추진 내역

    ㉠ 라이브커머스 추진 시 효과 증대를 위한 이벤트 구성방법 전달

    ㉡ 1인 크리에이터 개념 이해 및 라이브커머스 진행에 필요한 기본 교육

    ㉢ 개별 점포 및 개인별 스토리 만들기 등 점포별 특화 콘텐츠 개발 교육

    ㉣ 간이 스튜디오 제작(방음 및 시설 보안(면적16㎡), 크로마키, 삼각대, 테이
블 및 상품 촬영을 위한 미니 스튜디오, 카메라, 상품진열대, 조명시설 등)

② 라이브커머스 총 2회 진행

    ㉠ 추진 플랫폼 : 네이버 스마트스토어와 연계 라이브커머스 진행

    ㉡ 추진 대상 : 주문진건어물시장 라이브특가 A세트, B세트

    ㉢ 추진 방법 : 네이버 스마트스토어 연계 라이브커머스 진행

      – 라이브커머스 진행 배너 디자인

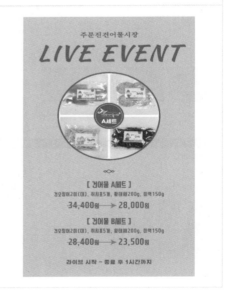

- 11월 11일 11시 1차 라이브커머스 진행 준비

- 2차 라이브커머스 진행

(4) 네이버 스마트플레이스를 활용한 리뷰마케팅 활성화

① 네이버 스마트플레이스를 활용한 점포 홍보 마케팅 실무 교육
  ㉠ 네이버 스마트플레이스 리뷰(영수증 인증) 로직 및 고객 혜택(네이버 페이)
  ㉡ 리뷰 답글 달기 기능 및 게시중단 신청 방안 잘못 매칭된 영수증 리뷰는 수정/삭제 요청하기 방법 등
② 포털 사이트 검색 순위 상위 노출을 위한 리뷰마케팅의 효용성과 방법론 교육
  ㉠ 네이버 플레이스 상위노출 방안 및 지속적인 고객유치를 위한 관리방안
③ 리뷰 작성 고객 네이버 페이 지급 및 기념품 제작
  ㉠ 이벤트 연계 방안 제시
    (예시/ 네이버 예약/영수증 리뷰 남겨주실 시 수딩젤을 드려요)
  ㉡ 이벤트 포스터 제작 및 배부
  ㉢ 리뷰 집계 우수 점포 시상식
    – 디지털역량강화 컨설팅(리뷰마케팅 교육) 배부 자료

- 리뷰 마케팅 포스터 배부

3. ○○대학교 전통문화전시실 K-컬쳐가든 메타버스 플랫폼 콘텐츠 개발 마케팅

마케팅의 목적

① 메타버스 가상융합현실세계의 플랫폼을 활용하여 전통문화전시실 및 한복의 전시와 우리문화에 대한 온라인경험을 메타버스 플랫폼에서 구현하여 한복과 전통문화에 대한 인지도를 강화하고 메타버스에서 경험함으로 인지도 제고 및 전통문화의 다양성과 창조적 인식을 확산의 필요

② 메타버스 플랫폼을 활용한 전통문화전시실 구축

③ 온라인 메타버스 콘텐츠 활성화 및 온라인 네트워크 구축

(1) 메타버스 플랫폼 구축 및 방향성

- 고증된 한복의 상징성 및 그 속에 담긴 의미를 메타버스 전시실을 통하여 체험 및 경험
- 메타버스 플랫폼에서 한복에 대한 경험을 제공함으로써 한복에 대한 이해와 의미를 알게 되고 친숙한 경험을 제공

(2) 메타버스 플랫폼 개발

① 전통문화전시실

    ㉠ 메타버스의 주된 사용자층인 MZ세대에 어필할 수 있는 매력적이고 전통적인 비주얼의 3D 공간구축과 상호작용

    ㉡ 평면적으로 한복을 전시하는 공간으로서의 역할을 넘어 여러 전통문화를 구현하고, 이에 한복을 자연스럽게 융합하여 스토리텔링이 가능하도록 구현

    ㉢ 공간 안에서 사용자 간 공유, 소통, 만남 등 커뮤니케이션 활동이 이루어지도록 유도함

② 정원

    성년례 모습을 구현하여 제페토 사용자들이 쉽게 이해하고 성년례를 체험할 수 있어야 함(전통문화전시실과 어우러져야 함)

③ 포토부스

    ㉠ 아바타를 이용한 사진을 찍고 서로 자랑 및 공유할 수 있는 다수의 포토부스 설치

    ㉡ 사진찍기 콘텐츠 제작 이후 제페토 내 피드 업로드뿐만 아니라 외부 플랫폼(틱톡, 트위터, 인스타그램 등)에 공유 가능해야 함. 또한, 이를 통하여 월드의 유입을 유도할 수 있어야 함.

    ㉢ 제페토 내에서 인기 있는 포토부스를 리서치 하고, 이들의 장점을 반영하여야 함.

④ 아이템 상점

    ㉠ 한복 아이템을 판매하는 상점 기능이 제공되어야 함.

    ㉡ 구매 전 미리 착용해볼 수 있는 기능이 제공되어야 함.

    ㉢ 제페토 가이드에 맞추어 제작되어야 함.

⑤ 판매 아이템

    ㉠ 전시되는 한복을 기준으로 사용자 아바타가 착용할 수 있는 한복 아이템 제작

    ㉡ 한복을 그대로 구현하는 것을 넘어 제페토에서 이슈화될 수 있도록 구현되어야 함

⑥ 기타 사항

ㄱ 개발 준수 등(도덕성, 윤리지침 등)

ㄴ 한복 및 한국 전통문화 관련 전문가에게 수시 자문하여 진행

ㄷ 사용자 간 자료공유 의사소통 기능 구현

⑦ 일반사항

시스템의 이용자 중심에 따른 UI/UX 구축

1. 사용자 접근성 및 편의성을 반영한 메뉴 및 레이아웃 구성

2. 영상, 사진을 포함한 저작권 침해 요소 발생치 않도록 구축

3. 직관적이며, 수요자의 상호작용을 유발시키는 UI 적용

메타버스 기반 전통문화전시실 및 성년례 모습을 구현한 정원 구축(운영)

항목	수량(개)	세부내용
전통문화전시실	1	한복이 전시되어 있고 관련 콘텐츠를 전달할 수 있는 메인 공간
정원	1	전시실 외 야외 공간. 성년례 모습을 구현하여 체험할 수 있게 해야 함
포토존	3	아바타가 경관 사진을 찍거나 셀카를 찍을 수 있는 포토존
상점	1	아이템을 판매하고 입어볼 수 있는 상점
한복아이템	15	아바타가 착용하게 되는 아이템

(3) 메타버스 플랫폼 맵 구성

입구 런웨이 (구름다리)

한복전시실

관례체험관

계례체험관

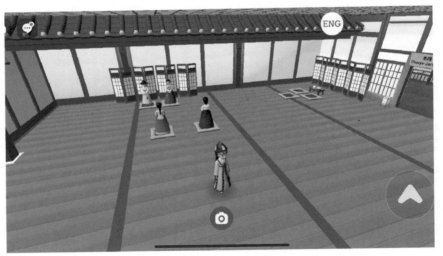

테라스

상호작용 구성

전신대포토존

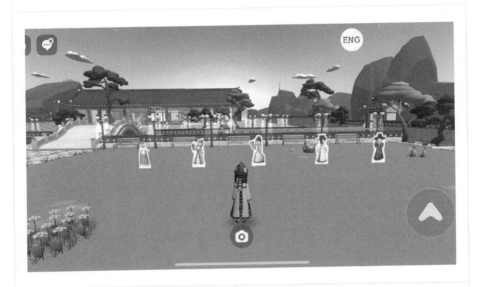

런웨이

한복전시실

(4) 2.5D 메타버스 공간구축

① 전체 맵

홍보 효과와 체험 효과를 극대화하기 위한 기능 집합 공간 창조

ZEP 기반 추가 메타버스 구축

[ZEP 특징]

2D 2.5D기반 커뮤니케이션 중심

이미지 삽입으로 2.5D 월드 구현 가능

화상채팅, 자료공유 기능 기본 탑재

참석자 고유의 아바타 제작 가능

무제한에 가까운 동시접속자

손쉬운 사용법, 인터페이스

프라이빗 대화공간 개설 가능

웹과 연동하여 다양한 기능 추가 가능

－기본 서비스 비용 없음

한글 기반의 인터페이스

PC, 모바일 웹, 모바일 앱 사용 가능

－국내 대기업 제작의 플랫폼이라 안정적인 작동 환경

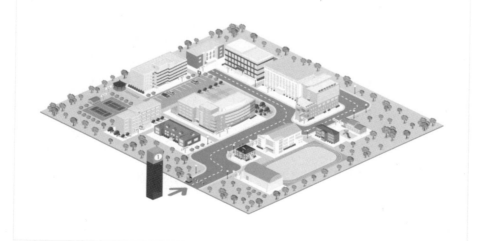

② 내부공간 - 강의실, 회의실, 자료실

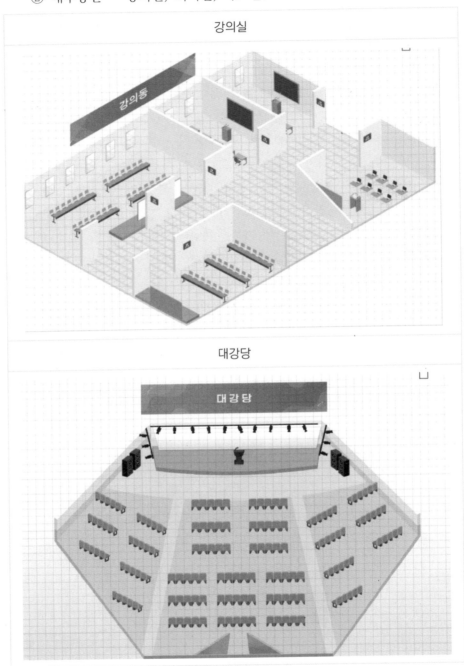

강의실

대강당

자료실

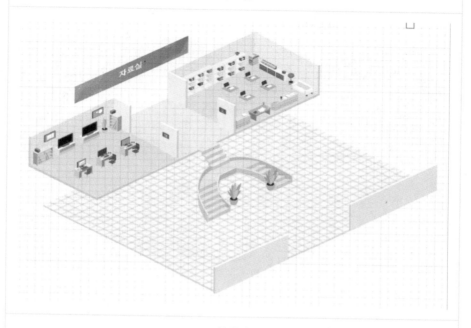

회의실

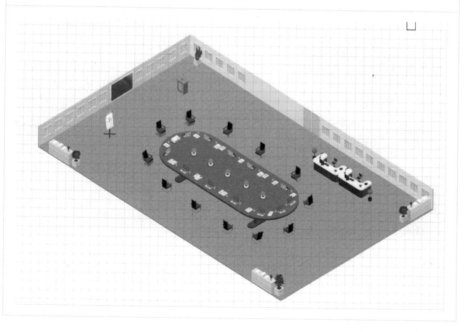

(5) 인플루언서 영상

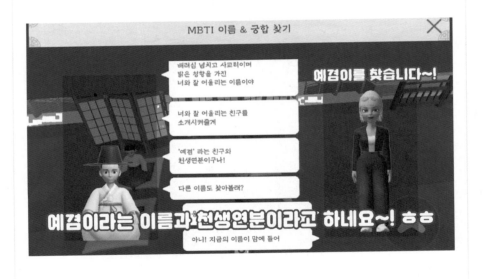

(6) 온라인 광고 마케팅

일별	월별

기본정보			
이름	노출	클릭	CTR
Total	**8,278,670**	**8,958**	**0.108**
2023-02-13	0	0	0
2023-02-12	687,610	736	0.107
2023-02-11	662,212	743	0.112
2023-02-10	784,902	747	0.095
2023-02-09	696,044	738	0.106
2023-02-08	679,314	752	0.111
2023-02-07	674,522	743	0.11
2023-02-06	649,184	739	0.114
2023-02-05	725,066	747	0.103
2023-02-04	695,434	751	0.108
2023-02-03	662,824	751	0.113
2023-02-02	704,274	751	0.107
2023-02-01	657,284	760	0.116

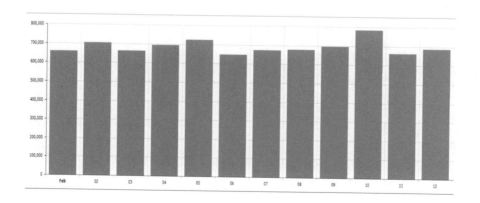

(7) 온라인 이벤트

① K-컬쳐가든 메타버스 오픈 기념 응원 한가득 이벤트

NO.	추진 방안
1	**전통이 담긴 매력적인 공간!** **K-컬쳐가든 메타버스** **오픈 기념 응원 한가득 이벤트** 시공간을 넘어 만나는 전통 문화! K-컬쳐가든 메타버스에서 인증샷을 찍고 힘찬 응원의 메시지를 남겨주세요! 참여해주신 분께 추첨을 통해 선물을 드려요~ * 이벤트 참여 방법 1) 제페토 [K-컬쳐가든] 검색 후 플레이 실행하기 2) 입구 왼쪽 정원의 영문 조형물과 함께 　　본인의 아바타가 나오는 인증샷 찍기 　　* 인증샷 촬영 방법 　　　모바일 화면 하단 카메라 아이콘 클릭 　　　→ 화면 좌측 상단 맨 위 사람 아이콘 클릭하여 셀카 모드 설정 　　　→ 촬영 버튼 클릭 3) 네이버폼으로 인증샷 캡처 사진을 제출하고 힘찬 응원의 메시지 작성하기 ※ 중복 참여는 가능하지만, 중복 당첨은 불가합니다.

- 네이버폼 제출 항목 :
  - 성함　　　　　　　　　　 - 연락처
  - 메타버스 닉네임　　　　 - 인증샷
  - K-컬쳐가든에 전하는 응원의 메시지
  - 개인정보 활용 동의 여부
- 이벤트 추진 목적 및 기대효과
  - K-컬쳐가든 메타버스 접속 이용률 증대
  - 여대의 메타버스 사업을 홍보하고 관심을 제고하는 효과 기대
- 이벤트 추진 개요
  - 추진 기간 : 2023년 1월 30일(월) ~ 2023년 2월 6일(월)
  - 당첨자 발표 : 2023년 2월 10일(금)
  - 총 참여자 수 : 180명
  - 중복 제외 참여자 수 : 173명
  - 당첨자 추첨 : 50명
- 이벤트 추진 채널
  - 한국관광여행신문 SNS채널(페이스북, 인스타그램) 게재 후 이벤트 기간 광고 집행
  ※ 네이버폼으로 참여 접수
- 이벤트 참여 방법
  1) 제페토 [K-컬쳐가든] 검색 후 플레이 실행하기
  2) 입구 왼쪽 정원의 영문 조형물과 함께 본인의 아바타가 나오는 인증 샷 찍기
     * 인증샷 촬영 방법
       모바일 화면 하단 카메라 아이콘 클릭
       → 화면 좌측 상단 맨 위 사람 아이콘 클릭하여 셀카 모드 설정
       → 촬영 버튼 클릭
  3) 네이버폼으로 인증샷 캡처 사진을 제출하고 힘찬 응원의 메시지 작성하기
- 이벤트 경품
  - CU 편의점 모바일 상품권 3천원권 50명

② K-컬쳐가든 메타버스 포토존 이벤트

NO.	추진 방안

1	**Happy Photo Day**
	K-컬쳐가든 메타버스
	포토존 이벤트
	
	메타버스 안에 마련된 포토존에서
	나만의 예쁜 사진을 찍어보세요~
	
	* 이벤트 참여 방법
	
	1) 제페토 [K-컬쳐가든] 검색 후 플레이 실행
	
	2) 포토존에서 본인의 아바타가 나오게 사진을 찍는다.
	  * 인증샷 촬영 방법
	  모바일 화면 하단 카메라 아이콘 클릭
	  → 촬영 버튼 클릭
	
	3) 네이버폼으로 인증샷 캡처 사진과 개인정보 제출하기
	
	※ 중복 참여는 가능하지만, 중복 당첨은 불가합니다.

- 네이버폼 제출 항목 :
  - 성함
  - 연락처
  - 메타버스 닉네임
  - 인증샷
  - 개인정보 활용 동의 여부
- 이벤트 추진 목적 및 기대효과
  - K-컬쳐가든 메타버스 접속 이용률 증대
  - 메타버스 사업을 홍보하고 관심을 제고하는 효과 기대
- 이벤트 추진 개요
  - 추진 기간 : 2023년 1월 30일(월) ~ 2023년 2월 6일(월)
  - 당첨자 발표 : 2023년 2월 10일(금)
  - 총 참여자 수 : 223명
  - 중복 제외 참여자 수 : 197명
  - 당첨자 추첨 : 50명
- 이벤트 추진 채널
  - 한국관광여행신문 SNS채널(페이스북, 인스타그램) 게재 후 이벤트 기간 광고 집행
  ※ 네이버폼으로 참여 접수
- 이벤트 참여 방법
  1) 제페토 [K-컬쳐가든] 검색 후 플레이 실행
  2) 포토존에서 본인의 아바타가 나오게 사진을 찍는다.
     * 인증샷 촬영 방법
       모바일 화면 하단 카메라 아이콘 클릭 → 촬영 버튼 클릭
  3) 네이버폼으로 인증샷 캡처 사진과 개인정보 제출하기
- 이벤트 경품
  - CU 편의점 모바일 상품권 3천원권 50명

③ K-컬쳐가든 전통문화전시실 메타버스 인증샷 이벤트

NO.	추진 방안

1	**메타버스로 만나는 우리의 멋
	K-컬쳐가든 전통문화전시실
	메타버스 인증샷 이벤트**
	
	K-컬쳐가든 전통문화전시실에서
	아름다운 우리 한복과 전통 문화를 만나고 인증샷을 남겨주세요!
	참여해주신 분께 추첨을 통해 선물을 드립니다~
	
	* 이벤트 참여 방법
	
	1) 제페토 [K-컬쳐가든] 검색 후 플레이 실행하기
	
	2) 전통문화전시실 안 마음에 드는 장소에서
	   본인의 아바타가 나오는 인증샷 찍기
	   * 인증샷 촬영 방법
	      모바일 화면 하단 카메라 아이콘 클릭
	      → 화면 좌측 상단 맨 위 사람 아이콘 클릭하여 셀카 모드 설정
	      → 촬영 버튼 클릭
	
	3) 네이버폼으로 인증샷 캡처 사진과 개인정보 제출하기
	
	※ 중복 참여는 가능하지만, 중복 당첨은 불가합니다.

- 네이버폼 제출 항목 :
  - 성함
  - 연락처
  - 메타버스 닉네임
  - 인증샷
  - 개인정보 활용 동의 여부
- 이벤트 추진 목적 및 기대효과
  - K-컬쳐가든 메타버스 접속 이용률 증대
  - 메타버스 사업을 홍보하고 관심을 제고하는 효과 기대
- 이벤트 추진 개요
  - 추진 기간 : 2023년 1월 30일(월) ~ 2023년 2월 6일(월)
  - 당첨자 발표 : 2023년 2월 10일(금)
  - 총 참여자 수 : 340명
  - 중복 제외 참여자 수 : 328명
  - 당첨자 추첨 : 50명
- 이벤트 추진 채널
  - 한국관광여행신문 SNS채널(페이스북, 인스타그램) 게재 후 이벤트 기간 광고 집행
  ※ 네이버폼으로 참여 접수
- 이벤트 참여 방법
  1) 제페토 [K-컬쳐가든] 검색 후 플레이 실행하기
  2) 전통문화전시실 안 마음에 드는 장소에서 본인의 아바타가 나오는 인증샷 찍기
     * 인증샷 촬영 방법
       모바일 화면 하단 카메라 아이콘 클릭
       → 화면 좌측 상단 맨 위 사람 아이콘 클릭하여 셀카 모드 설정
       → 촬영 버튼 클릭
  3) 네이버폼으로 인증샷 캡처 사진과 개인정보 제출하기
- 이벤트 경품
  - CU 편의점 모바일 상품권 3천원권 50명

마케팅 사례 結語

마케팅은 소상공인, 중소기업, 중견기업, 대기업 등 모두가 필요하며, 마케팅의 성공 여부가 기업의 생존을 좌우하는 경우도 매우 많이 있다. 현재 우리나라에서는 취업의 한계에 부딪혀 취업이 어렵다 보니 해외 취업을 권장하고, 그것도 어렵다 보니 창업을 권장하는 사회가 되었다. 창업에는 일반적으로 주식회사 형태의 중소기업에서부터 대한민국 정부와 지자체에서 권장하는 1인창업과 사회적기업, 협동조합 등이 있으며, 지원제도가 잘 활용하면 매우 큰 도움을 얻으며 초기 시장진입에 성공할 수 있는 요소가 많이 있다.

창업을 하면, 아이템을 구체화하고 제품이나 서비스를 만들어서 시장에서 온라인과 오프라인 마케팅을 하고 매출을 발생시켜 재화를 획득하게 된다. 이렇게 벌어들인 매출에서 원가와 인건비등을 공제하고 이윤을 창출하게 된다. 이러한 사이클이 반복되고 새로운 제품이나 서비스를 만들어 내고, 인원을 충원하고 개발하여 조직을 성장시키고 코스닥이나 주식시장에 상장시켜 부를 얻고자 하는 경우와 취업 대신 창업을 선택하는 경우 등 매우 많은 선택과 사례가 있다.

우리가 주변에서 흔히 아이템 좋다고 사업화하고자 하는 경우가 있다. 아이템이 새롭거나 뛰어나다고 창업하여 성공할 수 있는가? 하는 것은 냉정한 시장분석과 초기진입 그리고 인력과 마케팅 방법과 능력 그리고 자금조달이 매우 냉혹한 현실이다. 반면에 아이템을 성공시켜 대단한 성공을 이루는 것을 볼 수 있다.

창업은 냉정한 현실이며, 의지이며, 나의 인생을 다 바쳐서도 직장생활을 하면서 월급을 받는 것보다 나을 수 있다는 보장은 없다. 하지만 도전과 희망은 새로운 혁신과 가능성을 가지고 부와 명예를 함께 쟁취할 수 있다.

여러분의 창업과 도전을 응원합니다.
그리고 성공을 기원합니다.

참고문헌

실전창업, 성형철, 박영사, 2022

관광스타트업, 윤지환 외 3인 공저, 파지트, 2022

온라인 모객의 기술, 강기호(월간모객), 파지트, 2022

고객소멸시대 마케팅, 고사카 유지, 강지원 옮김, 파지트, 2022

트렌드 코리아 2023, 김난도, 전미영 외 8명, 미래의창, 2022

벤처창업과경영, 유순근, 박영사, 2021

좋아 보이는 것들의 비밀, 이랑주, 지와인, 2021

4차 산업혁명 시대의 창의적인 IT 경영론, 임춘성, 장기진, 청람, 2020

스토리 창업과 경영사례(제3판), 유성은, 피앤씨미디어, 2019

미래학 미래경영, 이주헌, 청람, 2018

서비스경영, 안연식, 창명, 2018

우리는 어떤 미래를 원하는가, 박성원, 이새, 2017

창의적 신제품개발, 유순근, 진샘미디어, 2017

창업경영, 방용성, 주윤황 공저, 창명, 2017

창업 온, 오프 마케팅, 유순근, 박영사, 2017

벤처 창업경영론, 성태경, 피앤씨미디어, 2017

4차 산업과 스타트업 트렌드, 최은정 외 5명 공저, 마인드탭, 2017

벤처경영과 창업게임, 이중만, 박영사, 2016

창업경영의 이해, 황정희 외 2명, 범한, 2016

스토리 기업가 정신(제2판), 유성은, 피앤씨미디어, 2016

실전준비를 위한 모의창업, 노기엽, 장영규 공저, 학현사, 2016

지식 경제시대의 창업경영학(2030 청춘 창업 교과서), 강문영, 정혜진, 시그마프레
    스, 2015

창업마케팅, 서상혁 외 4명, 북코리아, 2015

비즈니스 경영 전략, 최중석, 두남, 2015

실전 신상품개발 마케팅, 신광수, 청람, 2015

창업과 경영의 이해, 박한수, 청람, 2014

편의점 사회학, 전상인, 민음사, 2014

세계 속의 소상공인, 박준수, 정우성, 한국학술정보, 2014

서비스커뮤니케이션/서비스 마케팅/서비스 운영전략, 윤세남 외 2명, 박문각, 2014

국제마케팅, 임성훈, 학현사, 2013

쇼핑의 과학, 파코 언더힐, 세종서적, 2011

제품개발론, Karl T. Ulrich(지은이), 김재정(옮긴이), 한올, 2004

저자 약력

김진열

(주)엣나우 대표이사
한국소셜콘텐츠진흥협회 회장
가천대학교 일반대학원 경영학과 겸임교수
건국대학교 LINC플러스사업단 산학겸임교수
가천대학교 일반대학원 경영학과 박사
한국 OOH 미디어 협회 감사

최정선

가천대학교 일반대학원 경영학과 겸임교수
가천대학교 일반대학원 경영학과 박사
가천대학교 창업과마케팅, 인천대학교 창업과마케팅 강의 다수
한국전통문화연구소 대표
(사)한국문화산업학회(KSCI) 이사
한국관광여행신문 기자

창업 마케팅

초판발행	2023년 3월 19일
중판발행	2024년 6월 20일
지은이	김진열·최정선
펴낸이	안종만·안상준
편 집	이면희
기획/마케팅	김한유
표지디자인	BEN STORY
제 작	고철민·조영환
펴낸곳	(주) **박영사**
	서울특별시 금천구 가산디지털2로 53, 210호(가산동, 한라시그마밸리)
	등록 1959. 3. 11. 제300-1959-1호(倫)
전 화	02)733-6771
f a x	02)736-4818
e-mail	pys@pybook.co.kr
homepage	www.pybook.co.kr
ISBN	979-11-303-1741-0 93320

* 파본은 구입하신 곳에서 교환해 드립니다. 본서의 무단복제행위를 금합니다.
* 저자와 협의하여 인지첩부를 생략합니다.

정 가	23,000원